新標準講義
民法債権各論

NEW STANDARD LESSON CIVIL LAW [CONTRACTS & TORTS]

第2版

池田真朗
IKEDA Masao

慶應義塾大学出版会

第2版まえがき

　本書は、2017年6月2日公布、2020年4月1日施行の、大規模な民法改正法に合わせて記述を改めた改訂版である。しかしそれと同時に、私が近年実践している法律学教育のイノベーションの成果を取り込んで、新規に書き加えたところも多々ある、改訂新版とも言うべきものになっている。

　本書初版を2010年に世に送ってから、8年が過ぎた。この間、本来は過渡的な改訂を一度行うべきであったのだが、姉妹編『新標準講義債権総論』のほうは、変革の時期の只中の2013年に第2版を出版したものの、この債権各論の方は、私の勤務先大学の変更などもあって、今日に至ったものである。

　というのも、債権法を中心とした民法の全面的な見直しを試みた法制審議会の民法（債権関係）部会が2013年春に発表した中間試案は、いささか現実の紛争解決よりも学理に偏した、行き過ぎの提案も多いように感じられ、実務家や市民団体からもかなりの批判的な意見が出された。その後2015年3月に規模をだいぶ縮小した民法改正法案が国会に提出されたが、なお紆余曲折が予想されたのである。実際、この改正法案もなかなか審議に入らず、ようやく2016年11月に審議が開始され、2017年5月26日に成立、同年6月2日に公布され、その後、施行日も2020年4月1日と定まったわけである。

　したがって、2018年夏の時点で、これから債権各論を学習する大学生の大多数は、卒業時には新法施行ということになったわけで、この第2版は、完全に新法に切り替えた解説を施すものとした。

　しかし、内容は新法対応に改めても、本書の基本的なコンセプトは揺るがずに維持されている。すなわち、あくまでも「読者が民法債権法の必要かつ十分な知識を得て、それを日常生活の紛争解決に役立てるためのテキスト」をめざし、学習の姿勢やノウハウなども含めた、変革の時代の「法

i

律学習の新標準」を皆さんに提示しようとしているのである。

　さらにこの第2版では、その「法律学習の新標準」として、新たに、私の持論である「ルール創り教育」と「行動立法学」の発想を取り込んでいる。つまり、一つひとつの条文を学ぶ際に、いたずらに個々の学説などを覚えるのではなく、「このルールは誰のどういう利害を調整するためのルールなのか」「こういうルールがなかったら、人は何が困りどう行動してしまうのか」などということを考えながら学び、その結果、将来自らが入っていくさまざまな社会集団の中で、その構成員を幸福にする最適なルールを創れるようになる。そういう「学びのカタチ」が、新時代の法律学習の根幹となるべきと私は考えているのである。

　そのことは、今回の2017（平成29）年民法改正の評価にもつながる。民法は、市民社会の基本法であり、同時に取引社会の基本法である。このどちらに比重をかけすぎても、良い民法はできないし、適正な民法学の発展はない。そして民法の改正は、あくまでも、その使い手であり受け手である市民の、より良い生活のためになされるべきである。それが私の基本的な民法観である。読者には、今回の民法改正が、今後どのような評価を受けることになるものかも考えつつ、学んでいただきたい。

　今回の第2版にあたっても、慶應義塾大学出版会の岡田智武氏に大変にお世話になった。変わらぬサポートに厚く御礼を申し上げたい。また、私が慶應義塾大学退職後に赴任した武蔵野大学での卒ゼミ生で、法科大学院や大学院法学研究科に進学した諸君のうち、川合佑莉亜、須藤駿、石川舞の3名の諸君にも、修正箇所のメモや校正の作業で大きなご支援をいただいた。彼らの助力がなければ、この第2版の完成はさらに遅れていたと思われる。ここに記して心からの感謝の意を表したい。

　2019年1月

池田真朗

初版まえがき

　現在、法学教育は向かうべき方向を模索している状態にある。法科大学院制度が創設されて以来、一方で法学部でも法曹志望者に向けてはより専門志向的な講義が要求される部分があり、他方で、法曹を志望しない人々にはより教養教育的に法律学を教授すべきだという見解もある。もっとも、法学部から一般の社会人になる人々にも、相当に「社会生活で役に立つ」法学教育がなされなければ、法学部で学んだ意味がないということになろう。

　さらに、近年は、民法ことに債権法の改正論議が高まり、2009年には、法務省の協力する民法（債権法）改正検討委員会をはじめとする複数の学者グループによる改正提案の提示を受けて、法務大臣が法制審議会に、契約を中心とした民法債権法の改正を諮問するに至った。この改正が実現するまでには今後数年を要する見込みであるが、民法の基本理念として、市民社会の一般法という位置づけをどこまで維持すべきか、もはや取引中心の社会の基本法として割り切るべきか、などの根本的な問題が論じられることになろう。

　この困難な時代に、だからこそ、法曹志望の学生にもそうでない学生にも、また、大学で学ぶ学生にも一般市民にも共通な、「現代の法律学習のスタンダード」というべきものがあるはずだと私は考えた。それは、知識量において標準的であるというだけでなく、学習の姿勢、ノウハウ、といったものについても、どの進路に進む学生・市民にとっても標準的に与えられるべきものがあるはずであって、それを探求することが、法学教育に必要であり、なにより最大多数の学生・市民の利益や幸福につながることと考えたのである。

　本書は、そのような志向から、学生諸君の利用にも、一般の方々の独習にも適した、汎用性の高い、多様なニーズに応える新時代のスタンダード

を目指すものである。

　従来の類書との最大の相違は、標準テキストであるから詳細な体系書の記述を簡略にする、ということではなく、本質的な発想を転換しようとしているところにある。つまり、現代の法学教育の第一義的な意義は、「紛争解決（ないしは紛争予防）の手段としての法」というものをいかに学び取らせるか、そしてその知識をいかに「実際に活用可能なもの」とさせうるか、というところにあると私は考えている。そうすれば当然に、学ぶ対象の民法だけでなく、それを学ぶための学習のノウハウ等もしっかり伝えるところまでが、テキストに含まれなければならない（例えば本書では「学習ガイダンス」に第7章の1章分を当てて、試験の受け方から進路指導まで行っている）。学習対象についても、同じ観点から、いたずらに学説を羅列したりはせず、この社会の中での民法の意義や役割をできるだけ明瞭に伝え、得た知識が使いこなせる、そして次の段階の学習にもスムーズに発展できる能力を植え付けることを旨としている。本書を「新標準講義」と名付けた所以はまさにそれらの点にある。

　本書は、姉妹編『新標準講義民法債権総論』に続いて、上記の狙いを実現しようとするものである。時あたかも、先に触れた民法（債権法）改正検討委員会の改正提案では、民法財産法を、本書が主要な対象とする「契約」を中心に再構築しようとしている。当事者の合意に、これまで以上に強い拘束力を求めようとするもので、それは世界の趨勢にも合致している。本書では、その方向性も適宜盛り込むようにし、また、本書の大きな特徴のひとつとして、民法の条文にはないが社会で広く行われているいくつかの新種契約についての記述等を加え、さらに改正提案に影響を与えていると思われる国際条約の紹介も行っている。これらの措置によって、本書は「最先端の新標準」というコンセプトを、ある程度具現できたのではないかと思う。今後実際に民法が改正されることがあれば、当然ながらそれにも迅速に対応していきたい。

　なお、本書では、読者の学習効率を考え、学習の道案内、学習のKey Point、学習のKnow How、Plus One、Tea Timeなどの項目を本文中に挟んでいる。これらを学習のアクセントとして活用し、また楽しんでいた

だければ幸いである。

　今回の出版にあたっては、慶應義塾大学出版会の岡田智武氏と、慶應義塾大学通信教育部分室教材編集課の喜多村直之氏に大変にお世話になった。ここに記して感謝の意を表したい。

2010 年 1 月

池 田 真 朗

目　次

第2版まえがき　i
初版まえがき　iii

本書における判例の表記法　xiv

●第1章　債権各論序説―――――――1
I　本書の対象分野 …………………………………………3
II　民法（債権法）についてのガイダンス ………………3
(1)　民法の構成　3
(2)　債権法の面白さ　4
(3)　債権の概念　5
(4)　契約による債権の発生――契約自由の原則　6
(5)　債権の性質――物権との比較　6
(6)　債権法の内容　7
(7)　債権各論の内容　8
(8)　学習の順序と必要性　9
III　本書による学習についてのガイダンス ………………10

●第2章　契約総論―――――――13
I　契約総論序説 …………………………………………15
(1)　学習内容　15
(2)　前提としての理解――契約自由の原則と現実の契約　15
(3)　契約の種類　17

(4)　契約の拘束力　19
Ⅱ　契約の成立 ……………………………………………………………… 21
　　(1)　学習内容　21
　　(2)　契約の定義と構成要素　21
　　(3)　申込みと承諾　23
　　(4)　契約の成立時期　26
　　(5)　懸賞広告　26
Ⅲ　契約の効力 ……………………………………………………………… 27
　　(1)　学習内容　27
　　(2)　同時履行の抗弁（権）　28
　　(3)　危険負担　32
　　(4)　第三者のためにする契約　38
Ⅳ　契約上の地位の移転 …………………………………………………… 40
　　(1)　概説　40
　　(2)　規定の内容　40
Ⅴ　契約の解除 ……………………………………………………………… 42
　　(1)　学習内容　42
　　(2)　契約の「解除」とは　42
　　(3)　解除の要件　44
　　(4)　解除の効果　50
　　(5)　解除に基づく原状回復義務の内容　52
　　(6)　解除権の不可分性　52
　　(7)　解除権の消滅　53
　　(8)　消費者保護とクーリング・オフ　53
Ⅵ　定型約款 ………………………………………………………………… 55
　　(1)　学習内容　55
　　(2)　定型約款の概念　55
　　(3)　規定の概要　56

● 第3章　契約各論 ─────────── 59

- I 契約各論序説 ……………………………………………… 61
  - (1) 学習内容　61
  - (2) 学習上の留意点　61
- II 贈与 ………………………………………………………… 62
  - (1) 意義　62
  - (2) 贈与契約の成立──日本的構造　64
  - (3) 贈与契約の効力　65
  - (4) 特殊の贈与　68
- III 売買 ………………………………………………………… 70
  - (1) 意義　70
  - (2) 売買契約の成立　71
  - (3) 売買契約の効力　76
  - (4) 売買契約の効力──買主の権利（売主の担保責任）　80
  - (5) 担保責任に関するその他の規定　85
  - (6) 買戻し　87
- IV 交換 ………………………………………………………… 89
- V 消費貸借 …………………………………………………… 90
  - (1) 意義　90
  - (2) 消費貸借契約の成立　93
  - (3) 消費貸借契約の効力──貸主の責任　93
  - (4) 消費貸借契約の終了　94
  - (5) 金銭消費貸借の実務　95
- VI 使用貸借 …………………………………………………… 96
  - (1) 意義　96
  - (2) 使用貸借契約の成立　96
  - (3) 目的物受取り前の貸主による解除権　97
  - (4) 使用貸借契約の効力　97
  - (5) 使用貸借契約の終了　98
  - (6) 終了時の借主による収去義務と収去権　99

(7) 損害賠償および費用償還の期間制限と時効の完成猶予　99
Ⅶ　賃貸借 ･･ 100
　　(1) 意義　100
　　(2) 賃貸借契約の期間　103
　　(3) 賃貸借契約の効力　106
　　(4) 賃貸借契約の終了　119
Ⅷ　雇用 ･･ 125
　　(1) 定義と性質　125
　　(2) 民法の規定と労働法の規定　126
Ⅸ　請負 ･･ 127
　　(1) 意義　127
　　(2) 請負契約の成立　128
　　(3) 報酬の支払時期と注文者の利益の割合に応じた報酬の請求　128
　　(4) 請負契約の効力　130
Ⅹ　委任 ･･ 133
　　(1) 意義　133
　　(2) 委任契約の成立　135
　　(3) 委任契約の効力　135
　　(4) 委任契約の終了　137
Ⅺ　寄託 ･･ 138
　　(1) 定義と性質　138
　　(2) 目的物受取り前の両当事者の解除権　138
　　(3) 受寄者の注意義務　139
　　(4) 受寄者の通知義務と返還義務　139
　　(5) 混合寄託　140
　　(6) 消費寄託　140
Ⅻ　組合 ･･ 141
　　(1) 意義　141
　　(2) 組合契約についての他の組合員の債務不履行　141
　　(3) 組合財産　142
　　(4) 組合と取引した者との関係　142

⑸　組合の業務の決定および執行　143
　　　⑹　組合員の加入　143
　　　⑺　組合員の脱退と除名　144
　　　⑻　組合の解散と組合契約の解除　144
　ⅩⅢ　その他の典型契約 ·· 144
　　　⑴　終身定期金　145
　　　⑵　和解　145
　ⅩⅣ　非典型（新種）契約総説 ·· 147
　　　⑴　非典型契約と新種契約　147
　　　⑵　契約解釈と法性決定　147
　　　⑶　複合契約　148
　ⅩⅤ　非典型（新種）契約各論 ·· 149
　　　⑴　リース契約　149
　　　⑵　クレジット契約　152
　　　⑶　クレジットカード契約　153
　　　⑷　フランチャイズ契約　155
　　　⑸　会員権契約　156
　　　⑹　在学契約　157
　ⅩⅥ　契約条項 ·· 160
　　　⑴　総説　160
　　　⑵　期限の利益喪失条項　160
　　　⑶　コベナンツ条項（誓約条項、遵守条項）　161
　　　⑷　表明保証条項　161

●第4章　事務管理 ─────────────── 165

　Ⅰ　事務管理序説 ·· 167
　　　⑴　意義　167
　　　⑵　機能　168
　Ⅱ　事務管理の成立要件 ·· 168
　　　⑴　法律上の義務のない管理　168

（2）他人の事務　169
　　（3）他人のためにする意思（事務管理意思）があること　169
　　（4）本人の意思および利益への適合　169
　Ⅲ　事務管理の効果 ………………………………………………… 169
　　（1）総説　169
　　（2）管理者の義務　170
　　（3）緊急事務管理　171
　　（4）管理者の費用償還請求権　171
　　（5）事務管理の対外的効果　172

●第5章　不当利得 ─────────────────── 175

　Ⅰ　不当利得序説 …………………………………………………… 177
　Ⅱ　不当利得の意義 ………………………………………………… 177
　　（1）総説　177
　　（2）類型論的考察の紹介　178
　Ⅲ　一般不当利得の成立要件 ……………………………………… 180
　　（1）総説　180
　　（2）各論　180
　Ⅳ　一般不当利得の効果 …………………………………………… 181
　　（1）善意の受益者の場合　181
　　（2）悪意の受益者の場合　182
　Ⅴ　多数当事者間の不当利得 ……………………………………… 182
　　（1）総説──当事者の確定と因果関係の問題　182
　　（2）転用物訴権　183
　　（3）騙取金銭による弁済　184
　Ⅵ　特殊不当利得 …………………………………………………… 185
　　（1）総説　185
　　（2）債務がないのに弁済した場合　185
　　（3）不法原因給付　186

●第6章　不法行為 ——————————— 191

Ⅰ　不法行為の意義 ……………………………… 193
(1)　不法行為の損害賠償の意味　193
(2)　過失責任主義　193

Ⅱ　不法行為の成立要件 …………………………… 194
(1)　故意または過失　195
(2)　違法性　196
(3)　損害の発生　197
(4)　因果関係　198
(5)　責任能力　199

Ⅲ　不法行為の効果 ……………………………… 200
(1)　損害賠償の方法　200
(2)　損害賠償の範囲　201
(3)　過失相殺　201
(4)　損益相殺　202

Ⅳ　特殊な不法行為 ……………………………… 203
(1)　序説　203
(2)　使用者責任　203
(3)　注文者の責任　204
(4)　土地工作物責任　205
(5)　動物占有者の責任　206
(6)　共同不法行為　206

Ⅴ　その他の問題 ………………………………… 209
(1)　胎児の地位　209
(2)　死者の損害賠償請求権の相続性　209
(3)　正当防衛と緊急避難　210
(4)　不法行為の損害賠償請求権の消滅時効　211

Ⅵ　現代型不法行為 ……………………………… 212

Ⅶ　不法行為の特別法 …………………………… 213
(1)　国家賠償法　213

(2)　自動車損害賠償保障法　214

●第7章　学習ガイダンス ─────────── 217

- I　民法債権各論の学習のポイント ……………………… 219
- II　試験の答案の書き方 …………………………………… 220
  - (1)　問題の種類　220
  - (2)　事例問題の対処のしかた　222
- III　法律科目というものの基本的把握 …………………… 225
- IV　法科大学院（および大学院法学研究科）進学希望者へ … 226
- V　本書の読者のための補助教材案内 …………………… 228
- VI　終わりに──民法学習についてのアドバイスのまとめ … 230

事項索引 ……………………………………………………………… 233

判例索引 ……………………………………………………………… 241

本書における判例の表記法

例 ①大判明 43・7・6 民録 16 輯 537 頁
　　②大判大 11・11・24 民集 1 巻 537 頁
　　③最判昭 49・3・7 民集 28 巻 2 号 174 頁

　判例は、判決した裁判所、判決年月日、判例集の登載箇所で引用する。
　①②の「**大判**」は、大審院判決の意味である。もしここが「**大連判**」であれば、大審院連合部判決の意味である。それまでの判例を変更する等のことから、大審院の判事が全員で合議して判決するような場合に連合部判決となる（当時は「聯合部」という字を使った）。その後の「明」は明治、「大」は大正である。①の「**民録**」は、当時の大審院の公式判例集である「**大審院民事判決録**」の略である。この大審院民事判決録は、1 年で 1 巻とは呼ばず、「**輯**」という呼び名を付けている。明治 28 年が第 1 輯であるから、明治 43 年は第 16 輯となる。②の「**民集**」は、大正 11 年から大審院民事判決録に代わって「**大審院民事判例集**」となったものの略である（後掲の最高裁民事判例集と区別する必要がある）。この大審院民事判例集は、1 年 1 巻で呼ぶ。

　判決年月日は、本書のように大 11・11・24 などと表記するものもあれば、略さずに大正 11 年 11 月 24 日と書いているものもある。

　③の「**最判**」は、最高裁判決の意味である。ここが「**最大判**」とあれば、最高裁大法廷判決（大審院の連合部判決にあたる）である。なお、最高裁は 3 つの小法廷を持っており、通常はそのいずれかの小法廷で判決がなされる。たとえば、「最三小判」とか「最（三）判」とあれば、最高裁第三小法廷判決の意味である。その後の「昭」はもちろん昭和、「平」なら平成である。その後の「**民集**」は、最高裁の公式判例集である「**最高裁判所民事判例集**」を指す（正確には、「最高裁判所判例集」というものが出版されていて、その中が、民事と刑事に分かれている。大学図書館等では、これを別々に製本し保存しているのである）。この最高裁判所判例集は、昭和 22 年から始まり、原則として毎月 1 号、年 12 回の発行

であるので、引用には巻－号－頁と、号数まで入れるのが常である（大審院の時代には、月1号というわけではなく、年間24～25号ほど出されていたりもしたため、引用の際に号数は入れないのが普通である）。

　この公式判例集である最高裁判所判例集に登載される判決は、最高裁内部の委員会で、最高裁判所の判決の中から、先例として公表するにふさわしいものを選定して登載している。したがって、民集登載判決は、一般に、先例としての意義の大きい、重要判決と考えてよい。

　なお、民集に登載されなかった判決でも、事例的に重要なものがあり、それらについては、民間の判例雑誌の登載号頁で引用する。たとえば、「判時」とあるのは判例時報、「判タ」は判例タイムズ、「金法」は金融法務事情、「金判」は金融商事判例である。

　以上の大審院、最高裁の公式判例集、および民間の判例雑誌は、すべて大学図書館に収蔵されている。本書を読んで興味を持った判決については、是非それらの文献でオリジナルの判決文にふれてほしい。

　ちなみに、判例を検索する際には、最近ではデータベース検索がよく行われているが、データベースでの検索も決して万全ではないことに注意してほしい。まず、それぞれのデータベースによって、大審院判決が入っていないなど、収録範囲の違いがある。そして、PDFのものでない場合は、タイプミスもありうるし、それ以上に、最高裁判所民事判例集と異なって当事者名を載せていないデータベースがあったりなど、オリジナルと異なるところがいろいろある。さらに、キーワード検索をする場合には、当該判例についてデータベース作成会社のほうで適切なキーワード付与をしていなければ当然そのキーワードでの検索から漏れることになる。コンピューターを盲信してはいけない。

（注）　なお、まれに「大判」や「最判」ではなく「**大決**」「**最決**」となっているものがある。これは、「**判決**」ではなく「**決定**」であることをあらわしている。「決定」とは、裁判手続の中で口頭弁論というものを経ないで、または裁判所が裁量によって開くことができる任意的口頭弁論というものに基いてなされる裁判であり、多くは付随的事項を簡易迅速に解決するものである。

第1章　債権各論序説

　ここでは、これからの学習内容の総覧と、導入ガイダンスを学ぶ。大学の授業でいえば最初の1時間といったところである。ただ、大学の授業では、初回はあまり緊張感のない出席者もいる。しかし著者としては、こういうところを読み流さないでいただきたいと思う。契約による私人の間のルール作り、債権の自由創設性、債権の4つの発生原因、などというキーワードから、この法律科目の特徴を最初にしっかり理解し、学びのスタンスとでもいうものを確立してほしいのである。意思による自治を掲げる市民の基本法。その民法の中でも一番民法らしい部分の学習が、これから始まる。

I　本書の対象分野

　本書は、民法のうち、債権法各論の分野のテキストである。契約、事務管理、不当利得、不法行為という、債権の4つの発生原因を学ぶもので、民法の条文でいえば、521条から724条の2までが範囲となる。債権各論は、多くの大学の法学部では、大体2・3年生以上に配当されている。したがって、一般的には民法総則や物権法、大学によっては債権総論までの科目を読者が学習済みであることを前提にする。しかしながら、独習する学生諸君のことを考え、なるべく初学者でも理解できるような簡明な記述を心がけ、場合によっては民法総則や債権総論（あるいはさらに物権法）の知識の復習となるような記述も加えておくことにする。なお、読者の中には、すでにひと通り民法を勉強したという人もいるだろうから、そういう人たちのためには、盲点になっているようなところを適宜指摘して、より知識を確実にする手助けをしたい。さらに勉強の進んでいる人のためには、上級者向けの論点もいくつか注記で提示しておこう。

II　民法（債権法）についてのガイダンス

(1) 民法の構成

　民法は、六法を開いてもらうとすぐわかるように、総則・物権・債権・親族・相続の5編からなっている。このうち、（ひとつの分類法として）前3編を財産法、後2編を家族法（身分法）などと呼ぶ。総則というのは、民法全体の総合的規則というよりは、前3編の、つまり物権編・債権編についての共通の規則と考えられている。民法の財産法全体についての説明と、民法の勉強のしかた等については、債権総論のテキストにも書いたので、できればそれを参照していただきたい[1]。ここでは、以下債権法と債権についての最低限度の説明をしておくにとどめる。

---

[1]　池田真朗『新標準講義　民法債権総論〔第2版〕』（慶應義塾大学出版会・2013年、以下『新標準・総論』として引用）「第8章　学習ガイダンス」参照。

(2) 債権法の面白さ

　本来、民法の学習は、この債権法から入るのが好適なのである。それはなぜかといえば、端的にいって、それが一番面白いと思えるからである。どうして債権法は面白いかといえば、民法典の中でもここが一番民法らしいところだからである。どうして一番民法らしいか。それは、身近な個人と個人のさまざまな関係を律する民法の中で、債権法が一番、個人の自由な意思によってルールを作る場面がたくさんあり、しかもその個人間で作ったルールが、民法の条文に書いてあることに優先する[2]ことが多く、いわば「おカミが決めた法律」よりも、自分たちの意思による相互規律（これを**意思自治の原則**という[3]）が行われる分野だからである★。この性格を最も良く示すのが、民法の中でも債権法であり、その中でもとくにこの債権各論で扱う契約法の部分なのである。

★Plus One　意思自治の原則と「民法らしさ」の本当の意味

　最初から難しいことを書くつもりはないが、法律の勉強は条文や判例を覚えることだと誤ったイメージを持っている学生諸君もいるかもしれないので触れておこう。個人と個人がお互いの意思でルールを作りあって自律的に生活をしていくというのは、現代では当たり前のことのように思われるが、歴史的には近代の市民革命を経てようやく獲得された状況なのである。近代民法典の第一号であるフランス民法典（1804年の「フランス人の民法典」──1807年に「ナポレオン法典」と改題）は、王権の支配を脱して誕生した近代市民社会において望まれる市民像（自ら考え、行動し、その行動に責任の取れる市民）を支援し、後押しするための法律（少なくともその第一歩を印した法律）と理解すべきなのである。そしてそこにこそ「民法らしさ」があり「民法の面白さ」の根源があると私は思う。法律学、ことに民法学は、人

---

[2]　こういう条文を「任意規定」という。当事者が、任意規定と異なる内容の合意をしたときは、それが反社会的なもの（公序良俗違反という。民法90条参照）でないかぎり、その合意が優先し、民法の規定は当事者がとくに何も定めておかなかったときに、補助的に使われる。これに対して当事者の意思で適用を除外したりすることができない規定を「強行規定」と呼ぶ。

[3]　「意思自治の原則」については、池田『新標準・総論』第1章Ⅱ(2)参照。

の営み、人の歴史を学ぶ学問であり、そこから、人はどのようにして集団の中で他人を害さずに自由に生きられるか、を学ぶ学問なのである。

(3) 債権の概念

　たとえば、「X君がY時計店と、ある時計を買う約束をした」というのは法律的に説明するとどういうことか。この場合、X君にはY時計店に代金を支払う義務と、Y時計店から時計を渡してもらう権利とが発生する。逆にY時計店には、X君に時計を渡す義務と、X君に代金を請求する権利が発生するわけである。このように、「ある人が、ある人に対して、特定の行為ないし給付（時計の引渡しや、代金の支払い）を請求できる権利」を「債権」と呼び、逆に「特定の行為をしなければならない義務」を「債務」と呼ぶ。なお、債権を有している当事者を「債権者」、債務を有している当事者を「債務者」という。ただし、ここで注意してほしいことは、上の例では、X君もY時計店も、債権と債務を持っていることである。したがって、両者とも「債権者」であり、「債務者」である。こういうときは、「どの給付についての債権者（債務者）」かを明らかにすることが肝要である。たとえば「時計の引渡し」については、X君が債権者でY時計店が債務者である。

　なお、この「一定の人に、一定の行為（給付）をさせる」というときの行為とか給付とかいうものは、「何かをする」こと（作為）だけではなく、「何かをしない」（不作為）ということでもいい。だから、たとえば、隣人に対して「夜10時以降はピアノを弾かせない」と要求できる権利を持っているとすれば、それも債権である。

　さて、前の例で、X君が無事に代金支払いと引き換えに時計を入手した場合、X君はそれ以降、この時計を自分で自由に使え、他人に貸したりも、また気に入らなくなったら処分したりすることもできる。これは、X君がこの時計について、所有権という物権を持つことになったからである。つまり、物権というのは、債権と異なり、「ある人が、ある物に対して持つ、直接の支配権」というわけである。物権は、後に述べる理由で、種類が決まっている。所有権は代表的な（完全な形の）物権である。

(4) 契約による債権の発生――契約自由の原則

この「債権」と「債務」は、いまの例ではX君とY時計店との約束によって発生しているわけだが、こういう約束を「契約」という。つまり「契約」とは、2人以上の当事者（普通は2人だが、債権者が複数いたり債務者が複数いたりする場合などもある）が、お互いに反対向きの意思表示（この時計を君からいくらで買う、その時計を君にいくらで売る）を合致させることによって、債権・債務という一定の法律上の効果を作り出すものである。

なお、債権は、契約によって、すでに述べたようにその内容が反社会的なものでないかぎり、当事者が自由な意思で、自由な内容のものを作り出すことができる。これが「契約自由の原則」である。

契約自由の原則は、先に述べた、意思自治の原則の具体的な現れ、ということもできるが、それは、契約で作るルール（具体的にはそこで発生する債権と債務）が、その契約の両当事者しか拘束しないから、という、債権の相対性とも密接に関係している。

この契約自由の原則は、本来は民法の大原則として民法典に規定されているべきものであったが、明治29（1896）年施行・同31（1898）年施行の現行民法典には規定がなく、今回、平成29（2017）年公布の民法改正法で新たに第3編債権第2章契約の冒頭の521条に規定が置かれることになった。そこでは、契約締結の自由（同条①項）と、契約内容の自由（同条②項）が規定されている。

ただし、今日では、契約の双方当事者が必ずしも平等でなく、また専ら一方の当事者の主導によって契約を結ばされてしまう場合も多い[4]。

(5) 債権の性質――物権との比較

上に述べた、人はさまざまな債権を自由に作り出すことができるということ（債権の自由創設性）は、債権の性質が当事者間だけを拘束する相対的な効力しか持っていないこと（債権の相対性）と密接に関連している。これに対して、物権と呼ばれるものは、すでに述べたように、人の、物に

---

[4] 契約自由の原則については、さらに第2章でふれる。

対する直接の支配権(使用・収益・処分等)であるから、世の中の誰に対しても自分がその物権を持っていることを主張できる(物権の絶対性)。そして、その物に対する支配権は、自分だけができるという意味で排他的なので(物権の排他性)、同じ物の上には、同じ種類の物権は1つしか成り立たない(一物一権主義)。そうすると、このような絶対的・排他的な権利は、第三者(他の人たち)への影響が大きいので、当事者が自由に作り出せることを認めるわけにはいかない。したがって、物権の場合は、民法その他の法律に定めた以外の種類の物権を勝手に創出できないようになっている(物権法定主義。民法175条[5])。ちなみに、債権には排他性がないので、同じ人を対象に同じ内容の債権が成立しうる(たとえば、2つのテレビ局が同じ歌手と契約して、それぞれ同じ時間に出演させる債権を持ってしまうことはありうる)。ただしこの場合は、もちろん1つの局にしか出演できないのだから、そのままいくとどちらか1つの債権は履行できないことになる(債務不履行という[6])。

(6) 債権法の内容

さて、そうすると、債権法というのはこの債権(債務[7])について学ぶもののわけだが、民法典はこれをどのような順序で規定しているのだろうか。民法典の第3編「債権」の中も、パンデクテン・システムのやり方でまず「総則」から始まるが[8]、これは第1編の「総則」(民法総則)という名称とはいささか意味が異なる。どういうことかというと、民法総則の「総則」は、先に述べたように、財産法の通則という内容だが(たとえば民法総則の中の「時効」は、物権についても債権についても規定されている)、債権編の中の「総則」は、債権の種類とか、さまざまな性質とか、債権の

---

[5] したがって、物権法定主義を定めた民法175条は強行規定ということになる。
[6] この場合、その1つの債権は、債務不履行によって損害賠償債権に変わることになる。債務不履行については、債権総論の部分ですでに学んだが(池田『新標準・総論』第3章Ⅲ参照)、本書45頁以下で再論する。
[7] 日本では「債権法」と呼ぶが、裏返しに見れば「債務法」であり、外国では「債務法」と呼んでいる例も多い。

発生から消滅までのプロセス等について規定しているのに対して、債権編の残りの部分は、債権の発生する原因について規定しているのである。つまり債権総則は、債権というものの性質を規定し、残りの部分（すなわち後述の債権各論の部分）は、そういう債権がどういうことから発生するかを規定しているので、債権をそれぞれ別の面から見ているということになるのである。

なお、このパンデクテンの編別は、債権各論の最初の「契約」のところでも貫徹されており、「契約」の「総則」が最初に来てその後に契約の各則として13種類の具体的な契約の規定が並ぶ形になっている。

(7) 債権各論の内容

したがって、本書の扱う債権各論は、端的に言って、債権の発生原因を勉強するところ、ということになる。債権の発生原因は4つあり、一番多いものが、すでに説明した「契約」で、その他にたとえば交通事故によって損害賠償の債権が発生するというような「不法行為」によるもの、さらに、後で説明する「事務管理」「不当利得」による発生がある（♡学習のKey Point）。

なおこれらのうち、契約によって発生する債権を「約定債権」、事務管理、不当利得、不法行為という、法の定める一定の場合に、返還請求権や損害賠償請求権などの債権の発生が認められるものを「法定債権」と呼ぶことがある。

そうすると、民法の債権編においては、前半の「総則」の部分と、後半の債権の発生原因の部分とは、前半が後半の通則になっている、という関

---

[8] 最初に総則を置く編別は、パンデクテン・システムといって、ドイツ民法（正確にはその草案）にならった形態であるが、ただし日本民法の内容は、必ずしもそれほどドイツ民法的ではなく、おおまかに言って、ドイツ民法の影響と、ボワソナード旧民法（高校の日本史で「民法典論争」は勉強したかと思うが）を経由したフランス民法の影響が、全体的にはほぼ半分ずつあると考えておいていただきたい。債権法の分野で言えば、とくに総論の部分では、フランス民法の影響のほうが目立っている。

係ではない。したがって、一般の教科書や大学のカリキュラムでは、この前半部分を「債権総論」と呼び、後半部分を「債権各論」と呼んでいるが、この２つは実際にはどちらから先に勉強してもかまわないものである、ということになる。

> 学習のKey Point
> 債権各論とは、債権の４つの発生原因を学ぶところである。

(8) 学習の順序と必要性

　債権法では、条文の順序通り学習するならば、債権総論を先に学び、債権各論はその後になる。しかしながら、この債権各論から学習したほうが、本当は初学者には具体的で面白いであろう。債権総論は、債権の性質論、移転、消滅論などが内容であるから、債権各論の債権発生原因論と比べると、どうしても抽象的・観念的になる。実は債権総論は学問的には大変奥が深く、研究者にとっては非常に面白い分野なのだが、あくまでも初学者の基準で行けば、債権各論から学ぶほうがより推薦できる学習順序である（実際、全国の大学の中にも、債権各論を総論より先に教えるカリキュラムを持っているところが、かなりある）。さらに言えば、学びやすさというだけでなく、債権各論の中心をなす契約法、不法行為法は、市民生活の中でも基本的に必要な知識を多く含む。したがって、法学部生にとっては、いわば知っていて当然の科目なのである。

　それゆえ、民法学習を始めながら、この債権各論を履修しなかったり、不十分な形で学習を終えてしまう諸君がいるとすれば、大変残念なことと言わざるをえない。是非一人でも多くの諸君が、この債権各論をしっかり履修してくれることを望む。

　なお本書においては、債権各論の範囲を、ほぼ条文の配列の順序で記述する。そのほうが、独習する諸君が戸惑いなく体系的な理解を進めることができると思われるからである。

Ⅲ　本書による学習についてのガイダンス

それでは、次章からの学習をする上での約束ごとをもう少し決めておきたい。

①学習内容の確認と六法の常備　まず各章とも最初の囲みの中に、その回の内容をまとめたレジュメや学習上の注意を載せることにする。それから、諸君はできれば授業に出るときと同じように、本書はいつも六法をそばに置いて読んでいただきたい。ただ、これまでの民法典は、前3編に関していえば、明治29年に作られた時のまま、カタカナ・文語体で、濁点なし、句読点なしで書かれていたため、現代の学生諸君には流暢に読めない人もいた。しかし、平成3（1991）年から現代語化の研究が始められ[9]、平成16（2004）年11月に、基本的には法文の意味内容を変えずにひらがな・口語体に書き改める「民法の一部を改正する法律」が成立した（平成17（2005）年4月1日施行[10]）。これによって、学生諸君にはずいぶん読みやすい法文になった。

なお、平成29（2017）年5月に民法が債権法を中心に大幅に改正され、同年6月公布、2020年4月1日施行となったため、2020年までは六法には現行法と改正法の両方が掲載されている。

②法律用語の解説　最初のうちは、難解な、あるいは用法の決まりがある法律用語については、なるべく注や用語解説というコラムで解説をつけることにしたい。読み誤りやすい用語にはふりがなも付すことにする。

---

[9]　星野英一東京大学名誉教授を座長とする8名の学者による研究会が組まれ、私もその一員であった。平成8（1996）年には、平成16年の改正の原案にあたる研究会案が法務省に提出されていた。

[10]　難解な用語や、日常生活で用いられなくなった単語については、60数カ所にわたって平易化した。また、判例・学説によって確立されたと思われる修正点は、約10カ所、条文を変更した。その他、同時に実質的改正として、保証の規定を改正し、個人の根保証の責任を制限する規定を新設している。これらの経緯と新民法典の全体にわたる解説については、池田真朗編『新しい民法──現代語化の経緯と解説』（有斐閣・2005年）参照。

③「学習の Key Point」と「学習の Know How」　説明の中で、とくに注意を喚起したいところ、あるいは、間違えやすい、覚えにくいところには、「♪学習の Key Point」として表示し、欄外にコメントを付けることにしたい。さらに、一般的にこんな学習上の工夫をしたらいいだろう、と思うような点は、随時欄外に「♪学習の Know How」として書き出したい。

④その他のコラム　「学習の道案内」は、これからどういう内容の学習をするのかを、全体の中の位置付け等を明らかにしつつ説明するものである。「Plus One」は、一歩上級の知識を与えようとするコラムである。「Tea Time」は、文字通り、ひと息つきながら読んでいただき、また気分をリフレッシュして本書を読み進めていただくためのコラムである。

このように、本書では、講義テキストとしての適性追求に加えて、独習書としての価値を高めるためのさまざまな努力をするつもりでいるので、これらのマークや記載に十分注意を払いながら読み進んでいただきたい。また、囲みの中の文章では、随時、諸君への学習上のアドバイスや激励を述べる。著者の諸君への応援の気持ちの表れと理解していただければ幸いである。

Tea Time

たとえば大学の 90 分くらいの授業だと、このへんでだんだん学生諸君の集中力が続かなくなってくる。私は、教室の中に、そういうときのバロメーターになるような学生をみつけておき、その学生の反応を見て、講義に少し雑談を入れたりするのである。しかしその点、本書で独習される読者の諸君はお顔が見えない。では諸君はどうしたらよいか。ひとつのノウハウは、各人が自分の「飽きる頃合い」を把握して、自分で気分転換や集中をはかる術を身につける、ということであろう。つまり、何ページくらい読み進んだらお茶の時間、などと決めて、コーヒーや紅茶でも飲んでまた続きに取りかかるのである。

もっとも、本格的なコーヒーのドリップ作業を始めたらそちらのほうにのめりこんで債権各論に戻れなくなって……というのでは困る。あらかじめ途中のお茶やお菓子を用意して、机から離れずに休憩する、というのも一法だろう。いや、もっとストイックに集中したほうがいい、という人は、たとえばひとコ

マ90分にストップウォッチか目覚まし時計をセットして、その間は机を離れず、飲食もせず、自分が大学の教室にいるつもりで頑張るのである。その場合は、イメージの中の教壇に、私を立たせてくれるとありがたい。

　要は、そうやって、一番自分らしい独習方法を確立すること。それが学習を進捗させる最大の秘訣ではないだろうか（ただ、法律学は人と人のコミュニケーションの中に成立する学問である。できれば一人ぼっちではなく、本書について語り合える仲間を作ってほしい）。

第 2 章　契約総論

　これから、契約について学ぶ。この契約は、人と人との（この「人」には会社などの法人も含む）合意によって出来上がるものである。さて、現代の民法学では、この契約の重要性が非常に増大しつつある。わが国での債権法の改正論議の端緒になったのも、契約すなわち当事者の合意を重視して、その観点から民法典を構成しなおそうとする議論であった。

　この合意の重視あるいは「契約の優遇」は、日本での議論よりも先にヨーロッパで議論されはじめた。そしてもともと英米法の世界では、民法典を持たないだけになおのこと、当事者の合意事項に強い意義を認めてきたのである。そうすると、国際化の時代に、各国の国内ではさまざまな違うルールを持つ人々が国際的な取引をする場合の処理として、考えられることは、世界共通ルールを作ればいいという発想が一つ。もう一つは、当事者の間だけを規律するルールの問題ならば、あくまでも当事者の合意を尊重して処理すればよい、という発想である。この後者の考え方を推し進めれば、国内の当事者同士の取引であっても、なるべくその合意を尊重して、民法はその当事者のルール作りをより支援する形で条文を置くことを考える、という方向になりそうである。

　本書の中で示される平成 29 年民法改正法の背景には、そのような考え方があることを理解してほしい（ただし、それらの改正の中には、学理的な説明を整えるほうにいささか偏っていて、実際の紛争解決に役立つかどうかが

二の次になっている部分も見受けられることも指摘しておこう）。折にふれてそのような議論に言及しておくことにするが、いずれにしても、これから民法典のひとつの重要部分を学ぶのだということをしっかり認識してほしい。

　すでに前章の本文に述べたように、パンデクテン・システムのやり方は、まず共通規則から入る。そこで、ここでは、個別具体的な契約の話の一段階前の話として、そもそも契約というものは、どういうときに成立したと言えるのか、などというところから学習する。

I　契約総論序説

(1) 学習内容

　これから契約について学ぶことになるが、まず総論として、契約というのがどういうもので、どういうものがそろえば成り立つもので、法律的にどういう効力を持つもので、どういうときにやめられるものか、を順次勉強していく。その後各論として、それぞれの具体的な契約（売買契約、請負契約など）を勉強することになる。

(2) 前提としての理解――契約自由の原則と現実の契約

　第1章で述べたように、契約とは、人が、自由な意思で、自分たちの間に通用する（そして、反社会的な内容でなければ、任意規定と呼ばれる種類の法律の定めにも優先する）ルールを作ることである。したがって前章でも若干触れた契約自由の原則（521条）は、本来、契約をする自由としない自由、契約の相手方を選ぶ自由、契約内容を決める自由を含むはずであるが、実際には、契約をする両方の人（当事者）は、まったく平等であることは少なく、契約条件を自由に交渉することが困難な場合があり、さらには、契約の相手方を選ぶ自由も、解約しない自由さえも、実質的に存在しない場合さえある。たとえば、アパートに入居するときは、需要と供給の力関係から、敷金・礼金[1]何カ月などという条件を、不動産屋さんの言う通りにのまなければならないし、電力会社と契約するときは、契約する相手の会社も決まっているし、契約内容は全部紙に印刷してあるし（このような契約条項を**約款**（やっかん）と呼ぶ。また、平成29年民法改正によって、「定型約款」という、約款のうち「定型取引」（548条の2①項）にあたるものの約款についてのルールが、詳しく民法典に定められた。☙用語解説）、料金も決められているのである（電気の使用契約のようなものを、相手の契約条件にこちらがそのまま同意してくっつくしかない、という意味で「**附合契約**（ふごう）[2]」という。こうい

---

[1]　敷金や礼金については、第3章Ⅶの賃貸借契約のところで学ぶ。

うところから、第1章で若干触れた契約自由の原則は、修正を加えられる必要が出てくる。つまり、弱いほうの立場の当事者になんらかの保護を与える必要が生じる）のだが、民法は、一応、平等な私人の間の、自由な意思形成によって成立する契約を考えていることを理解していただきたい。

〈用語解説〉

約款

　約款とは、多数の契約に共通に用いるためにあらかじめ定式化された契約条項の総体をいう。一般には、契約当事者の一方が相手方との交渉なしに準備・作成している場合が多く、厳密にはそういうものだけを狭義の約款として扱う必要があり、約款を構成する契約条項のうち、現実に個別の交渉を経て採用されているものは、格別に問題にする必要がない。

　この意味での狭義の約款については、①契約締結時までに相手方がそれを知りうる状況があれば、契約の内容となると考えてよい。②ただし、約款の解釈について、客観的な解釈が分かれる場合には、約款作成者（多くは事業者）側に不利に解釈されるべきであろう。③また、特定の条項が相手方の利益を信義則に反する程度に害するという場合は（そのような条項を**不当条項**という）、その条項のみを無効とするという考え方が有力である。消費者契約においては、不当条項を排除する努力が立法的になされている（消費者契約法10条参照）。そして、平成29年民法改正によって、一般法としての民法典の中にも、「定型約款」という限定をしつつ、約款に関する規定が初めて置かれることになったのである（「定型約款」については、本章末尾Ⅵを参照）。

---

[2] しかし附合契約だからいけない、というのではない。たとえば電気の供給契約などでは、一人ひとりが個別に電力会社と交渉して価格を決めるというのは、逆に不合理であり非効率的である。問題は、一方当事者が自らの都合のよいように恣意的に契約内容を決定できてしまうのでは問題が生じる、ということであり、そのために、行政的に監督官庁が契約条件について指導をしたり、司法的に裁判所が訴訟の中で約款の正当性を判断したりする場合もある。

　ちなみに、「附」の字は「付」に統一されつつあるが、これらは本来別の意味を持つ字であり、「附」は「つく」という自動詞的意味、「付」は「つける」という他動詞的意味で使われ、（平成16年改正前の）民法の条文ではそれらがきちんと使い分けられているということが、道垣内弘人『ゼミナール民法入門〔第2版〕』（日本経済新聞社・2003年）278頁で指摘されていた。

(3) 契約の種類

内容を学習する前に分類を勉強してもしかたがない、という批判もありそうだが、契約の種類について、これからの説明に必要なことだけをとりあえず述べておきたい。

①双務契約・片務契約　我々が日常生活の中で最も頻繁に行う売買契約では、売主には品物を渡す債務と代金を請求する債権とが発生し、買主には代金を支払う債務と品物の引渡しを請求する債権とが生じる。このように、当事者の双方に債権・債務がともに発生する契約を、(その債務のほうに注目して)双務契約と呼ぶ。これに対して、単純に人に物を与える契約(贈与契約)ならば、与える側の当事者には引き渡す義務が発生するが、もらう側の当事者には、(お金も払わなくてよく、ただ受け取ればいいのだから)いわゆる債務は何も発生しない[3]。こういう契約を、片側の当事者にだけ債務が発生するという意味で、片務契約という。この分類は、すぐ次の「契約の効力」のところで大きな意味を持ってくる。

②有償契約・無償契約　とりあえず、何か給付を受けるのに対価が必要なのが有償契約、対価なしに給付を受けられるのが無償契約、としておこう。ただしこの対価というのは、当事者が(あれと引換えにこれを渡すという)対価性を認めていればいいのであり、客観的に見て同じ価値のものが必要なわけではない。有償契約・無償契約の分類はほとんど双務・片務の分類と一致するが、有償性・無償性は次の諾成か要物かということとも強く関係している。

③諾成契約・要物契約・要式契約　これもとりあえず、当事者の合意だけで成り立つのが諾成契約、目的物を渡して初めて成り立つのが要物契約、契約の成立に何らかの形式(書面作成など)を必要とするのが要式契約、としておこう。今日の世の中では、大多数の契約は諾成契約で、合意だけで(たとえば売買ならば、この品物を1週間後に売りましょう、1週間後に買いましょうという約束だけで)成立し、効力を持つ。これが契約成立の

---

[3] もらう側にも厳密に言うと「引き取る義務」があるのではないか、という議論は成り立ちうるが、これをいわゆる契約上の義務と見るかどうかは大きな問題である。池田『新標準・総論』第3章Ⅴの「受領遅滞」を参照。

原則である（つまり、法令に特別の定めがなければ、以下に述べる書面の作成などを必要としないで契約は成立する。民法522条②項）。

けれども、たとえば米や金銭などを貸す契約（借りたもの自体は消費して、同種同等のものを返す、消費貸借契約）は、契約書面を使わない場合は、約束だけではだめで、要物契約として、貸し渡して初めて効力を持つと民法には規定されている。これは実は、契約の拘束力の問題と関係してくる。詳しくは契約各論に入って勉強しよう（平成29年改正法では、要物契約を減らして諾成契約を増やす方向の改正がなされた）。

なお、厳密に言うと、「成立」と「効力発生」というのは法律的には区別して使いわけなければいけない概念なのだが、現在の民法典の表現は必ずしも正確にその点を区別していない[4]。

最後の要式契約は、近代以前には契約成立に儀式的なものを要求していたのが、近代法になってからは意思による自治ということでほとんどが諾成契約となった。しかし現代でもなお、意思を十分に確認して不用意な契約をさせないようにする趣旨で成立に書面作成を要求したりすることがある。わが民法では、2004（平成16）年の民法現代語化改正の際に、その趣旨で保証を要式契約にした（民法446条②項）。

④典型契約・非典型契約（有名契約・無名契約）　これは、③までの契約の分類とは少し性質が違う。前に述べたように、我々はさまざまな内容の契約をする（作り出す）ことができるのだが、民法は契約の章で、13種類の契約を規定している。これは、民法典制定の段階で、起草者が世の中でよく行われる契約を選び出して規定したもので、これら13種類の契約については、当事者の約束ごとがあればそれが最も優先するのだけれど、

---

[4] 契約の成立要件を満たしていても、その効力が否定される場合がないわけではない。まず、①契約の主体に問題があって効力が否定されるものとして、当事者に意思能力や行為能力が欠けている場合がある。また②意思表示に問題があって、虚偽表示で無効だったり錯誤や詐欺で取り消されたりする場合がある。さらに③契約内容に適法性や社会的妥当性がなく、公序良俗違反で無効となったりする場合がある。したがって、契約の成立と効力発生は本当は区別したほうがよいのである。

それがなければ、この民法の規定が使われることになりますよ、という意味である。そこで、この民法典が取り上げた13種類の契約を、一般によく行われる典型的な契約、という意味で典型契約と呼び、それ以外の、ここに挙げられていない契約（たとえば、リース契約とか、クレジットカード契約等）については、非典型契約と呼ぶのである。この両者はまた、民法典に名前がある、という意味で有名契約（だからこれはfamousという意味ではない）、名前がないという意味で無名契約、と呼ばれることもある。もちろん世の中には、一部だけが典型（有名）契約で、一部が非典型（無名）契約というものもあり、2種類の典型契約の組み合わさったようなものもある（これを混合契約と呼ぶこともある）。

なお、実社会の取引では、典型契約の中にも今日あまり使われないものもあり、逆に非典型契約の中にひんぱんに使われる重要なものもある。したがって本書では、非典型契約についても第3章XIV以下で詳しく論じることとする。

⑤**本契約・予約**　　これも④までの分類とは意味が異なり、契約の成立過程から見た区別である。将来において一定の内容の契約（本契約）を成立させることを約する契約を、広く予約という。予約も契約の一種であって、拘束力がある。つまり、予約をした場合には、本契約をしようと申し込まれたらそれを承諾する義務があるということである（契約の申込みと承諾という意思表示についてはすぐこの後で学ぶ）。

(4)　契約の拘束力

①**原則**　　有効な契約をした以上は、それを守り、誠実にその通り履行しなければならない。その拘束力の根拠は、古くは宗教的な背景に求められていた（つまり、神に誓って守るというように）。しかし今日の民法では、すでに前章でふれた、個人の意思による相互規律に求められる（意思自治の原則）。

②**例外と事情変更の原則**　　しかし、契約は守られなければならないといっても、そこには以下のような例外がある。まず、民法総則で学んだように、その契約の内容が公序良俗（公の秩序善良の風俗）に違反している

ものである場合（たとえば法律で禁じられている麻薬の売買契約とか人身売買契約など）には、その契約（法律行為）が無効とされる（民法90条）。また、契約をした申込みや承諾の意思表示が、表意者が間違って内心で思っていなかったことを表示したものであるような場合も、錯誤として取り消される（95条）。だまされたり、脅されたりしてした意思表示も、詐欺や強迫といって、取り消すことが認められている（96条）。さらに、契約そのものには何の問題もなかったが、その後に当事者の予期できなかった事情の変更（天災や戦争の勃発など）があって、当初の契約内容通りの実現を要求することが当事者にとってはなはだ不公平になるような場合には、条文はないが、裁判官が当事者の請求によって契約内容の改訂を認めたり、契約の解除を認めることができると解されている。これを「**事情変更の原則**」という。

しかし当事者の合意による拘束を重視する観点からすれば、事情変更の原則はそう簡単に認められてよいものではない。わが国の最上級審判例では、（大審院の時代に肯定判決が1件だけあるものの）最高裁は、事情変更の原則の存在は認めるが、まだ正面からこれを肯定した判決は出していない[5]。もっとも、逆に当事者の合意や予測の及ばなかったところまで契約の拘束を維持するのは不適当と考えれば、この事情変更の原則を立法で明瞭にするという考え方も出てくることになる。

Tea Time

大教室の講義を受ける際には、なるべく前のほうの席で受講したほうが、講義が頭に入る。できれば、前から5列目以内を心がけてみてほしい。

---

[5] 確かに、事情変更の原則は、そう簡単に認められてよいものではない（ドイツでこれが認められた代表例は、第一次大戦後の天文学的なインフレによる貨幣価値の激変があったケースである）。大審院が認めたのは（表現上は信義則を適用した）、不動産の売買契約で、契約締結後その履行までの間に、宅地建物等価格統制令というものが制定・施行された結果、長期にわたり契約の履行ができなくなる状況が生まれた際に、契約の解除を認めたものである（大判昭19・12・6民集23巻613頁）。最高裁が原則の存在を認めながら予見可能性ありとした事案としては、最判平9・7・1民集51巻6号2452頁がある。

もっとも、全部の大教室講義を前から5列目までの席で聞くというのは、やってみるとそう簡単なことではない。それに、全員が実践しようとしても、無理な話ではある。実際、前から5列目に座るとなると、遅刻ができないし講義途中で抜けるわけにもいかない。けれど、そうして集中して聞いていれば、熱心に講義している教師とそうでない教師の区別もつくのである。集中して聞いている自分の受講態度が第一なのだが、諸君も教員の勤務評定をするつもりで聞いてほしい。単に期待はずれ、などと言う前に、学習の効果を上げるためにするべきことは学生側にもいろいろあることを忘れないでほしい。

II 契約の成立

(1) 学習内容

契約を成り立たせる構成要素は何か（どういうものがそろえば契約は成り立つか）。契約の当事者は、どういう状況でそれらの構成要素を出したり引っ込めたりできるか。どういう時期に契約が成り立ったことになるか。簡単に言ってしまえば、ここで勉強するのはこういうことである。

(2) 契約の定義と構成要素

契約は、双方の当事者の意思[1]が相互に同じ内容で合致することによって成立する（やさしく言えば、Aさんが「この時計を1万円でBさんに売る」、Bさんが「この時計を1万円でAさんから買う」ということ）。ただし、意思の合致といっても、当然のことながら、その意思を相手に伝えて理解させなければならない。意思を、何らかの法律的な効果（効力）を発生させることを意欲して外部に表示することを「**意思表示**」という（これについては民法総則で勉強したはずである）。したがって、契約は当事者の意思表示の合致によって成立する**法律行為**である[2]と普通は定義される[3]。

そうすると、契約の構成要素は、当事者AさんとBさんの2つの意思

---

[1] 法律では、一般に「意志」ではなく「意思」という言葉を使う。これは、「意志」という言葉は一定の目的を達成しようとする志とか意欲の意味を含むものなので、それと区別して使っている。

表示ということになる。このうち、先にされたほうを「**申込み**」、後のほうを「**承諾**」と呼ぶ（522条①項）。どちらが先かはっきりしない場合もあり、特殊なケースでは、両方からほぼ同時に申し込むこともある。これを「**交叉申込み**」といって[4]、もちろんこれでも契約は成立する。申込みは、「契約の内容を示してその締結を申し入れる意思表示」（522条①項）、すなわち「承諾があれば契約を成立させようという意思表示」だから、商店で値札をつけて商品を展示しているのは申込みである（お客が、「買います」と承諾の意思表示をすれば契約が成立する）。しかし、たとえば人を雇う契約をする場合、求人広告は申込みだろうか。普通は、応募者がどんな人でもいいわけではなく、面接してこの人なら、ということになって契約する。そうすると、求人広告を見て面接に応募してくるのが「申込み」で、求人広告は「申込み」を誘うもの（これを「**申込みの誘引**」という）にすぎないことになる。一方承諾は、「申込みと一緒になって契約を成立させようとする意思表示」だから、もし申込みに変更を加えて承諾するというのであ

---

[2] すでに民法総則で学んだはずの概念であるが、法律行為とは、「意思表示をその不可欠の要素とする法律要件である」と定義される。しかしこの表現では一般の人々にとって意味を理解することは困難であろう。ここで「法律要件」というのは、法律の力によってある権利義務が生まれる必要条件という意味である。したがって、法律行為というのは、「意思表示をその要素とするもので、法がその意思表示の内容に従った私法上の効果を発生させるもの」ということになる。その法律行為の大部分は契約で、それ以外には、遺言や解除（本章Ⅴ参照）などの単独行為、さらに会社設立などの合同行為、という3種のカテゴリーが含まれる。したがって、「法律行為」という言葉が出てきた場合、具体的には契約を思い浮かべればほとんど間違いがない。

[3] ただし、ここにも本当は難しい問題がある。間違って意思表示したときに、表面的に意思表示が外形的に合致していれば契約は成立するのか、内心の意思で食い違っているならば契約は成立しないのか、という問題である。外見が合致していて内部で不合致の場合、少数説は、これは意思が不合致であるとして（不表見的不合致）、契約不成立とするが、今日の多数説は、契約をいったん成立させて、錯誤の問題とする構成を採用している。

[4] 交叉の叉は今日では常用外漢字とされているが、本来「交差点」も以前は「交叉点」と書いた。合唱の音合わせなどに使われる「音叉」は今でもそう表記することが多い。

れば、これは承諾とは言わない（「1万円で売ります」というのを、「はい、8千円で買います」と答えても承諾にはならない）。ただ、これは何にもならないのではなく、新しい条件での申込みと考えられるから、最初の申込者は、それでもよければ、（「じゃあ8千円で売ります」と）承諾をすれば契約は成立することになる（後述(3)の民法528条）。なお、承諾については、申込者が「返事はいらない」と言った場合や、慣習上とくに承諾を必要としない場合には、承諾の意思表示と認められるような行為（たとえば注文された品物を作り始めたような場合。これを**意思実現**という）があればその時に契約が成立したとされる（527条）。

(3) 申込みと承諾

①総論　民法の522条から528条は、この申込みと承諾について、どういう期間に有効かとか、どういう状況なら引っ込められるか、いつまでに返事をくれといったのに返事が遅れて着いたらどうすればよいか、等を規定している。「引っ込める」と書いたのは、言い出したことを「**撤回**する」意味である。これを平成16（2004）年改正までの条文では「**取消**」と書いていた。ただ、「取消」（平成16年改正後は「取消し」）というのは、すでに民法総則で学んだように、いったん法律的に効果が発生したことを反故にして最初から何もなかったことにする（効果が最初の時点に遡って消える。遡及効がある、という）という制度があり（民法121条）、法律学者は、正確に言うとこの「遡って効果が消える」のを「取消」、言い出したことを引っ込めるというだけの場合は「撤回」と区別して使っていた。したがって、平成16（2004）年改正ではその区別を法文に反映させたのである。

②承諾期間の定めのある申込みの撤回　それでは、少していねいに条文を見ていこう。523条は、①項本文で、申込者が承諾期間を定めて申し込んだときは（たとえば、「2週間以内にご返事下さい」）、その申込みは撤回できないと定め、②項でその期間内に承諾の返事をもらわなかったときは、申込みは効力を失う、と定めている。つまりこれは、期間のある申込みなら、承諾者はその期間を使って考え、返事をすればいいのだから、その期間中は（承諾者側は返事をするために何か準備したり調査したりしているかも

しれないので）申込者のほうは途中で申込みを引っ込めてはいけない（しかし、申込者があらかじめ撤回権を留保していた場合は、（相手方も撤回可能性についてわかっているので）申込みを撤回してもよい。523条①項ただし書）。逆にその期間を過ぎたら、今度は申込者としては他の人に申し込むなり、他の可能性を探したい。だから、申込みは効力を失う、つまり、もう申込みは有効ではなくなったから、その後で承諾をしても契約は成立しませんよ、というのである。言われてみればごく当然の規定である。ただここで気づいてほしいのは、①項は、承諾者の利益を考え、②項は申込者の利益を考えているということである。両当事者の利益のバランス、これが民法の最も基本的な発想である（✍学習の Know How）[5]。

> ### 学習の Know How
>
> **条文の読み方**
>
> 1 何が言いたい条文なのか、誰のためのルールなのかを考える。
>
> 　条文は暗記するのではなく、何を考えて作られたルールなのか、誰のためのルールなのかを考えて理解することが大事である（そういう学習を積み重ねていくと、将来読者自身が、自分の所属する集団の中でルール創りをする立場になったときに役立つ）。
>
> 2 具体的な条文の読み方としては、申込者を A、承諾者を B などと入れて読むことでわかりやすくなる。また、たとえば「対話者」（525条）とか「相手方」（526条）などという表現が出てきた場合も、承諾をする側の人なのだから B、などと入れていくのである。
>
> 3 3人以上の主体が出てくるときは紙に関係図を書いてみる。これは、適

---

[5] たとえば523条には（承諾の期間の定めのある申込み）という見出しが付いている。この見出しは平成16年の改正で新たに付けられたもので、法律の一部であるのだが、それまで民法典には見出しは付いていなかった（それ以前の六法で民法に付けられていた見出しは、各出版社が便宜のために考案していたものである）。最近作られる法律には、どれも見出しが（法律の一部として）付けられることになっている。なお、条文で「事実があった時」（527条）「留保したとき」（523条①項）と「時」「とき」を使い分けているのは意味があり、「時」は時間、時刻を指し、「とき」は「場合」の意味で使う。

切な条文の例が出てきたところでまた説明しよう。

③その他の規定　524条は、申込者が設定した承諾期間よりも完璧に遅れて着いた（つまり申込者のほうで、もはや取り合わなくてもよい）承諾でも、（申込者がそれでよい、契約したい、というのであれば）申込者がそれを新しい申込みとみなして（それに承諾をすれば）よいという意味である[6]。

525条①項本文は、承諾期間を定めないでした申込みは、（いつ撤回してもよさそうなものだが、承諾者が承諾しようと検討したり準備したりしているところで撤回されると承諾者のほうが不測の損害を被るおそれがあるので）申込者が承諾を受けるのに相当な期間（検討の期間プラス返信に必要な期間程度）は撤回してはいけない、という規定である（なおこれについても、申込者が撤回権を留保している場合は撤回ができる。525条①項ただし書）。

さらに525条②項は、対話者と対話している最中であれば、①項の承諾の期間を定めない申込みであってもいつでも撤回できるという当然の規定であり、また③項は、対話者に対してした承諾の期間を定めない申込みは、対話中に承諾がなければ、その申込みの効力を失うと規定する（その場限りの申込みと判断されるからである。したがって、③項ただし書が、「申込者が対話の終了後もその申込みが効力を失わない旨を表示したときは、この限りでない」と規定するのは、たとえば、対話しながら「返事はいつでもいいから待っているよ」などとして申し込んだ場合を指す）。

526条は、申込者が申込み後に死亡したり意思能力を失ったり行為能力の制限を受けるに至った場合には、申込者があらかじめそういう場合には申込みは効力を失う旨を意思表示していたり、相手方が承諾の通知を発する前にそれらの事実を知ったときは申込みは効力を持たなくなるという、これも当然の規定である。

528条は、承諾者が申込みに条件を付けたり変更を加えて承諾したとい

---

[6]　「**みなす**」というのは、法律用語としては、たとえ事実がそうでなくても、法がそうだと決める、ということである（反証を許さない）。この点、「**推定する**」というのは、いったんそう決めるが当事者が反対の証明をして覆すことができる、というものである。

う場合は、(本来の承諾ではないのであるから無効であるが、何の意味もないとする必要はないので) 元の申込みを拒絶した上で新たな申込みをしたものとみなせばよい、というものである (それぞれカッコ内の説明を加えれば条文の意味がわかりやすくなる)。

(4) 契約の成立時期

契約の申込みと承諾という2つの構成要素は、いずれもすでに学んだように「意思表示」である。そして、意思表示はいつ効力を発生するかというと、これはその意思表示が発せられた時ではなく、それが相手方に到達した時であるということが、民法97条 (民法総則で学ぶ) で決められている (これを到達主義という)。そうすると、契約の成立時期は、申込みと承諾がそろった時点ということなので、承諾が申込者に返ってきた時 (承諾の到達時) ということになる。平成29 (2017) 年改正前の日本民法は、これを承諾の発信の時とした。そのほう (成立の時点が早くなる) が、契約の成立を望む両当事者にとって便利だろうから、というのが起草者の説明であった。しかし平成29年改正後は、申込みも承諾も97条によって到達時に効力が発生すると統一した説明になる[7]。

なお(2)で前述した交叉申込みの場合は、契約は遅いほうの申込みの到達時点で成立すると考えられる。また先に述べたように、申込者が承諾は不要とした場合や、慣習上とくに承諾を必要としない場合には、承諾の意思表示と認められる意思実現行為があれば、その時に契約が成立することになる (527条)。

(5) 懸賞広告

民法529条から532条には、懸賞広告の規定が置かれている。これは、

---

[7] たとえば承諾の電子メールの場合は、相手方 (申込者) のメールサーバーに読み取り可能な状態で記録された時点で到達といえよう。逆に、メールサーバーが故障していて承諾の通知が記録されなかった場合や、いわゆる文字化けによって解読できなかった場合は、承諾は不到達すなわち契約は不成立ということになる。

たとえば新聞や雑誌で小説の新人賞作品を募集したりするものなどが思い浮かぶが、個人が電柱に「行方不明の飼い猫を探して下さい、見つけた方には謝礼を差し上げます」などと貼り紙をするものなどもこれにあたる。なぜこのような規定がここにあるのかと言えば、懸賞広告というのは、考えてみれば、不特定多数の相手への、到達するかどうかも不確定な申込みと考えられるので、「契約の成立」の特殊形態としてこの款に置かれたものである[8]。その点さえ把握しておけば、広告に書かれた行為をした者に対して報酬を与える旨の広告をした者は、行為者が広告を見たかどうかにかかわらずその報酬を与える義務を負うという529条の規定をはじめとする一連の規定は理解できるであろう。意思表示の理論からは面白い問題を含むが、一般には特段の重要性はないものとして講義でも省略されることが多い。

> ⇦学習の道案内⇨
>
> 大学の通年の講義の場合には、このあたりでそろそろ教室にいるのがもったいないような陽光の季節になる。サークルとかバイトとか結構忙しいんですよ、と明るく言ってくれるのはいいとして、勉強のほうはどうなっているの？　と声をかけたくなる学生もいる。初心忘るべからず。債権各論はこのへんから佳境に入ってくる。次の「契約の効力」もいろいろ工夫してみた。契約の効力といっても民法はここで何を規定しているのか。実は一般論としての「効力」のことは規定されていない。ここで書かれているのは、いわば「とくに規定しておかなければならない効力」の話なのである。それをまず十分に把握してから学習に入ろう。

Ⅲ 契約の効力

(1) 学習内容

ここでは、何を学ぶのかを把握することがとくに重要である。「契約の

---

[8] この懸賞広告を、(2)で述べた求人広告と混同しないように。求人広告は、申込みの意思表示ではなく、「申込みの誘引」にすぎない。懸賞広告は、それに応募するのが「承諾」になるのだから、申込みの意思表示なのである。

効力」と題された民法533条から539条には、同時履行の抗弁、危険負担、第三者のためにする契約、の3つの内容が規定されている。しかしこれらは、実は契約の効力一般に関することではない。一般に契約が有効かどうかは、内容の適法性、確定性、実現可能性等で決まるのだが、そのことは日本の民法ではことさら書いていない。また、当事者に契約のような法律行為をする能力がないとき（たとえば子供の場合）や、当事者の意思表示に**瑕疵**[1]があるとき（たとえば間違えて1桁多い金額を書いてしまったり、人にだまされて「買う」と言ったりした場合）に、契約の効力に問題が生じることは民法総則で学ぶことである。

　ここで学ぶもののうち、同時履行の抗弁と危険負担は、Ⅰ(3)①で説明した「双務契約」に特有の問題を扱い、第三者のためにする契約は、契約の相対効（基本的には契約は、両当事者のみを拘束し、他の人には効力が及ばない）を扱っている。どうして双務契約に特有の問題を規定しておかなければならないのかといえば、双務契約では、当事者の双方に債務が発生するのだから、一方だけが履行して他方が履行しなかったりということがないように、双方の立場を公平にして、お互いの債務につながりの関係[2]を持たせる必要があるからである。

(2) 同時履行の抗弁（権）

　①意義　これは比較的わかりやすい規定である。Aさんが、Bさんと、Bさんの時計を1万円で買う売買契約をしたとしよう。この契約は、Aさんの代金支払いと、Bさんの時計の引渡しの両方がきちんと履行されなければならない。そのためには、Aさんとしては、「Bさんが時計を渡してくれるまでは私はお金を払わない」と言えるべきだし、Bさんとしては、

---

[1] 瑕疵というのは、一般の用語で置き換えるのが難しいが、「キズ」や欠陥のことをいう。なお、第3章の契約各論で学ぶ売買契約では、目的物にちょっと気がつかないキズや欠陥があった場合に売主が負う責任として「瑕疵担保責任」という規定が明治民法以来長く使われてきたが、平成29（2017）年改正で概念自体が消滅し、「契約不適合責任」という説明に変わった。本書第**3**章Ⅲを参照。
[2] 法律用語では「**牽連性**」という。

「Aさんがお金を払うまでは時計を渡さない」と言えるべきである。それを規定しているのが民法533条である。AB双方がそのように言う権利を持つ結果、一般には両方の債務が引換えに履行されることになる（もちろん、2人の話し合いで、たとえば先に時計を渡し、お金は給料日まで1週間待つ、という異時履行の合意があるとすれば、それは533条の規定よりもその合意が優先する。第1章Ⅱで述べた通りである。現実の企業間の取引では、異時履行のケースがほとんどであることに注意したい[3]）。なお、法律では、たとえばAが「時計を渡せ」と**請求**するのに対し、Bが「いや、お金をもらうまではだめだ」というように言い返すことを「**抗弁**」という★。そういう抗弁のできる権利を一般に「**抗弁権**」とよぶ。したがってここでは「同時に履行せよという抗弁（ができる権利）」が規定されているというわけである。

Ⅲ 契約の効力

★Plus One 要件事実

　実際の訴訟では、請求をするには法律上の根拠を示さなければならない。たとえば、売買契約の代金の請求ということであれば、売買が「請求原因」であり、請求する側は売買契約が成立していることを示して自己の権利を請求する。これに対して、訴訟上、自分は払う義務がないと反論するのが「抗弁」である（抗弁は、自分の行動を正当化する主張であり、ただ相手の主張を認めないというだけでは「否認」であって「抗弁」にはならない）。したがって、訴訟では、一方当事者Xの「請求」に対して他方当事者Yの「抗弁」が出され、それに対してXがまた「再抗弁」をし、それに対してYがさらに「再々抗弁」をするという形で進行していく。このようなプロセスを学ぶのが「要件事実論」と呼ばれるもので、これは以前は司法試験に合格した後で司法研修所で学ぶものだったが、新司法試験の制度になってからは、その一部を法科大学院で学ぶことになった。

---

[3] たとえば、ある町工場が大企業に部品を売る契約では、納入して検収後60日とか90日とか経ってからはじめて代金が現金振込みか手形で支払われるというケースが一般である。その間、売買代金債権は「売掛金（うりかけきん）」として存在することになる。

②**要件**　この同時履行の抗弁はどういうときに使えるか。条文に、「相手方がその債務の履行（債務の履行に代わる損害賠償の債務の履行を含む。）の提供をするまでは」とあるから、これは、相手が自分の債務は履行しようとしないでただこちらの債務の履行だけを迫る場合にだけ使える、ということになる[4]。たとえばＡがお金をそろえて持ってきて、「時計を渡せ」と言う場合には、Ｂはもう同時履行の抗弁は使えない。それから条文のただし書に、「相手方の債務が弁済期にないときは、この限りでない」とあるから、たとえば先程の例のように、相手はまだ１週間先まで支払いをしなくていい（弁済期日が来ていない）という場合は、Ａが約束の引渡日に「時計を渡せ」と言ってきたら、Ａはお金を用意せずに手ぶらで来たとしても、Ｂは同時履行の抗弁は使えない（引き渡さなければならない）ということになる。

③**効果**　同時履行の抗弁の効果は、上に述べたように相互に相手方の履行の提供があるまで自分の履行を拒めるというものだが、もうひとつ、同時履行の抗弁の存在の効果というべきものがある。それは、同時履行の抗弁を持つ間は、履行を遅らせても、それは正当化されるので、いわゆる債務不履行にはならず、損害賠償を請求されたりすることはないというものである[5]。

④**適用対象**　双務契約の一方の当事者に、複数の債務が発生する場合がある。その場合は、それらの債務のうちのどれが、相手方当事者の債務と同時履行の関係に立つのかが問題になることがある。原則的には、両当事者の中心的な債務同士ということになるが（判例では対価的債務という言い方もされる）、たとえば、不動産の売主は、目的不動産を引き渡す債務と、

---

[4] 履行の提供については、池田『新標準・総論』第**7**章**Ⅱ**(2)の「弁済の提供」を参照。
[5] なお、訴訟になった際に同時履行の抗弁の存在が認められれば、判決は、「相手方の給付と引換えに給付せよ」という**引換給付判決**になる。無条件の給付判決を求めた債権者からすれば、一部勝訴ということになる（つまり債務者は、同時履行の抗弁を持っていても、「無条件には負けない」というだけで、勝てるわけではない）。

対抗要件としての登記を移転する義務を負う。そのうち、売主の移転登記協力義務が買主の代金支払義務と同時履行の抗弁の関係に立つというのが確定した判例である（大判大7・8・14民録24輯1650頁）。もっとも、マンションの売買のように買主にとって目的不動産の引渡しがとくに重要な意味を持つ場合は、引渡しも代金支払いと同時履行の関係に立つというべきであろう（登記は済んでも鍵をもらうまではお金を払わない、といえる）。なお、アパートなどの建物の賃貸借契約の終了時に、敷金を返してもらう際に敷金返還請求権と建物明渡請求権が同時履行の関係に立つか、という問題があり、賃借人の保護のためにはこれを認めるのが望ましいという見解もあるが、判例はこれを否定している[6]。

　さらに、まったく中心的な債務同士ではなくても、判例上、同時履行の抗弁の認められる場合として、代金支払請求権と受取証書の交付請求権がある（要するに領収書と引換えでなければ代金を払わないというもの。大判昭16・3・1民集20巻163頁）。

　⑤不安の抗弁（権）　ここからは、同時履行の抗弁の話ではない。先に述べたように、ことに企業間の取引などでは、いずれかを先履行とする契約のほうが一般である。そうすると、先履行の義務を負ってはいても、契約後に相手方に信用不安に伴う資力不足など、予期できなかった事態が生じたときには、このまま先履行しても自分のほうの債権が満足できない可能性がある（たとえば、品物を約束通りに納入しても、代金は支払われそうにないケースなど）。こういう場合でも、先履行の契約をした債務者は、当初の契約通りの義務を必ず履行しなければならないのだろうか。この問題については、外国では、規定を置いている国もあるが、現在、わが国では条文はない。これが、「不安の抗弁（権）」と呼ばれるものである。つまり、

---

[6]　最判昭49・9・2民集28巻6号1152頁は、賃貸人は、賃借人が建物を明け渡した時にそれまでに生じた被担保債権（未払い賃料債権等）を控除してなお残額がある場合にその残額につき返還義務を持つ（敷金返還債務は、目的物の明渡しの後に定まる）ものであり、賃借人の家屋明渡債務と賃貸人の敷金返還義務とは、1個の双務契約によって生じた対価的債務の関係にあるものとは言えないとして、賃借人の同時履行の抗弁の主張を否定した。

そのような場合に、先履行にある債務者は、履行の拒絶ができ、そして、不履行による責任を負わないというものである。もちろんこれは、当事者が契約中にそのような内容の特約を付しておくことによっても実現できるが、わが国では、いくつかの下級審裁判例がこれを認めている（たとえば東京地判平2・12・20判タ757号202頁は、取引上の信義則と公平の原則に照らして、先履行の拒絶が認められるとした）。また平成29（2017）年民法改正に至るまでの論議では、これを法定しようとする提案もあったが、実現しなかった。

(3) 危険負担

①意義　これは上手な説明がないとわからない制度であるが、平成29（2017）年改正によって、簡明なルールに変わり、これまで問題とされていた点はかなり解決した。ただ、ここでも、それに加えて、紛争解決にはあまり関係のない、学理的な再構成が行われていることに注意を要する。

これまでの債権各論の教科書では、危険負担とは、「双務契約において、契約が締結され債権が発生した後で、当事者の責任のない理由でどちらかの給付が不可能になった場合、相手方の債務はどうなるか（その給付不能のリスクをどちらが負担することになるのか）の問題である」などと定義されていた。

要するに、状況はこういうことである。たとえばAさんがBさんからある品物を買う契約を結んだ。2人は1週間後に品物の引渡しと代金の支払いをする約束だった。ところが、3日後にBさんの責任のない理由で（たとえば隣家の火事の類焼で）その品物が焼失してしまった。もちろん代わりの物はない。でも2人は売買契約をしている。契約というものは結ばれたならば拘束力を持つのが原則である。こういうときに、Aは（契約した以上）品物はもらえなくてもお金を払わなければいけないのか（Bにしてみれば品物は渡さずにお金がもらえる）、品物がもらえないのだからお金も払わなくていいのか（Bが品物を失っただけ損をする）。つまり、品物が渡せなくなったリスクを当事者のどちらが背負い込むか、ということなのである。これは、先程の双務契約の両当事者の債務のつながり（牽連性）

● 危険負担

という意味からいうと、一方の債務が履行の前にその当事者の責任のない理由で給付不能となったときに、(契約自体は、どちらにも責任がないので解除等でなくすことができないとすれば[7]) 反対の当事者の債務もなくなるとするべきかどうか、という問題になる。

②誰が債務者で誰が債権者か　ここからが肝心である。他の教科書にはあまり書かれていないが、危険負担の学習の最大のポイントは、まず、誰が債務者で誰が債権者かを決定するところにある。なぜなら、問題になっているのは双務契約なのだから（片務契約では、最初から一方にしか債務がないから、一方の債務が履行できなくなったときに相手の債務はどうなるかという問題は出てこない）、AさんもBさんも債権者であり債務者であるわけである（売主のBについて言えば、品物を引き渡すという点では債務者であり、代金を請求するという点では債権者である）。当たり前だと言われるかもしれないが、教科書を読んでわかった気になっていても、試験になって事例問題で聞かれた途端に大混乱、というのが、実は大変よくあることなのである。

　混乱しない覚え方はこうである（これはしっかり覚えてほしい）。まず、不能になった給付が何か、を確認する。その給付を中心にして見るのである。その給付をなすべき立場にあった当事者が債務者、その給付を要求する立場にあった当事者が債権者である。先の例では、品物が燃えて引渡債務が給付不能になったのだから、品物を引き渡すべき売主Bが債務者、

---

[7] ということは、逆に言えば、両当事者に責任がないケースでも、この後のVで学ぶ「解除」で契約をなくすこともできるのであれば、この危険負担の制度の重要性はかなり低減する。実はこれが平成29（2017）年改正を理解する大ヒントなのである。

引渡しを請求する買主 A が債権者となる（↩学習の Key Point）。

> **学習の Key Point**
>
> 実際の事例では、どちらが債権者でどちらが債務者かを間違えないように。「給付が不能になった債務」を中心に見て、それについての債権者と債務者ということで決めること。

③**危険負担が問題となる状況**　危険負担の中身を理解する前に、その外見・輪郭を知ることが大切である。つまり、危険負担はどのような状況・場面で問題になるのかを確認しておきたい。

まず初めに、AB 間で契約した目的物は、契約の時に存在していたか（給付が可能であったか）を確認しよう。これは、契約の時にもし目的物が存在せず給付が不可能だったら（たとえば B さんが自分の別荘を売る契約をした前日に別荘は山火事でなくなっていた場合）、危険負担の問題にはならないからである。そのようなケースは、原始的不能と呼ばれる。この点についてもいろいろ問題があるが、以下の⑤で説明することにする（後述 37 頁 **Plus One 原始的不能と契約締結上の過失**も参照）。いずれにしても、危険負担は、契約の後で目的物の給付が不能になった（これを後発的不能と呼ぶ）場合にしか出てこないのである。

つぎに、給付が不能になったのはどういう理由からかを確認しよう。給付すべき債務者(B)の責任で不能になった場合と、債務者の責任がない理由で不能になった場合とが考えられるはずである。そしてその前者の場合は、これまた危険負担の問題にはならず、いわゆる債務不履行（履行不能）の問題になり、債権者(A)の債務者に対する損害賠償請求権（民法 415 条以下）と解除権（民法 542 条）が問題になる。

したがって、危険負担は、契約の後発的不能の場合で、しかもその不能が当事者双方の責めに帰さない理由によって生じた場合に限って問題となることになる。

そしてさらに最後のチェックを加えよう。これは当たり前のことだが、A が B から品物を受け取り、その後でそれをなくしたり、盗まれたりし

てもAはBに何も文句を言えない。つまり給付が完了すれば、危険負担の問題は出てこないわけである。

それゆえ、危険負担というのは、当事者が契約に拘束される関係に入った後で、まだ履行の時期がこないうちに、両当事者の責任のない理由で給付ができなくなったという、にわかにはどちらに損失を負担させるべきか決められない状態を法が規律しようとするものなのである（⇨学習のKey Point）。

> **学習のKey Point**
> 危険負担は、契約の後で目的物の給付が不能になった場合（後発的不能）にしか出てこない。しかもその不能が当事者双方の責任のない事由で起こった場合だけである。給付が完了した場合も、危険負担の問題はなくなる。

④**債権者主義と債務者主義** だからこそ、危険負担については立法例がさまざまに分かれている。大雑把に言うと、ローマ法の流れをくむ立場（29年改正前の日本、スイス、少し異なるがフランス、イタリア）と、ドイツ、オーストリアの立場とでは規定の内容がまったく異なっているのである。

ここでようやく危険負担の中身の説明に入るが、改正前の日本の民法は、問題となる双務契約を2つに分けて規定していた。すなわち、①特定物などの物権の設定または移転を双務契約の目的とした場合（と言うと大変難しく聞こえるが、要するに普通の売買契約等を考えればよい）については、原則として契約時以後は債権者が危険を負担する主義を採り（改正前民法534条、例外として535条）、②それ以外の双務契約（賃貸借、請負、雇用など）については、契約後も履行時まで債務者が危険を負担する主義を採っていた（民法536条）。

しかしこのうちの①の債権者主義、つまり売買契約の場合、BがAに家屋を売る契約をして契約後履行期前にその家屋がBの責任でない理由で滅失したなら、不能になった給付（家屋の引渡し）を請求する立場のAが債権者であるから、Aが危険を負担する。ということは結局、Aは家屋はもらえなくても自分の債務である代金支払いはしなければならない、

という結論について（起草者は、あくまでも任意規定なので契約で別の定めをすればよいとしていたのであるが）一般には批判が大変強かったのである。

　これを債務者主義にするならば、Ａは家屋はもらえないが代金も払わなくてよいというわかりやすい結果になる。また、改正前から債務者主義になっている賃貸借契約でいえば、ＢがＡに土地を貸す契約をして契約後履行期前にその土地がＢの責任でない理由で貸せなくなったなら、不能になった給付（土地の貸与）をしなければならなかったＢが債務者であるから、Ｂが危険を負担する。ということは結局、Ｂは債務を履行しないでよいがまたＡに賃料を請求することもできない、ということになる。

　⑤平成29（2017）年改正後の規定の構造　平成29年改正後の条文では、改正前に、売買契約などの特定物に関する物権の設定または移転を目的とする契約に関する債権者主義を規定していた534条と535条がすべて削除され、その他の契約について債務者主義を規定していた536条が表現を変えて（今度はすべての契約類型を対象にして）残ることになった。しかしその改正後536条の規定の構造について、2点注意したい。

　改正後536条①項は、「当事者双方の責めに帰することができない事由によって債務を履行することができなくなったときは、債権者は、反対給付の履行を拒むことができる」と規定している。

　第一に注意するべき点は、改正前536条は、誰が危険を負担するかという観点から、「債務者」は、「反対給付を受ける権利を有しない」（つまり、債務者がリスクを負担する）と規定していたのを、改正法では、実質的な内容は変えずに主語を逆にし、「債権者」は「反対給付の履行を拒むことができる」としたのである（結論は、債務者がリスク負担をする債務者主義の規定であることに変わりがない）。なぜこういう誤解を招きやすい逆の表現に差し替えたのかというと、それが第二に注意すべき点になる。つまり、今回の改正法では、履行不能になった債務も自動的に消滅するわけではないという理論構成を採用したため（改正法412条の2②項参照）、ここでの反対債務も消滅するわけではなく存在することになるのだが、債権者はその履行を拒める、という**履行拒絶権構成**を採用することになったのである（なおⅤ解除のところも参照）。そのために、債権者のほうを主語にした表

現に書き換えられたわけである（しかしこういう、学理的な説明のつじつまを合わせるための改正が増えることは決してほめられることではない）。

なお、改正法の同条②項前段は、「債権者の責めに帰すべき事由によって債務を履行することができなくなったときは、債権者は、反対給付の履行を拒むことができない」と規定する。これは、改正前の規定と同趣旨であって、①項と同じく履行拒絶権構成にして主語を変えただけである（この②項は、正確には危険負担の話ではなく、つまりは債権者が自分の債務について債務不履行をした場合の規定であって当然である）。さらに同条②項後段は、改正前の規定と同様に、「この場合において、債務者は、自己の債務を免れたことによって利益を得たときは、これを債権者に償還しなければならない」と規定する。

同条②項の具体例を挙げれば、②項前段は、工場主の過失で、労働者の就労ができなくなった場合は、工場主は賃金を支払わなければならず、労働者はなお賃金請求権を失わない、ということである。さらに後段は、自己の債務を免れた債務者つまり労働者は、工場に出られない間に別の労務をして利益を得たらそれを償還しなさいということである（ただしその場合も労働基準法によって労働者は一定水準の給与が保障される）。

―★Plus One 原始的不能と契約締結上の過失――――
①従来の伝統的な考え方によれば、もともと存在しない物を売るような原始的不能の契約は、当初から無効であり、債権も債務も成立しないとされてきた。ただ、そのような契約が有効なものとして成立したと信じた側の当事者が、損害を被ることがある。例えば、焼失している別荘の売買契約を有効に成立したと信じた買主が、そこに入れる家具を買ったような場合である。これについて、原始的不能の契約を結ぶについて過失のあった者（たとえば目的物の現況を確認しなかった売主）に、何らかの賠償責任を認めようとするのが、「**契約締結上の過失**」の議論である。損害賠償の範囲は、原則としていわゆる信頼利益、つまり契約が実際に有効であった場合に取得できるはずの利益（履行利益）ではなく、あくまでもその契約が有効に成立したと信頼したことによって生じた損害分の賠償と考えられている。

②しかしこの契約締結上の過失の議論は、近時、無効の契約についての議

論から、有効な契約が結べると一方当事者が信じたのに他方当事者が交渉の最後の段階で結局契約締結をしなかったというような場合に拡大されてきている。判例はこれを「契約準備段階における信義則上の注意義務違反」として、損害賠償の請求を認めている（たとえば、歯科医院を開業するといってマンションの電気室の変更工事まで行わせて結局購入しなかったケースである（最判昭59・9・18判時1137号51頁）。ただし判例はかつてはこういうものを不法行為責任として認めていた。本件でも、明示的に契約責任として認めているのかどうかは必ずしもはっきりしない。しかし、近年最高裁は、契約交渉段階における信義則上の説明義務違反が問題になった事例について、契約成立前であるので不法行為責任にしかなりえないという判決を下した（最判平23・4・22民集65巻3号1405頁）。その判断からすれば、ここでも不法行為責任とみるほうがよいように思われる）。

③さらに、最近は、そもそも原始的不能の契約を結んだ場合の処理は無効とするのが適切なのか、という議論がされるようになった。契約の拘束力や締結責任ということを重視すると、たとえ原始的不能の契約でも、成立させて損害賠償の問題として処理するほうが適切であろうというのである（賠償範囲も信頼利益に限られない）。国際条約などにもその旨を規定するものがある（本書第3章末尾のPlus Oneウィーン売買条約（CISG）を参照）。そして、平成29（2017）年改正では、原始的不能である場合にも契約は有効に成立し、債権者は損害賠償の請求ができるという規定が採用されるに至ったのである（412条の2②項）。

(4) **第三者のためにする契約**

①**意義** 第三者のためにする契約とは、そういう契約が独立してあるのではなく、なんらかの契約の中でする第三者に利益を与える特約のことをいう。たとえば売買契約の両当事者ABが、AがBに支払うべき代金を第三者のCに払うことにする、という合意をするような場合である。本来ABの間だけに通用するはずのルールが、第三者Cにまで効力を持ち、Cがその権利を直接Aに主張できることになる、というので、ここに定めてある（民法537条）（♡学習のKnow How）。なお、契約時にはま

だCがいない、または特定されていない、という場合でも、このような契約は有効に結ぶことができる（537条②項）。

> **学習のKnow How**
>
> 　前章で予告した、多数の当事者が出てくる条文の読み方を説明しておこう。
> 　民法537条①項は、「契約により当事者の一方が第三者に対してある給付をすることを約したときは、その第三者は、債務者に対して直接にその給付を請求する権利を有する」と定め、同条③項は、「第1項の場合において、第三者の権利は、その第三者が債務者に対して同項の契約の利益を享受する意思を表示した時に発生する」と定めている。
> 　こういう条文は、条文の中の登場人物をA、B、Cと入れて読み、関係図を書いてみるとわかりやすい。この場合、ABの契約で、第三者Cに給付することを約束するのだが、Cに給付する約束をした「当事者の一方」すなわち「その給付についての債務者」Aのほうを「諾約者」、約束をさせた相手方Bを「要約者」、第三者Cを「受益者」と呼ぶこともある。

　②**要件**　ここで覚えておいてほしいのは、当事者ABが自分たちの契約を第三者Cに影響させることができるのは、Cにプラスの権利を与える場合だけで、勝手にマイナスの義務を負わせることはできないということである。また、プラスの権利も自動的に与えられるのではなくて、Cが利益を受けることを表明する「**受益の意思表示**」をして初めて発生するようになっている（537条③項）。

　③**効果**　第三者Cは、受益の意思表示をした後は直接債務者つまり諾約者Aに給付を請求することができる（537条①項）。そして、受益の意思表示があってCの権利が発生した後は、AとBはそのCの権利を変更したり消滅させたりはできない（538条①項）。なお、契約の両当事者はあくまでもAとBなのだから、BはCに取得させることにした権利については、Cの受益の意思表示後でもAに対して、「Cに給付をせよ」と履行の請求をすることができる。さらに、Cの受益の意思表示後でAが履行をしない場合には、Bは、なお契約の解除権を持つが、（Cの利益が保護

● 第三者のためにする契約

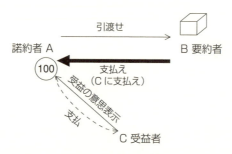

されるべきであるので) Cの承諾を得なければ、契約を解除することはできない（平成29年改正によって追加された538条②項）。

また同様に（契約の両当事者はあくまでもAとBということからして）諾約者AはBに対して主張できること（たとえばまだ品物をもらっていないからお金は払わないという同時履行の抗弁など）はすべてCにも主張できることになる（539条）。

Ⅳ　契約上の地位の移転

(1) 概説

平成29（2017）年改正によって、ここに新しく契約上の地位の移転に関する条文が1か条挿入された（539条の2）。しかし、実はこの規定は契約総論のこの部分に入れるのが適切かという問題もあり、また、現代の民法典としては、諸外国の民法典と比較してみると、本来は契約上の地位の移転については当然もっと多くの規定がなされるべきであるということも指摘しなければならないものなのである。

(2) 規定の内容

改正法539条の2は、「契約の当事者の一方が第三者との間で契約上の地位を譲渡する旨の合意をした場合において、その契約の相手方がその譲渡を承諾したときは、契約上の地位は、その第三者に移転する」と規定する。そこで、元の契約の相手方の承諾を得る構成が、第三者のためにする

契約と同様であることから、ここに置いたということなのであろう。

しかしながら、事の本質はそこにはない。これからの取引社会で重要になる契約上の地位の譲渡とは、さまざまな理由から、たとえばAがBとの間で結んだ契約をCに譲渡する（AB間の契約がBC間の契約になる）という形態である。従来から論じられてきたものには、たとえば不動産賃貸借契約における賃借人の地位の譲渡や賃貸人の地位の譲渡というものがあるが、これらは、それぞれ賃貸借契約のところで規定が置かれる。問題は、それ以外の、金銭消費貸借契約や売買契約などで今後広く行われる可能性のある、自分がした（している）契約を他人に譲渡するケースなのである。

本来は、これらについて広く妥当するルールをより詳細に規定するべきなのである。そうすると、債権総論のところに、債権を譲渡する債権譲渡の規定が従来から存在し（466条以下）、今回平成29（2017）年改正で、債務を移転する債務引受けの規定も新たに置かれたのであるから（470条以下）、契約の構造や取引の経済的意義からすれば、双務契約の場合、債権と債務が全体として移転することになる契約上の地位の移転（契約譲渡）は、債権総論のそれらの規定の後に置かれるべきものであるということができそうである（すでに多くの先進諸外国の民法典では、債務引受けと契約上の地位の移転（契約譲渡）について、より詳細な規定を置いており、その意味ではここが日本民法典の最も後れている部分であった）[1]。

いずれにしても、改正法539条の2は、契約上の地位の譲渡が有効になしうることについて、相手方の承諾という要件をここで規定しただけのことである。21世紀の民法改正としては、単純に体裁を整えただけの不十分な対応と言わざるを得ない。

> ◁学習の道案内▷
>
> Ⅱでは、契約の成立を学び、Ⅲでは契約の効力（ただし一般論としての効力の話ではなかったが）を学んだ。契約が生まれて、効力を持って存続して、

---

[1] この分野の参考文献として、池田真朗「債権譲渡から債務引受・契約譲渡へ」池田真朗＝森征一編『私権の創設とその展開』〔内池慶四郎先生追悼論文集〕（慶應義塾大学出版会・2013年）を挙げておく。

> 今度はその契約の生命を無にする話になる。無にするといっても、合意した契約を合意でやめることは当然できる。そうではなくて、ここで学ぶのは、なんらかの理由があって、一方の当事者が契約をやめると宣告ができる場合なのである。取引社会の実務においても、この「契約の解除」は重要な部分である。

V 契約の解除

(1) 学習内容

ここで学ぶことは、ごく大雑把に言えば、結ばれた契約をなかったことにすることなのだが、「解除」という形の「契約のやめ方」とはどういうものなのかを、まず正確に理解したい。その上で、それが契約法の中ではどういう意味を持つことで、どういう場合にできることで、どういう法律上の効果を持つことなのか、を勉強しよう。

(2) 契約の「解除」とは

①「解約」との違い　まず、適法な両当事者の合意によってなされた契約は、当然、守られなければならない（拘束力を持つ）。お互いに信義を守り、誠実に、約束通り履行しなければならないのである。けれども、もちろん、両当事者がお互いに納得して「この契約はなしにしよう」というのであれば、それはそれでいい。契約はなかったことにできる。しかしそれは、両当事者の合意による「解約」（契約をやめる契約）であって、ここでいう「解除」とは違うのである[1]。

②解除の定義　それでは、「解除」とはどういうものか。「解除」とは、当事者の一方が、自分だけの単独の意思表示によって、相手方に対して、契約をなしにする宣告をすることである（♡学習の Key Point）。法律的な性質は、民法総則で学んだ法律行為の中の、単独行為ということになる。

---

[1] ここでいう合意解約を、世間で「合意解除」と呼ぶことがあるが、それは法律的には正しい表現ではない。解除は、次に述べるように、単独行為であって、両当事者の意思の合致に基づく契約ではない。

そこで、気づいてほしい。本来、しっかり守って履行しなければいけない契約を、一方的にやめる、というのが「解除」である。だからこれは、かなり思い切った、強硬な手段である。そんなものが、自由にできるはずはない。よほどの理由がなければできないはずである。

> 学習の Key Point
>
> 解除というのは、解除権者の一方的な意思表示。「契約をやめよう」とお互いに合意することとは違う。契約法の世界では、これはかなりの強硬手段だから、それなりの理由がないとできない。

③**解除のできる場合**　ではその「よほどの理由」とは何か。これは、聞けば当然と思うであろう。その理由のほとんどは、相手方の約束違反、つまり債務不履行である（他に、各種の契約についていくつか固有の解除原因を法律の条文で規定してある場合にあてはまったときにも解除ができる）。さらに、当事者が「こういう場合には解除する」と約束していたときは、それにあてはまる状況になれば解除ができる。前者を法定解除、後者を約定解除という。詳しくは、後の(3)解除の要件のところで述べよう。

④**解除の根拠**　したがって、解除という方法は、とくに債務不履行その他の法定解除においては、普通、双務契約についてだけ考えられる。前章で学んだ同時履行の抗弁は、やはり双務契約で、双方の債務の履行をなるべく関連性のあるものにさせて当事者の公平を図ろうとする制度だったが、双方が債務を履行する必要があるときに、もし一方が履行してくれないという不均衡が起こってしまった場合には、この解除で、契約をなかったことにして、アンバランスを矯正しようというのである。実際、履行してくれない相手を無理に強制するよりも、解除によって自分の債務もないことにしたほうが得策という場面も多い。

⑤**解除の効果**　そうすると、そこから解除の効果も導くことができる。つまり、解除すると、一般には、契約は初めからなかったことになるのである。こういう効果を、初めに遡るという意味で、「遡及効」という[2]。したがって、もし一方（あるいは双方）の当事者がすでに履行をしていた

V 契約の解除

としたら、それは元に戻されることになる。たとえば、時計の売買契約で、時計は渡されたのにお金が催促しても支払われないので売主が解除する、というのであれば、時計も元の売主に返されなければならない。これを**原状回復義務**という[3]。双方の当事者が履行をしていても、後で述べるように、一方の当事者の履行の内容が不完全・不十分だったので解除するというような場合には、双方にこの原状回復義務が発生することになる。

もっとも、「一般には、遡及効がある」と書いたのは、一部の契約については、解除に遡及効がないからである。つまり、売買のような1回的な給付を目的とする契約では、品物を戻し、お金を戻せばそれでいいのだが、たとえば賃貸借のような継続的な契約ではそうはいかない。3年間住み続けたアパートだったが、家賃を支払えなくなったので大家さんから契約を解除された、という場合であれば、大家さんは3年間の家賃を全部返し、賃借人は3年分の使用利益を全部返すというのは、ナンセンスな話である。だからこういう継続的な契約では、解除に遡及効はなく、契約は、解除の時点からただ将来に向かって、効力が消滅するということになる。

(3) 解除の要件

①解除権という権利　民法は、解除するということを、一定の場合に「解除権」という権利が発生して、その権利を意思表示によって行使する、というふうに構成している（民法540条①項[4]）。そして、法定解除権の発生する一般的な場合が、相手方に債務不履行があった場合というわけである。なお、権利関係を錯綜させないために、一度した解除の意思表示は撤回できないと規定されている（同条②項）。

---

[2] たとえば土地の贈与契約が解除された場合には、贈与がなかったと同一の効果を生じるので、土地の所有権は、（別段の物権移転行為なしに）当然に贈与者の元に戻る（大判大8・4・7民録25輯528頁）。なお、すでに本章Ⅱ(3)でふれた「取消」にも遡及効がある。

[3] 意味を考えればわかることだが、原状（げんじょう）は「現状」ではない。誤記に注意したい。

[4] したがって解除権というのは、解除権を持つ当事者が1人で行使して、契約の消滅という法律効果を発生させる権利ということになる。こういう性質の権利を、形成権という。

②**債務不履行とは**　それゆえ、ここで債務不履行について説明しておかなければならない。すでに債権総論で学んだところと思われるのだが、ここでも概括的に述べておこう[5]。要するに、契約から発生した債務の本旨（本来の趣旨）に沿った履行がされない場合を債務不履行というのだが（民法 415 条）、そのパターンは一般に 3 つの種類に分けられて説明されてきた。①約束の期日に履行がされないという履行遅滞と、②履行ができなくなったという履行不能、③その他、履行はされるにはされたものの、どこか不完全なものになっている不完全履行（不良品だったとか、数が足りないとか、一部壊れていたとか、さまざまなものがありうる）の 3 つである（ただ、平成 29 年の改正では、そのような三分法での説明を避けているようである。しかしいずれにしても、これはわかりやすくするための説明手段なのであり、あまりそのあたりの学理にこだわる必要はなかろう）。

　ここで注意したいのは、平成 29（2017）年改正前は、債務不履行というには、それら 3 つのどれの場合でも、債務者側の帰責事由が必要であるとされてきたということである。これは、改正前の条文からは必ずしも明らかでないものもあったのだが、伝統的には、民法の基礎になる過失責任主義から考えても当然であると説明されてきた。しかし、この点は、最近の世界的な潮流として、契約の当事者が約束通りの履行をしなければそれで債務不履行なのであり、債務不履行の成立に債務者の帰責事由を要求する必要はない、という考えが主流となってきていた。そこでわが国でも、平成 29 年改正で、債務者がその債務の本旨にしたがった履行をしなければそれで債務不履行となり、ただ、その不履行が債務者の責めに帰することができないものであるという場合には、債務者は後述する債務不履行に基づく損害賠償の請求を免れる、という改正がなされたのである（改正法 415 条①項。つまり、帰責事由は、債務不履行の成立要件ではなく、それがないことが免責要件になる）。したがって、約束通りの履行をしなければ原則としてそれで債務不履行という評価がされ、ただ、たとえば履行が約束の日よりも遅れたとしても、それが地震のような不可抗力によるものであったり

---

[5] 池田『新標準・総論』第 3 章Ⅲを参照。

すれば、社会通念からしても債務者の責めに帰すべき理由がないので、債務者としては損害賠償の請求は免れる、ということである。

③債務不履行の2つの効果　債務不履行があった場合、不履行をされたほうの契約当事者は、2つの手段を取ることができる。それが、解除と損害賠償である。民法では、債務不履行の損害賠償については、415条以下、つまりいわゆる債権総論の部分に規定しているが、解除は契約総則の540条以下に規定しているので、ここ、すなわち債権各論の領域で勉強することになっている。したがって、この部分では、債権総論と債権各論をつなげて勉強する必要がある。

④損害賠償と解除の関係　さて、そうすると、債務不履行をされたときには、契約の解除と損害賠償と2つの手段が取れるわけだが、その2つの関係はどうなるのか。実は、かつては外国では、この2つの二者択一（一方を選択したら他方は主張できない）という規定を置いている国もあったのだが、日本では、フランスなどと同様に、どちらも（両方ともでも）主張することができ、これが一般的である（民法545条④項[6]）。

⑤解除と帰責事由　最近の世界的な考え方としては、契約の解除は、契約の拘束力に基づく解放手段、つまり、お互いに拘束されるべき合意を相手方が守らなかった結果取りうる、契約から解放されるための手段ということなのであって、過失責任の問題ではないと強調する。そして、「帰責事由」つまり相手方の故意過失という概念は、伝統的な「過失責任主義」（過失がないのに他人に対して賠償責任を負うことはない）の考え方に結びつく概念であるが、過失責任主義は個人の行動の自由を保障する原則であって、ここでの契約の拘束力の問題とは別であるとして、解除は帰責事由を要件とするべきではないと批判していたのである。

---

[6]　ドイツでは、かつては解除と損害賠償は二者択一と規定されていた。解除をすれば契約が最初から何もなかった（債務もなかった）ことになるのだったら、それと債務不履行による損害賠償とは理論的に両立しない、という考え方である。ただ、現実に、契約をなかったことにして元の状態に戻すだけでは補填しきれない損害というものがあるのではないか。解除と損害賠償という両輪で望ましい状態を回復するのがやはりベストであろう。

このような世界的な潮流から、平成29（2017）年改正では、契約の解除に帰責事由は必要がないという考え方を採用した[7]。そして具体的な条文としては、以下のように、催告を必要とする解除と、催告を必要としない解除に分けて規定したのである。

　なお、以上の改正規定には、後述のウィーン売買条約の影響も見て取れることを付け加えておこう（本書第3章末尾参照）。

　⑥催告による解除　これは、当事者の一方（債務者）が約束通りの履行をしない（たとえば、約束の日に支払いをしない）場合に、相手方（債権者）が相当の期間を定めて履行の催告をし、その期間内に履行がないときは、相手方（債権者）は契約の解除をすることができるという規定である（改正法541条本文）。つまり、債務者の履行が遅れたような場合に、債権者は直ちに解除ができるのではなく、いったん相当な期間を定めて催告をし、その期間内に履行がなければ解除できる、というわけである[8]。

　この場合の「相当」の期間は、勿論それぞれの契約の内容によるが、新たに契約を結んだ場合に債務者がゼロから履行を準備して完了するのに必要な期間ではなく、一定の準備は終えているはずの債務者が履行を完了するのに必要と思われる期間で良いとされる（では、不相当に短い期間を示してした催告は無効か。これについては、そのような催告も、客観的に相当と思

---

[7]　さらに、（いささか学理的な話になるが）この発想は平成29（2017）年改正でどのようにつながっているかというと、先に学んだ危険負担についても、双方に責任がなく目的物が滅失した場合は、（解除に帰責事由が必要ならば、債権者たる買主などは解除をすることはできないから）残存する契約の反対債務（たとえば買主の支払債務）がどうなるか、という危険負担の問題になるが、解除に帰責事由が不要なのであれば、そのような場合に買主は契約解除で反対債務を消すことができる。そうすると、危険負担の規定は大幅に必要性が減少する、というのである（したがって平成29（2017）年改正では危険負担の規定はかなり縮小されている）。

[8]　もっとも、例外的に催告が不要とされる場合がある。たとえば、最判昭27・4・25民集6巻4号451頁は、賃貸借契約で当事者の一方に著しい不信行為があり、信頼関係が破壊されているような場合は、相手方は541条の催告なしに解除できるとしている（事案は、借主の家族が建具類をすべて暖房用に燃やしてしまったりしたもの）。

われる期間を経過した後は、相当期間を定めてした催告があった場合と同様に、有効に解除をすることができると考えられている）。

ただし、その催告期間を経過した時における債務の不履行がその契約および取引上の社会通念に照らして軽微であるときはその限りではない（解除が認められない）という規定が、改正法で新たに置かれた（改正法541条ただし書）。したがって、債務者は、債務不履行が軽微なものであることを主張・立証すれば、契約の解除を阻止できることになる。

この点、従来の規定の下での判例法理では、解除の可否は、契約の目的を達成できたかどうかで判断してきた（付随的な債務の不履行でも、それによって契約の目的を達成できない要素の債務の不履行であるならば解除は認められる）。それに対して今回の改正法では、不履行が軽微であるという判断基準が取り入れられたわけであり、今後は、この「軽微かどうか」を巡って争われる紛争が多くなろう。その意味では、今回の改正は、新たな基準を導入したというだけで、従来よりも紛争の解決に資するものとなるかどうかは未知数である。

⑦**催告によらない解除**　これは、前者と異なり、債権者が催告をすることなく直ちに契約の解除ができる場合である（改正法542条）。基本的な考え方は、履行がすでに不能になっている場合（催告してもできない）とか、結婚披露宴用の料理の注文の場合（催告しても遅れてしまえば意味がない）など、催告をしても契約の目的を達成できないケースをまとめたものである。

まず、改正法542条①項1号は、債務の全部について履行が不能であるときは、債権者が催告をすることなく契約の解除をすることを認めている。これは、改正前543条に対応するもので、当然である。

改正法542条①項2号は、債務者が債務の全部の履行を拒絶する意思を明確に表示したときに解除を認める新規定である[9]。これは、従来から、債務者が履行を拒絶した場合を履行不能として扱う裁判例が見られ、そう

---

[9]　なお改正法は、債務不履行による損害賠償に関しても、債務者が債務の履行を拒絶する意思を明確に示した場合には債務の履行に代わる損害賠償の請求ができるという規定を新たに置いている（改正法415条②項2号）。

いう趣旨を明文化したものとされる。この規定を使うには、債務者の履行拒絶の意思の明確性がポイントになる。

改正法542条①項3号は、債務の一部の履行不能、債務の一部の明確な履行拒絶の場合の、残存している部分だけでは契約の目的を達成できないときに解除を認めるものである。この規定を使うには、残存する部分だけで契約をした目的を達成できないかどうかがポイントになる。

改正法542条①項4号は、改正前の542条と全く同様のもので、披露宴用の料理の注文など、契約の性質または当事者の意思表示によって、特定の日時または一定の期間内に履行をしなければ契約の目的を達成できないときには催告なしに解除できるとしたものである。なお、こういう、履行期が決定的に重要で、それを過ぎると契約の目的を達成できなくなるような契約を「**定期行為**」と呼んでいる。

改正法542条①項5号は、一般に受け皿規定などと呼ばれるもので、上記の各号の規定には当てはまらないが、その他債務者がその履行をせず、債権者が541条の催告をしても契約をした目的を達成するのに足りる履行がされる見込みがないことが明らかであるときは、催告なしでの解除が認められるというものである。条文としては新規定であるが、具体的には、後に学ぶ請負や委任など、役務(えきむ)提供型の契約の場合には、（履行が客観的に不能ではなくても、債務者が履行をしようとしないケースなどで）この規定が有効に使われる可能性がある。

さらに、一部解除について、改正法542条②項は、債務の一部の履行が不能であるとき（同項1号）と、債務者がその債務の一部の履行を拒絶する意思を明確に表示したとき（同項2号）には、同様に無催告での契約の一部の解除を認めている。

⑧債権者の責めに帰すべき事由による場合　そのほか、債務の不履行が債権者の責めに帰すべき事由によるものである場合は、債権者は、前2条の規定による契約の解除をすることができない（改正法543条）。つまり、債権者が自己の責任のある事由で債務者の債務を履行できなくしたという場合には、解除権の行使が認められないというわけである。

(4) 解除の効果

①総説　先に述べたように、解除がなされると、契約は遡及して消滅するので、当事者は相手方を原状に復させる義務を負う（民法545条①項本文）。つまり、まだ履行していない債務は最初からなかったことになり、履行済みのものは元の状態に戻るということである。この効果の点については、判例（大判大7・12・23民録24輯2396頁、大判大8・9・1民録25輯1633頁）・通説はその通りに理解しているが、一部の学説は異なった解釈を主張している。ただ、それらの説は条文の説明のつけやすさの程度問題に尽きるという面もあるので、ここでは初心者の理解を混乱させないためにも、とくに詳しく紹介することはしない（それよりも、解除の効果についての最近の国際的な考え方のほうを理解しておきたい）[10]。

②解除と第三者の関係　原状回復義務があっても、545条①項ただし書により、第三者の権利を害することはできないとされる。つまり、たとえばAさんがBさんに家を売り、さらにBさんがその家をCさんに売ったような場合に、なんらかの理由（たとえばBさんが代金を半分しか払わない）でAさんが最初の売買契約を解除して原状回復となったときでも、Cさんの権利は守られるということである。

ここで若干立ち入った説明をしてみよう。ここでいう第三者とは、判例（大判明42・5・14民録15輯490頁）・通説の考え方では、「解除された契約から生じていた法律関係を基礎として、解除までに新たな権利を取得した者」をいうとされる（つまり、「**解除前に現れた第三者**」ということになる。上の例では、Aによる解除がなされる前に、CがBから家を買った場合）。た

---

[10]　解除の効果については、直接効果説（判例・通説）以外に、間接効果説、折衷説があるとされる。たとえば間接効果説では、解除によって、未履行の債務については債務者に履行拒絶の抗弁権が生じ、履行済みの債務については解除時に債務が消滅する（遡及はしない）と説明する。しかし民法の規定に関しては、どの説からも結局説明がつくとされる（星野英一『民法概論Ⅳ契約〔合本新訂・改訂版〕』（良書普及会・1994年）94頁）。一方、後述するウィーン売買条約（第**3**章末尾 Plus One 参照）などの国際ルールでは、解除の効果は契約からの解放と原状回復にあるとし、契約は解除によって遡及的に消滅するのではなく、巻き戻し的な清算関係を実現する枠組みとして存続するとされる。

だこのとき、保護されるCとしては、(物権法と債権総論で学んだと思うが)自分の権利取得を他の人に対抗(主張)できる要件(いわゆる第三者対抗要件)を備えていなければいけない、というのが、判例の態度である(最判昭35・11・29民集14巻13号2869頁)。家や土地のような不動産の場合、それを買い取って自分のものにした、ということを世間の人々に宣言して、他の人が、「いや、これは自分のものだ」と言ってきたときにも対抗できるためには、登記というものが必要だから(不動産の場合は登記が対抗要件である。民法177条)、545条①項ただし書の場合も、これがないと、Cは保護される完全な資格がない、と考えられているのである。それゆえ、Aの解除があってもCが家を確保できるためには、Cは買ってさらに登記までを得ている必要がある(最判昭33・6・14民集12巻9号1449頁)[11]。

③同時履行の抗弁の準用　　解除がされて、両方の当事者がすでに一部

---

[11] それでは、「**解除後の第三者**」はどうなるか。つまり、AB間の売買契約が解除された後で、たとえばまだ登記はBのところにあるままの状態だったとき、BがCに売った、というようなケースである。結論からいうと、判例・通説の考え方では、これは545条①項の問題ではなくなる。どういう問題と考えるかというと、同じ不動産を2人の人に二重に売った場合と同じように考えるのである。つまり、甲という人が自分の土地を乙と丙に二重に売った場合、乙と丙では、どちらか早く甲から登記を移させたほうが勝つとされる(これを177条の「**対抗問題**」と呼ぶ。大判昭14・7・7民集18巻748頁)。それと同様に考える。ということは、AがBから早く登記を戻せばAの勝ち、それより早くCがBから移転登記まで済ませてしまえばCの勝ち、ということである。だから、判例・通説の考え方は、「解除前の第三者」と「解除後の第三者」では、考える根拠が異なるというわけだが、不動産のケースでは結局、どちらも第三者Cとしては、登記までを得ていないと保護されないということになる。

なお、正確に言うと、「解除後の第三者」との関係でCに要求される登記は、相容れない権利の帰属を争う者に要求される文字通りの「対抗要件」としての登記であるが(先に登記を取得した者が唯一の権利者になり、他の者の権利取得が否定される)、判例・通説の考え方で「解除前の第三者」との関係でCに登記が要求されるのは、(545条①項ただし書の規定による解除の遡及的効果があるので、本来はCと第三者の関係は二重譲渡のような対抗問題にはならないのだが)「対抗要件」というより「権利保護資格要件」として要求されているのだ、と説明されている。池田真朗「対抗要件と権利保護要件・権利行使要件」池田真朗＝吉村良一他『マルチラテラル民法』(有斐閣・2002年)78頁以下参照。

なり全部なりの履行を済ませているときは、両者が相手方に履行済みのものを返さなければならない。このとき、その両者の原状回復の債務は、お互いに、本章のⅢ(2)で勉強した、同時履行の抗弁のある関係になる（民法546条）。

(5) **解除に基づく原状回復義務の内容**

それでは、解除によって原状に復させる義務の内容はどのようなものか。もちろん、現物が返還義務者の手元にあれば現物返還となるが、第三者に取得されてしまっていて、価額返還となった場合はどうか。ことに、契約締結後解除までに目的物の価額が上昇したり下落したりしているときに問題となる。伝統的な遡及効の考え方にたてば、契約締結時の価額というのがなじみやすいが、先に述べた国際ルール（注**10**参照）の考え方では、契約がなかった場合への巻き戻しということで、目的物の現在の価値が戻されるという考え方に親和性が強くなろう。ただ改正法ではそこまでは踏み込まず、金銭の返還の場合は、改正前の規定と同じく受領の時から利息をつけて返還しなければならないとし（改正法545条②項。これは、民法典が金銭は持っていれば運用利益等を生むものと考えているからである）、新たに、金銭以外の物を返還する場合もその受領時以後に生じた果実を返還しなければならないという確認的な規定を追加するにとどまった（改正法同条③項）。

(6) **解除権の不可分性**

なお、当事者の一方が複数いる（たとえば、数人が共同で1台のヨットを買うなどという）場合には、解除は売主からするのなら買主全員に対して、買主からするのなら買主全員によってされなければならない（民法544条①項）。またこの場合、複数当事者の1人について解除権がなくなった場合は、他の人の解除権もなくなる（同条②項）。これを解除権の不可分性という。解除はドラスティックな手段であるのだから、ばらばらに使われたりして法律関係が混乱するのを避けるためである。

(7) **解除権の消滅**

　解除権の行使についてとくに期間の限定がないとき、解除されそうな相手方は、解除権のある当事者に対して、「解除しますか、しませんか、××日までに答えて下さい」と催告することができる。そして、これによって、もしその日までに返事がないと、解除権は消滅すると規定されている（民法547条）。これはちょっとおかしな規定に思えるかもしれない。なぜなら、解除されそうな人というのは、たとえば自分が自らの責めに帰すべき事由によって債務不履行などをしている人である。その人が、解除するかどうか返事をしろと催告して返事がなければ解除権が消えるというのは話がうますぎるのではないか。これもやはり、解除がそれだけ強いカードなので、それを使うのか使わないのかいつまでも表明しないのでは、相手方が（落ち度はあるにせよ）不安定な立場に置かれるから、ということでバランスを図っている規定、と理解したい。

　なお、解除権はその他、解除権者が契約の目的物を故意または過失によって自分で壊したり、別の物に加工してしまったりしたときは、消滅する（そういう状態にしたらもう解除はできない。民法548条本文）。これは当然の規定である（改正法では、解除権を有する者がその解除権を有することを知らなかったときはこの限りでないというただし書が548条に加えられた）。

(8) **消費者保護とクーリング・オフ**

　①**クーリング・オフ**　適法に契約を結んだ以上、当事者は信義誠実の原則にしたがって債務を履行する義務がある。しかしながら、いわゆる悪徳商法やセールスマンの甘言に乗せられて、消費者がうっかりと契約をしてしまうことがある。この場合、従来の民法の規定では、消費者を十分に保護できない場合がある。たとえば、詐欺による意思表示ならば取り消せるし（96条）、錯誤が成立すれば無効（これも平成29年改正で「取消し」に変わった）とできるのだが（95条）、甘言やその場の雰囲気に誘われただけでは詐欺や錯誤が成立しない場合も多い。また相手方が約束通りの目的物を渡しているのであれば、ここで学んだ債務不履行による解除もできない。このような場合に、民法では保護されない消費者を特別に保護して、

（契約は有効に成立していても）一定期間は契約から脱退する機会を与えるのが、**特定商取引法**（「特定商取引に関する法律」。旧訪問販売法）などに規定されるクーリング・オフの制度である。クーリング・オフ（法文上は申込みの撤回または契約の解除）は、書面でするのが原則であるが、特定商取引法のほか、割賦販売法や宅地建物取引業法などで認められている。

②消費者契約法　しかし、それら個別業種を対象にした規制法だけでは、消費者の保護は必ずしも十分に図れない。そこで、消費者と事業者の間の情報の質や量の格差や交渉力の格差を考慮して、不当な商品・サービスの売買・供給契約や、悪質な販売方法から消費者を守る一般的・包括的な法の整備が望まれ、2001年4月から消費者契約法が施行された。この法律によって、重要事項について虚偽の説明を受けたり（**不実告知**）、不確実な事項について断定的な説明を受けたりして事実を誤認した結果締結した契約や、自宅に居座られたり営業所から帰してもらえなかったりして**困惑**した結果締結された契約は、取り消すことができるようになった（同法4条）。

☕ Tea Time

2004年4月から、新しく法科大学院の制度がスタートした。法曹資格を得るためには、原則としてこの法科大学院を修了しなければならない（法律既修者は2年、未修者は3年で修了できる）。新しい司法試験は、この法科大学院修了者に受験資格が与えられるのである（例外的に、法律実務に通じている者などに対して法科大学院修了者と同等の能力があると認める「予備試験」というものも実施され、この合格者が年々増加している）。新司法試験は、法科大学院修了者が生まれる2006年から開始された。

それ以前の旧司法試験は、大学のいわゆる教養課程にあたる部分を終えれば誰でも受けられる試験であったから、超難関といわれてきたが（2003年には志願者数が5万人を超えた）、法科大学院になっても、新司法試験の合格率は当初の制度設計ほどには高くならず、たやすい道ではないことは変わりがない。

しかしながら、試験の発想は確実に変わってきているのではなかろうか。A説はどうで、B説はどうで、というような、いたずらに知識だけがつめこまれているような人よりも、与えられた事案から問題点を的確に見出して、適切な紛争解決に導ける人。そういう人が望まれているようである。つまりそれだけ、

実際の法曹に必要とされる資質がストレートに評価対象となってきたといえ、私はこの変化を大変結構なことと考えている。

　そういう将来の法曹志望者にも、まずは正しい着眼と思考プロセスを身につけさせること。それが我々の使命である、と私は考えている（なお、さらなる制度改革として、法学部3年・法科大学院2年の計5年で修了できる「法曹コース」を創設する法案が2019年3月に閣議決定された）。

Ⅵ　定型約款

(1)　学習内容

　これまで、民法典中には約款（前掲16頁用語解説参照）に関する明文の規定は置かれていなかった。平成29（2017）年改正で、初めて「定型約款」の規定が新設されるに至ったわけである（548条の2以下）。これによって、画一的な大量の契約の取扱いを迅速円滑に処理することに資するというのが新設の根拠である。ただ、一般論からすれば、約款は、大企業と消費者の関係で言えば大企業側が作るのであるから、約款関係の規定が民法典中に置かれる場合は、消費者の保護につながると考えられるのであるが、今回の改正法では、大企業側に有利な規定も含まれていることに注意したい。なお、今回の改正法での新設規定の構成の仕方は、約款について近時の学説が議論してきた論点（および今回の改正作業の中での議論）とは必ずしも一致していないことも指摘しておきたい。

(2)　定型約款の概念

　平成29（2017）年改正法の説明では、改正法では約款全体を規定したのではなく、その中の「定型約款」と称するもののみを規定した、とされる。その概念は、改正法548条の2①項の柱書において、まず「**定型取引**」を、「ある特定の者が不特定多数の者を相手方として行う取引であって、その内容の全部又は一部が画一的であることがその双方にとって合理的なものをいう」と定義し、続いて「**定型約款**」を、「定型取引において、契約の内容とすることを目的としてその特定の者により準備された条項の総体を

いう」と定義するのである。

確かに、ある者が特定の取引先等に対して一方的に契約書の条項を作成する場合にその契約条項も広義の約款と解するとすれば、上記のように定義される「定型約款」は、その約款の中の一部であるということになるが、実際に社会で問題になるものの圧倒的な多くは、電気、ガス、保険、運送等、上記に定義される定型約款に該当するものであろう。

(3) 規定の概要

①定型約款の拘束力──みなし合意　改正法の規定の構造は、上記の「定型取引」を行う合意をした者は、次に掲げる場合には、「定型約款」の個別の条項についても合意をしたものとみなす、という、「みなし合意」の論理を採用したものである（548条の2①項）。具体的にその合意としては、「定型約款を契約の内容とする旨の合意をしたとき」（同項1号）と、「定型約款を準備した者があらかじめその定型約款を契約の内容とする旨を相手方に表示していたとき」（同項2号）を挙げている。このうち、1号は問題がないが、後者の2号の規定は、個別の条項についての合意までは不要となるということで、定型約款準備者（多くの場合は大企業側）に有利な規定ということになる（なお、近時の学説は、「相手方が合理的な行動を取れば約款の内容を知ることができる」ということが、約款が契約に組み入れられる要件であるという「組み入れ要件」という概念を使って論じて来たが、そのような構成は今回の改正法には明示的には取り入れられていない）。

②みなし合意が認められない場合　ただし改正法は、上記の①項の条項のうち「相手方の権利を制限し、又は相手方の義務を加重する条項であって、その定型取引の態様及びその実情並びに取引上の社会通念に照らして第1条第2項に規定する基本原則に反して相手方の利益を一方的に害すると認められるもの」については、合意をしなかったものとみなすとした。それらについてまでみなし合意の拘束力が及ぶとすれば、相手方（多くは消費者）の利益が不当に害されるおそれがあるからである（548条の2②項。なお、近時の学説は、内容的に不当な条項を規制する「不当条項規制」と、相手方が予測できなかったような条項は契約内容にならないという「不意打ち条

項」排除という表現で議論してきたが、今回の改正法の規定では、この②項で同様の趣旨の内容が取り込まれているとは見られるものの、そういう構成や用語自体は取り入れられなかった)。

③定型約款の内容の表示　定型約款準備者は、定型取引の合意の前、または定型取引の合意後相当の期間内に、相手方から請求があった場合は、遅滞なく、相当な方法でその内容を表示しなければならない（548条の3①項本文）。ただし、既に定型約款を記載した書面を交付し、またはそれを記録した電磁的記録（つまりコンピューター上のデータ）を提供していた場合はその限りではない（同条①項ただし書）。このような表示義務が定型約款準備者に課されることは当然であろう。

④定型約款の変更　改正法では、定型約款の変更に関して、明らかに消費者側に不利になる可能性のある規定が置かれた。それが改正法548条の4における、「みなし変更合意」と呼ぶべきものである。

具体的には、定型約款準備者は、次に掲げる2つの場合には、自ら定型約款を変更することによって、変更後の定型約款の条項について相手方の合意があったものとみなし、個別に相手方と合意をすることなく契約の内容を変更することができるというものである（548条の4①項柱書）。その一つは、「定型約款の変更が、相手方の一般の利益に適合するとき」（同項1号）で、もう一つが、「定型約款の変更が、契約をした目的に反せず、かつ、変更の必要性、変更後の内容の相当性、この条の規定により定型約款の変更をすることがある旨の定めの有無及びその内容その他の変更にかかる事情に照らして合理的なものであるとき」（同項2号）である。

いずれも、たとえば保険契約の約款などで、社会状況の変化で些細な変更をする際などには、定型約款準備者（大企業側）がいちいち顧客全員に変更通知を送って承諾を求めるような必要がなくなるという意味では合理的なものと言ってよい。しかし問題は、とくに2号の規定などで、定型約款準備者に有利に解釈されて濫用される（消費者に不利になる）危険がないかということである。

もちろん、上記の規定による定型約款の変更をする定型約款準備者には、それなりの義務が規定されている。548条の4②項では、その変更の効力

発生時期を定め、かつ、変更する旨および変更後の定型約款の内容とその効力発生時期をインターネットその他の方法で周知する周知義務が課されている。そして同条③項では、同条①項2号の規定による変更は、上記同条②項の要求する効力発生時期が到来するまでに周知をしなければ効力を生じないと規定している。

ただし、548条の4④項では、前掲の548条の2②項にあった、相手方の利益を一方的に害すると認められるものについては合意をしなかったものとみなすという、みなし合意の除外規定は排除されている。

いずれにしても、この改正法548条の4における、定型約款準備者が定型約款を変更できる規定は、改正法審議の最終段階で企業側からの要請で加えられたという経緯もあったもののようであり、施行後の運用が慎重に検討されるべきものであろう。

第 3 章　契約各論

　前章でいわゆる契約総論の学習が終わり、ここからは、契約各論、つまり個別の契約類型の学習に入る。まずは、千差万別、さまざまな契約がある中で、どういうことで 13 種類の契約が民法に規定を置かれているのかを把握して、それから順次、それらのいわゆる典型契約の学習に入る。実はここまでは、他の教科書とほぼ同じである。しかしそこからが、この新標準講義の違うところである。

　契約は生きている。現代の世の中では、民法典の起草者が考えた 13 種類の典型契約の中には、ごくまれにしか使われないものも出てきている。そして、民法典に条文はないのだけれど、今日の取引社会においても日常生活においても、もっと重要な非典型契約がいくつも現れてきている。ということは、それらも勉強しないと、契約法の勉強を十分にしたことにならないはずである。さらに、契約の類型ごとに学習するだけでは足りない。それらの契約の中によく置かれる契約条項にも、かなり重要なものがある。これまでの契約法の教科書では、そのあたりの記述がほとんどなかった。この部分も本書では忘れずに記述をしたい。当事者が、どんなルールを作って、何を実現しようとしているのか。これが、この講義で諸君にわかってもらいたいところなのである。

I　契約各論序説

(1) 学習内容

　民法典債権編の第2章契約は、第1節総則のあと、第2節贈与以下第14節和解まで、13種類の契約を具体的に規定している。前章まで学んできた第1節総則についての学習が、いわゆる「契約総論」と呼ばれるところで、契約の成立・効力・解除と、いわば抽象的に契約というものの発生から終了までを学んできた。本章から入るのが、「契約各論」と呼ばれるところで、ここでは、まずは具体的に13種の契約を対象に、それらの個々の特徴を学び（ここまでが伝統的な「契約各論」である）、さらに、現代社会において実際に行われている、13種以外の重要な契約や、いくつかの知っておくべき契約条項を学んで、契約についての理解を深めることにする。

(2) 学習上の留意点

　ただ、契約各論を学ぶ上では、すでに述べたところだが、以下の諸点に注意したい。
　第1に、条文のある13種類は、世の中によく行われる代表的な契約を挙げて規定したもの（典型契約または有名契約と呼ぶ。第2章 I (3)参照）にすぎず、我々は、反社会的でない（公序良俗に反しない）内容なら、これらと違うさまざまな内容の契約を創造しうる（契約自由の原則。第2章 I (2)参照）。したがって本書では、重要な非典型契約についての記述を加えているのである。第2に、これら13種類の契約についても、我々は（これまた公序良俗に反しない内容なら）、自由な意思によって、民法の規定と異なる内容のルールを作ることができ、その場合は当事者の作ったルールのほうが優先して適用される。したがってそういう場合は、これから学ぶ民法の規定は、当事者がルールを作っておかなかった場合に補充的に適用される（任意規定。第1章 II (2)参照）。
　そして、以上のことから、もう一つ大事なことが導かれる。それは、世の中で行われる一つひとつの契約の解釈（その契約の意味内容の検討）のた

めに、まず重要となるのは、条文のあてはめよりも先に、その契約における当事者の意思を分析・確定すること（当事者の意思の解釈）だということである。そして、その結果、当事者が細かいルールを作っていなかったというときに、民法の条文を頼りにすることになるのである（たとえば、契約当事者の意思を吟味してみたら、間違いなく贈与契約をする意思だったと明らかになり、しかし当事者は細かいことは何も決めていなかったという場合には、民法の贈与契約の規定を適用して判断していけばよい、ということである）。

II 贈与

(1) 意義

①定義 典型契約の規定が最初に贈与から始まる理由は、一般には、契約の構造が最も単純でわかりやすいから、と説明されている。どうわかりやすいか。民法549条によると、贈与とは、「当事者の一方がある財産を無償で相手方に与える」契約である。この場合の与える側の「当事者の一方」を贈与者、与えられる「相手方」を受贈者と呼ぶ。そして条文は、贈与契約は、贈与者がそういう意思を表示し、受贈者がその「受諾」をすることで効力を生じる、としている。

つまり、贈与は、日常生活でも出てくるように、相手からの反対給付なしに、「ただで財産をやる契約」である。その意味では確かに簡単でわかりやすいように思える。ただし、契約の持つ性質から言うと、贈与は、さまざまな契約の中で少数派に属するということを初めに述べておこう。

②性質 贈与は、相手からの反対給付なしに、「ただで財産をやる契約」だから、すでに学んだ契約の分類（第**2**章 I (3)）でいえば、「無償契約」ということになる。そして、与える側の贈与者には、約束の財産を引き渡す債務が発生するのに対し、与えられる側の受贈者には、この契約によって法的に何か給付しなければならないという債務は何も発生しないわけだから、これは分類でいえば「片務契約」ということになる。また、「意思を表示し、相手方が受諾をすれば」効力を生じるというのだから、これは、

契約の成立や効力発生に別段の（物を渡して初めて契約が成り立つというような）要件を必要とせず、当事者の合意のみでよいということで、これまた分類でいえば「諾成契約」ということになる。この「無償・片務・諾成」が贈与契約の基本的性質である。

ただ、その3つの性質の中で決定的に重要なのは、最初の「無償契約性」である。そして、この「無償契約性」を中心に理解していくことが、贈与契約の勉強のポイントであることを覚えておこう（⇨学習の Key Point）。

> **学習の Key Point**
>
> 贈与契約を考えるポイントはその無償契約性にある。いったん成立してからの解除を一定の段階で認めていることも、引渡義務が軽いことも、そこから理解することができる。

③**無償契約の特質**　ただで物を与える、というのは、経済的には大変片寄った契約である。与えるほうは一方的に損をして、与えられるほうが一方的に得をする。売買などの有償契約のように、双方に利益がある契約ならそれほど心配することはないのだが、民法は、他人にただで何か利益を与えるという無償契約については、利益を与える側が不利益を受けすぎないよう、いろいろと気配りをしている。それが具体的に示されるのが、この後に出てくる贈与契約の解除の規定であり、引渡義務の軽減の規定なのである。

> ⇦**学習の道案内**⇨
>
> 　本章あたりまで来るとよく実感していただけると思うが、これまでの内容が理解できていないと、あるいは忘れてしまっていると、読んでもわからないことがだんだん多くなってくる。著者としては、まだ教えていない概念は極力使わず、現在あるはずの知識だけで理解できるように注意して説明している。したがって、理解できなくなってきた、というのであれば、是非最初まで遡って読み直してみてほしい。

Ⅱ　贈与

(2) 贈与契約の成立――日本的構造

①諾成契約としての成立　もし君に人がただで物をくれると言ったら、君はきっと「本当にいいのか」と聞くだろう。各国の民法もそれと同じことで、贈与者の贈与の意思を確かめて、うっかりと贈与契約を結んでしまわないようにしている。多くの国では、他の一般の契約は合意だけで成立し効力を持つ諾成契約としても、贈与契約については、特別に、公正証書[1]を作らせたり、なんらかの方式を必要とする（要式行為という）ように規定している。これが普通なのである（つまり、無償契約は、要式契約とか要物契約になることが多い）。しかし日本では、贈与を重視するごく日本的な発想もあって[2]、その点はこだわらず、他の多くの契約とともに贈与を諾成契約とした（前出549条）。なお、平成29年改正ではそれまで無償契約とされていたものの多くが諾成契約に変わっている。

②書面によらない贈与の解除　しかし、日本でも、軽率な贈与はさせないほうがいいという価値判断は変わらないはずである。そこで起草者は、こう考えた。成立については、他の売買などの有償契約と同じように簡単に諾成とするが、うっかり「贈与する」と約束してしまった場合の危険を除くために、約束したのが契約書面を作っていない口約束で、しかもまだ履行していないというのなら、（諾成契約なら本来は口約束でも契約した以上必ず履行しなければいけないはずなのに、例外的に）これを解除することができる、という規定を置いたのである（民法550条。ちなみに、明治民法の

---

[1] 公正証書は、主要都市にある公証人役場に行って、公証人に作成してもらう。公正証書は、契約の内容、成立時期等について完全な証拠力を持つ（詳細は、民事訴訟法で学ぶ）。遺言についても、公正証書で作っておく方式がある。

[2] 少し歴史的、社会学的考察をしておくと、現在の日本民法（前3編）を作った起草者は、当時（明治28年）の法典調査会で、欧米では（贈与契約をしにくくしたり、後から簡単に撤回することを認めたりして）贈与を大変軽いものと見ているようだが、日本では、社会上の義務、徳義上、交際上の義務などから贈与をしたり、恩に報いるために贈与したりするので、単に代価があれば保護し、そうでなければ保護しないとかいう主義は採らない、と発言している。欧米の贈与が、好意とか宗教的な恩恵の精神に基づくものであるのに対し、日本のそれは、社会的な義務とか、義理、恩返しなどというわが国独特の贈与観に基づくものであったようにも思われる。

当初の規定では「取消」とされていた。2004年の現代語化改正で、言い出したことをひっこめるのは取消でなく撤回というべき、として、「撤回」となり、さらに今回の改正では、撤回というのは（申込みや承諾などの）「意思表示」の効力を消滅させるものであり、ここでは「契約」の効力を消滅させるものであるからという理由で「解除」と変更されたものである）。これによって、わが国では、贈与契約は、成立は諸外国より簡単に規定されたが、その成立した贈与契約を一定の段階で解除できるという形で契約の拘束力を弱めることによって、受贈者の利益と贈与者の保護のバランスが図られることになったのである[3]。

なお、こういう規定が置かれたために、わが国では、贈与契約をめぐっては、書面の有無（書面があっても、それが贈与の書面かどうか）と、履行の有無を争う裁判が多い。判例では、書面性については、表題が違っても内容から贈与の意思がわかれば贈与の書面と認める等、比較的ゆるやかに認められている（大判大15・4・7民集5巻251頁）。履行が終わっているか否かについては、動産（普通の品物）なら引渡しの終了がそれにあたることで問題がないが、不動産（家や土地）の場合は、登記までは必要なく引渡しがあればよい（逆に登記が移れば引渡しがなくてもよい）と解されている（最判昭31・1・27民集10巻1号1頁、最判昭39・5・26民集18巻4号667頁）。

(3) **贈与契約の効力**

①**贈与者の義務**　贈与者は、贈与契約の効力として、目的の財産の権利を受贈者に移転すべき義務を負う。この財産権移転義務については、贈与者の義務は売買契約の売主と同じである。具体的には、目的財産を引き渡すだけでなく、目的財産が不動産ならその移転登記、債権ならその譲渡通知という、第三者対抗要件を具備するところまで協力する義務がある。

---

[3]　しかし起草者はなぜこういう手の込んだ立法をしたのかが再度疑問になるかもしれない。さらに踏み込んで考察してみると、明治28年当時の日本では、まだ公証制度などが完備していなかったことがわかる。契約の成立やその証拠を残すこと等については、面倒な制度は、規定したくてもできなかったという側面もあるように思われる。

②贈与者の引渡義務等　　贈与契約の効力として贈与者に発生する義務や責任のうち、最も特徴的なのがこの引渡義務の程度である。結論から言うと、贈与契約においては、贈与者のいわゆる担保責任（目的物がキズ物だったりしたときに負う責任）が、売買契約における売主の負う担保責任よりも軽減されているのである。そしてそれはなぜかといえば、贈与が無償契約だから、なのである。もっとも、この部分の平成29年改正は中途半端である。改正前551条の見出し「贈与者の担保責任」を「贈与者の引渡義務等」に変えて、次に述べるように①項の内容も改めたのだが、それはおそらくは後述の売買契約と合わせて、（法定的な担保責任ではなく）いわゆる契約責任説を採用したことを示したいがための改正であると思われるのだが、同条②項では、後述する負担付贈与について、「担保の責任」の用語をそのまま使用している（学理優先で、かえって問題をわかりにくくしている改正ともいえる）。

　つぎのⅢで学ぶ売買契約（有償・双務契約の代表）では、本来売主は対価を得て売っているのだから、その目的物が代金に見合う価値を持っていることについて責任を持たなければならないと考えられてきた。もし目的物に瑕疵（＝キズ）や権利の不存在（＝欠缺）があったら、買主は契約の解除や損害賠償等を請求できる（この点は売買のところでまた詳しく説明する）。これに対して、贈与の場合は、もらう側の受贈者が一方的に得をする。だから、「贈与の目的物が贈与の目的として確定した時の状態でキズ物だったりしても、贈与者はその状態の目的物を渡しさえすれば責任を負わず、もらう側はその瑕疵を甘受しなさい」という趣旨の規定が置かれたのである（改正民法551条①項[4]）。このあたり、契約の両当事者の利益を比較しながら考えるのが理解をしやすくするコツである（♡**学習のKnow How**）。

学習のKnow How

　民法、ことに契約法は、常に両当事者の立場に立って考えることが勉強のポイントになる。AB間の契約でいえば、Aさんの利益は、ほとんどの場合、Bさんの不利益なのである。世の中には、自分の利益が相手の不利益になる

こと、自分の考え方が相手方の考え方と異なることはたくさんある（先生の常識は学生の非常識、学生の常識は先生の非常識、ということも往々にしてある）。相手の立場で物事を考えるように努力することが民法の勉強にも役立つだろう。

③贈与の解除　外国の立法では、贈与の履行前も履行後も、広く解除（前述のように改正前は撤回）を認めるものが多い。解除が認められる理由としては、忘恩行為（受贈者の贈与者に対する背信的行為）、贈与者の生活困窮等が挙げられている。これに対して日本では、そのような理由での解除は一切規定されていない。しかし、学説には異論が多く、下級審判決では、忘恩行為などによる解除を認めるべきであるとするものが出てきている[5]。

---

[4] ただ、改正前の551条①項は、贈与者は基本的にキズ物を渡しても担保責任を負わないとしながら、ただし書で、もし贈与者がキズ物と知っていながら隠していた時だけは別で、責任を取ってもらいますという趣旨の規定を置いていたのだが、今回の改正ではそれが削除された。改正法はこのように、当事者の主観にかかわる規定を排除している箇所が多い。もっとも、条文から削除された「贈与者がその瑕疵又は不存在を知りながら受贈者に告げなかったとき」の責任が今後否定されるのかどうかは、それぞれの契約に応じて訴訟をしてみないとわからないと思われる（一般論としての説明義務違反などの問題とされる可能性もある）。なお、少し細かいことを言うと、その場合の責任の内容は、損害の賠償であるが、完全なものと信頼したその信頼が裏切られた分の損害の賠償であると考えられてきた（こういうものを**信頼利益**の賠償という）。完全なものが履行されなかった損害（たとえば、それを完全なものの値段で転売できたはずだったという損害）の賠償（こういうものを**履行利益**の賠償という）までは取れないというのが従来の通説である。

[5] 最高裁でも、理由付けは異なるものの、実質的には忘恩行為を理由とする解除を認めたのに近い判決がある。最判昭53・2・17判タ360号143頁がそれであるが、この判決は、夫の弟Yを養育して医学部を卒業させ、養子縁組までした女性Xが、Yに夫の遺産を贈与したのに、Yが後に自分への仕送りを断ち嫌がらせをするまでになったので、生活保護を受けるようになり、離縁と贈与の解除を求めた事案で、つぎに述べる負担付贈与と構成して、Yの負担の不履行を理由に贈与契約の解除を認めたものである。

(4) **特殊の贈与**

①負担付贈与　贈与契約の中で、受贈者にもなんらかの債務を負担させる契約がありうる。もちろんその債務があまり大きすぎれば、贈与ではなくなってしまうが、たとえば、「数千万円相当の土地をもらい、代わりに毎月5万円の生活費を10年間送金する」というような、贈与の目的物と対価にはなりえない程度の債務を負担するケースである。こういうものを負担付贈与と呼ぶ。これも無償契約のジャンルに入るのだが、その負担（額）の限度で見れば、対価のある有償契約と同様である。したがって民法は、その受贈者が負う負担の限度では贈与者は売買における売主と同じ担保責任を負うと定め（民法551条②項）、また、双務契約の規定が適用されるとした（民法553条）。つまり負担付贈与は、普通の贈与よりも契約の拘束力が強いといえる。551条②項のいうのは、たとえば先の例で、10年間で都合600万円を送金するのに対して、もらう不動産が実際には価値が低かった場合、その負担の限度つまり600万円までは贈与者は担保の責任を負う、ということで、かりに土地が600万円より安かったら、受贈者は、その額まで自分の負担を減額しろとか、そういう贈与契約なら解除する、とかが言えるということである。553条のいうのは、負担付贈与には売買のような双務契約が対象になる規定（同時履行の抗弁など）が使える、ということである。

②定期贈与　「毎年盆暮に生活費の補助に10万円送る」とかいうように、定期に一定の給付をなすべき贈与契約を定期贈与という。こういう贈与は（無期限の約束でも、期限付きでも）、当事者の一方が死亡すると効力を失うと規定されている（民法552条）。それが普通はこういう契約をする当事者の意思に沿うだろうとして置いた規定だから、当事者があらかじめ別の約束（「私が死んでも贈与は息子が続ける」等）をしていれば、それが優先することになる。

③死因贈与　贈与者の死亡によって効力を生じる贈与を、死因贈与という。「私が死んだらこれをやる」「いただきます」という、受贈者との間で生前にしておく契約であるが、ただその効力の発生が贈与者の死亡の時まで止まっているというのである[6]。これについては、同様なことを遺言

(一般社会では「ゆいごん」だが、法学の世界では「いごん」と読む人が多い)ですることもできる[7]。遺言書の中で、「私が死んだらこの品物は誰々さんにあげる」と書いておけばいいのである。これを「遺贈」という。ただし、遺贈は、死者が自分単独の意思で法的効果を実現させる「単独行為」と呼ばれるもので、両当事者の合意による契約とは異なる。けれども、その機能は大変似ているので、民法は、死因贈与は「その性質に反しない限り、遺贈に関する規定を準用する」と規定した（554条。準用とは準じて適用するという意味)。

ただ、この規定は大変簡単なので、いろいろ疑問が出てくることになった。遺贈の規定を準用するといっても、遺贈（遺言）が遺贈者１人の単独行為であることに基づく規定（たとえば遺言の能力とか遺言の方式に関する規定）は準用されないというのが、判例（方式につき、最判昭32・5・21民集11巻5号732頁)・通説である。しかし説が分かれるのは、民法1022条の遺言の撤回の規定である。ここには、「遺言者は、いつでも、遺言の方式に従って、その遺言の全部又は一部を撤回することができる」とある。これが（方式の部分は除いて）死因贈与に準用されるとすると、死因贈与は贈与者がいつでも自由に解除（撤回）できることになる。判例は準用を肯定し（最判昭47・5・25民集26巻4号805頁。それだけ契約としての拘束力は弱いものとなる)、学説は肯定否定が分かれる。けれども、1022条はやはり遺言が単独行為だからこそ認められる規定で、相手のある契約である

Ⅱ 贈与

---

[6] こういう、効力発生を一定の事実が実現するまで止めておくというものを民法総則で「停止条件」という（民法127条①項)。ただ、条件というのは本来成否が不明であるものをいうのだが、人はいつか必ず死ぬのだから、と考えれば、これは停止条件というよりも不確定期限といったほうがよいと考えられる。けれどもさらにいえば、贈与者が受贈者よりも先に死亡するかどうかはわからない。したがって、「私が死んだ時に君が生きていれば贈与する」というのであれば、やはり停止条件といったほうがよいであろう。

[7] 民法は、死者の最終意思が正確に把握できるように、そして他人が偽造できないように、遺言の作り方には厳格な方式を要求している。普通方式（967条）として、自筆証書遺言、公正証書遺言、秘密証書遺言の3種が定められ、特別方式（967条ただし書）として危急時遺言と隔絶地遺言がある。詳しくは相続法の部分で学んでほしい。

死因贈与では、受贈者の期待を考えると、(書面にしたならば) 勝手に解除はできない、と考えるべきではないかと思われる[8]。

> **◁学習の道案内▷**
>
> 　ここから、契約の中でも最も頻繁に行われる、売買契約の学習に入る。売買契約は、有償・双務・諾成という、最も多数派の契約カテゴリーの代表選手であり、売買の規定は、他の多くの契約に準用されるという意味でも、学習上重要な地位を占める。ということは、つまり、売買のところがわかれば、他の契約類型の学習のかなりの部分に想像がつき、類推がきくのである。民法の内容は確かに膨大であるが、民法学習のポイントは、「覚える」ことにあるのではない。「理解する」こと、そしてそこから推測し、予想して学習を広げていくのである。イマジネーションのない人には民法の勉強は苦痛であろう。一方、イマジネーションの豊かな人には、ここから先の学習を続けていくうちに、先回りして見通せる快感が得られるはずである。

Ⅲ　売買

(1) 意義

①定義　売買契約は、世の中でおそらく最も頻繁に行われている契約である。民法555条は、「売買は、当事者の一方がある財産権を相手方に移転することを約し、相手方がこれに対してその代金を支払うことを約す

---

[8] いささか上級の問題であるが、こういう死因贈与を前述の負担付きで行ったならばどうなるか。たとえば、「自分が死んだらこの山をやるから、君が会社を定年退職するまで毎月××円の生活費を送ってくれ」という「負担付死因贈与契約」である。こういう契約を後になって自由に解除できるだろうか。昭和57年の最高裁判決は、さすがにこの場合は、「負担の全部または一部がすでに履行済の場合は、原則として解除（当時は取消）できない」と判示して、負担を約束通り履行した受贈者の利益を保護している（最判昭57・4・30民集36巻4号763頁）。ただ、この問題には、対抗問題の成否等、さらに難しい論点が含まれる。勉強のかなり進んでいる諸君は検討してほしい。参考文献として、池田真朗「贈与契約の類型とその無償契約性」山田他『分析と展開・民法Ⅱ債権〔第5版〕』（弘文堂・2005年）166頁以下を挙げておく。

るによって、その効力を生ずる」としている。つまり売買は、よく知られているように、ある財産権を与えてその対価としての金銭を得る契約、財貨と金銭を交換する契約である。最も頻繁に行われていることから、それだけ重要度も高い。民法上どういうふうに重要度が高いかは、つぎに説明しよう。

②**性質**　売買は、売主がある財産権を与えて、買主がそれに対して代価を支払うというのであるから、代表的典型的な有償契約である。両当事者には、財産権を引き渡す債務と、代金を支払う債務とが発生するのであるから、これはまた代表的な双務契約である。さらに、性質ということではもう1点、555条が、売主と買主とが「約することによって」効力を生じると書いてあることからわかるように、売買は諾成契約ということになる。先に、贈与は契約の中では少数派であると述べたが、多数派というのがこの売買を代表とする「有償・双務・諾成」の契約なのである。そして、上述した、ポピュラーなだけに重要度が高いということは、民法559条が置かれていることでわかる。つまり同条は、売買契約の節の規定は、契約の性質上無理なものを除いて、すべて他の有償契約に準用するというのである（したがって、売買を勉強することは、いわば契約の代表選手について学ぶことになる）。

ただし、ここで一つ注意しておこう。読者の中には、売買は諾成契約だと言っても、たとえば駅の売店で新聞や週刊誌を買うときは、実際には品物とお金を交換しているではないか、という疑問を持つ人があるかもしれない。確かに、身近にはそういう形の売買が多い（現実売買という）。けれどもそれは、売買契約は品物と引換えでなければできないという意味ではない。歴史的には、物と物の交換からそういう引換え的売買が発生して、それがだんだんに当事者間の信頼を元に、合意だけで成立して効力を生じる（約束した履行期に履行することを義務づけられる）売買契約になってきたのである。現実売買は、合意して直ちに履行するケースと考えればよい。

(2)　**売買契約の成立**

①**原則**　前述のように、日本では売買は純然たる諾成契約なので、民

法の範囲では、成立に関して何の方式も要求されていない。どんな高額物件の売買でも、原則としては口約束だけで成立して効力を生じることになる。契約書を作ることは民法では義務づけられていないのである。この点、外国の立法例では、一定金額以上の売買には証書（たとえばフランスなどでは公正証書）を作らせるなどというものが比較的多い。

　もちろんわが国でも、民法が要求していなくても、証拠を残して後日の紛争を避けるためには、当事者同士で契約書を交わしておくのに越したことはない。また、特殊な形の売買、たとえばセールスマンが家に訪ねてきて契約したとか、月賦で分けて代金を払うような売買契約をしたとかいう場合には、それぞれ特別法があって（特定商取引法〔旧訪問販売法〕とか割賦販売法）、それらの特別法が、消費者の保護や業者の適切な規制の目的から、契約書の作成交付を義務づけている[1]。

　②売買の予約　　予約というと、最近はテレビ番組のあらかじめの録画セットを思い浮かべる人もあるかもしれないが、ここでいう予約は、「将来（売買などの）本契約をすることを約束する契約」である。したがって、予約も拘束力を持つ（双方とも、将来本契約を交わす義務が発生する）。だから、もし予約しておいて、後でどちらからか本契約の申込がされたのに相手が承諾しない、というときは、裁判に訴えて、強制させることもできる（民法414条および民事執行法参照）。

　しかし、考えてみればわかるように、そんな予約なら、してもあまりメリットがない。デパートで、ある洋服を売り買いすることを予約して、明日まで取っておいてくれと頼み、翌日、買いたいと申込をしたところ、売ってくれない（承諾しない）という場合、裁判に訴えて判決をもらう、などという面倒なことは誰もしないだろう。そこで、民法は、頻繁にされる売買契約については、もっと簡略な予約を考えた。すなわち、当事者が売買の予約をしたら、あとはどちらか一方が本契約をする意思を表示すればそれで即契約成立ということにしたのである（つまり、本契約について相手

---

[1] 土地や建物をいわゆる不動産業者と（あるいは、業者を介して）売買するときも、業者には、宅地建物取引業法によって契約書の作成交付が義務づけられている。

の再度の承諾を求めることはしなくてよい。民法556条①項）。これを「**売買の一方の予約**」といい、専門用語では、「予約の内容通り本契約をします」と言うことを「予約を完結する」といい、完結できる（本契約に移行させる権限のある）側の当事者を**予約完結権者**という[2][3]。なお、判例は予約完結権は予約が成立した時から10年で時効消滅するとしている（大判大4・7・13民録21輯1384頁）。

③**手付** ⓐ手付の意義 　もう一つ、売買の成立に関して述べておかねばならない特殊なものとして、この手付がある[4]。これは、契約成立のときに交付される金銭その他の有価物（だからお金でなくても、ダイヤモンドでも株券でもいい）をいう（売買以外の有償契約の手付についても、先述した559条があるので、売買の手付の規定が準用される）。たとえば、100万円の品物を買うのに10万円だけ先に「手付」として渡す（手付を打つ、という）、というような場合であるが、問題はその機能である。

ⓑ手付に類似するもの　 まず、手付に似たものを比較のために挙げておこう。「**内金**」というものは、単に代金の一部というだけの意味である。また、分譲マンションなどで「**申込証拠金**」というのがあるが、これは、後で契約を結ぶ優先順位をとりあえず確保するために払っておく金銭（10万円程度。一種の予約金で、まだ契約にはなっていない）のことを指す。

ⓒ解約手付の原則　 さて、手付そのものについても、いくつかの種類があり、それによって性質（機能）が異なる。この手付の性質について、

---

[2] 間違えないようにしてほしいのだが、たとえば先に本文で挙げた、デパートに洋服を取っておいてもらうという場合なら、デパートが、特定の人に売ることを予約するのだから、「当事者の一方」がデパートであり、買おうとする顧客が「相手方」つまり予約完結権者となる。

[3] 起草者は確かに、予約しておいて相談・検討したりしてから本契約する、という状況を考えてこういう規定を置いた。けれども、今日、現実的にはこれとはまったくかけ離れた「再売買一方の予約」という使われ方をしている。その内容については、後述(6)の「買戻し」のところで説明しよう。

[4] 平成16（2004）年改正までの条文では手附と書いていた。ちなみにわが国の伝統的な法文上の用語法では、「付」と「附」を自動詞と他動詞で使い分けているといわれる（本書第**2**章**I**(2)注**2**参照）。

起草者は、わが国の昔からの慣行を考慮して、条文では、これを「解約手付」とみるとした。これはどういうものかというと、わが国には昔から、**「手付流し、手付倍返し」**というやり方があり、手付を打っておいて、あとで買う気がなくなったらその手付をそのまま売主にやってしまって契約を解除する（手付流し）、また、手付をもらったあとで売る気がなくなったら、その手付を倍にして（つまりもらった分と同じだけを追加して）返せば同じく契約を解除できるのである（手付倍返し[5]）。ただ、相手方がもう履行に着手している（たとえば、仕立て屋さんなら頼まれたスーツ地を裁断しはじめた）ところで注文主が「気が変わったからやめた」というのでは、いくら手付金をそのままもらっても困ることがある。したがって、相手方が履行を始めるまでは、こういう形の解除を認めようというのである（民法 557 条①項）。だから、解約手付を打つということは、理論的にいうと、第 2 章 V(2)で勉強した**「約定解除権」**を留保することになり、どんな理由でも（たとえば気が変わった、という勝手な理由でいい）手付を犠牲にすれば、契約を解除できる（その契約から抜けられる）ということなのである（🖐 **学習の Key Point**）。そのため、本来この解約手付による解除の場合は、手付流し、手付倍返しだけで処理をして、その他に損害があってもなくても、別に損害賠償は請求できないと規定されている（民法 557 条②項）。

　けれども、もちろんこれは任意規定であるから、他の性質の手付を打つことも可能である。ただし、判例は、他の性質の手付であることが明瞭にわからなければ解約手付と推定する[6]という扱いをしている（最判昭 29・1・21 民集 8 巻 1 号 64 頁）。

---

[5] 先に挙げた、分譲マンションの「申込証拠金」も、証拠金支払者は、それを放棄して契約をしないことができるが、一般に売主側から倍返しをして証拠金支払者の優先契約権を失わせることはできないと考えられる。なお、判例では、買主が解除に応じないため手付金の倍額を受け取ってくれないときでも、売主は倍額を買主に現実に提供しなければ契約を解除することができないとされる（最判平 6・3・22 民集 48 巻 3 号 859 頁）。

> **学習の Key Point**
>
> 解約手付を打つのは、その手付金だけを犠牲にして、無理由での解除ができる余地を残すことである。

ⓓ他の種類の手付　それでは、「他の性質の手付」にはどんなものがあるか。①まず、契約をした証拠になる**証約手付**（これはどんな手付でも最低限持つ性質である）。②手付を打つことが契約の成立要件となるという**成約手付**。③それからこの解約手付。もっと厳しくなると、④一方が債務を履行しない場合に、相手方に無条件に没収されるという**違約手付**。この違約手付にはさらに2通りあって、手付の没収だけでことを済ませ、他に損害賠償を取れない（もともと損害賠償額の予定を兼ねている）ものと、手付は没収し、さらにその上に現実に被った損害の賠償請求ができる**違約罰**の性質を持つものに分かれる（違約手付が交付されたときは、一般には前者の損害賠償額の予定を兼ねるものと推定される。民法420条③項）。

ⓔ手付を打つ意味　そこでもう一度考えてみよう。手付は何のために交付するのか。当事者が、契約して手付金まで払ったのだから必ず履行しなければ、と考えるとすれば、手付は契約の拘束力を強めるといえる。違約手付はまさにこういう機能を果たす。けれど、解約手付というのは、契約をやめたくなったときにいつでもやめられる余地を残すもので、その意味では契約の拘束力を弱める働きを持つ（もっとも、手付が高額ならおいそれとそれを無駄にしたくはないだろうから、解約手付といっても額によっては拘束力を強める方向に働くともいえる[7][8]）。

ⓕ「履行の着手」の意義　履行の着手とは、「債務の内容たる給付の

---

[6]　すでに述べたように、法律で「推定する」というのは、とりあえずそう考えるということで、もしそれと違うということが証明できればくつがえせる（反証を許す、という）。これに対して、「みなす」というのは、そう決めてしまって反証を許さない、というものである。だから、「試験には六法を持ち込めない。持ち込んだ場合は不正行為とみなす」というルールがあるときは、「僕は持ち込んだけれど見ていませんから不正行為はしていません」という反証は許されないのである。

実行に着手すること」であり、「客観的に外部から認識し得るような形で履行行為の一部をなし又は履行の提供をするために欠くことのできない前提行為をした場合」である（最大判昭40・11・24民集19巻8号2019頁）。

(3) 売買契約の効力

①売主の財産権移転義務　売主は、売買契約の効力として、目的物の財産権（通常の物の売買ならば所有権）を買主に移転すべき義務を負う。具体的には、目的財産を引き渡すだけでなく、目的財産が不動産ならその移転登記、債権ならその確定日付のある証書による譲渡通知という、第三者対抗要件を具備するところまで協力する義務がある。さらに、他人の物を売ったときは（日本の民法では赤の他人の物でも売る契約をすること〔いわゆる他人物売買〕自体は有効である）、当然のことながら、売主は、その物を自分が取得して買主に移転する義務を負う。以下、詳しく説明する。

②売主の対抗要件具備義務　売主は、買主に対して、登記、登録その他の売買の目的である権利の移転についての対抗要件を備えさせる義務までを負う。これまでも当然とされていたことだが、改正法で明示したものである（改正法560条）。日本民法は、不動産、動産、債権の移転のいずれにも（意思主義で権利移転を観念的に認めた上で）対抗要件主義を取っている。対抗要件として法定されているものは、不動産の場合は登記（177条）、動産の場合は引渡し（178条）か動産譲渡登記（法人に限定。動産債権譲渡特例法3条、7条）、債権の場合は確定日付のある証書による債務者への通

---

[7] そこで、学習の進んだ人には考えてほしい。解約手付と違約手付という、性質の異なる2つのものを兼ねた手付はありうるか。最高裁には、これを肯定した判決があるが（最判昭24・10・4民集3巻10号437頁）、学説の評価は大きく分かれている（反対説は、違約手付は契約の拘束力を強めるのに解約手付はそれを弱めるのだから矛盾両立しがたいと言うが、先に述べたように、解約手付も拘束力強化に働きうる）。

[8] 手付と損害賠償の関係について補足しておく。解約手付を交付していても、相手方が債務不履行をしたので、それを理由に解除したい、というときは、普通の債務不履行解除となるから、557条②項は使われず、損害があれば賠償を請求できる。手付は、解除の原状回復義務に基づいて、戻される。

知または債務者の承諾（467条②項）か債権譲渡登記（法人の金銭債権譲渡に限定。動産債権譲渡特例法4条、8条）である。その他動産の中でも自動車などの場合は登録制度がある。

③**他人の権利の売買における売主の義務**　他人の権利（権利の一部が他人に属する場合を含む）を売買の目的としたとき（いわゆる他人物売買）は、売主はその権利を取得して買主に移転する義務を負う（改正法561条。これは改正前560条とほぼ同一である）。なお、改正前562条は、他人のものと知らずに売った善意の売主の解除権を規定していたが、改正法では削除されている（これも当事者の主観にかかわるルールの排除の例である）。

④**売主の担保責任──総説**　ⓐ担保責任の意義　先に、Ⅱ(3)②で、贈与契約における贈与者の引渡義務としての担保責任（目的物が傷物だったりしたときに負う責任）について説明し、贈与者の担保責任は、売買契約における売主の負う担保責任よりも軽減されている、と述べた。そして、それはなぜかといえば、贈与が無償契約だから、と説明した。

それとの対比で考えれば当然のことであるが、有償・双務契約の代表たる売買契約では、売主は対価たる代金を得て売っているのだから、その目的物が代金に見合う価値を持っていることについて、買主に対して責任を持たなければならない。そうしなければ、売買の等価性が崩れ、契約のバランスが崩れてしまう（一方が不相当に得をする）ことになる。そこで、もし目的物に、思ってもみない瑕疵（かし）や、付いていると思った権利の不存在（欠缺（けんけつ））があるとわかったら[9]、売主になんらかの埋め合わせ（損害賠償や代金減額）をさせるか、あるいは買主がこれでは契約の目的が達成できないと思うのであれば買主から契約を解除できるとすべきだろう。これが伝統的な「売主の担保責任」の基本的な発想である。

---

[9]　平成16年の民法典の現代語化改正においても、瑕疵（かし）という言葉は、他の言葉で代替しにくいので、そのまま維持された。しかし平成29年改正では、いよいよ民法中の条文上の用語としてはなくなるようである（ただ実務上の法律用語としては今後も当分使われるだろう）。欠缺（けんけつ）（これはまず読めないだろう）のほうは、すでに「不存在」に置き換えられているが、これも講学上の用語としては今後も多少は用いられよう。缺のツクリ（右側）を間違えないように。

ⓑ平成29年改正による変容　さて、問題はここからである。平成29年改正では、この「担保責任」の語をなるべく使わないようにしているのである（もっとも、「担保責任」の概念がなくなっているわけではない。条文上も、565条、566条、568条、569条、572条の各条の見出しにはしっかり「担保責任」の語が残っている）。

それはなぜか、といえば、今回の改正に参加した学者たちが、基本的にこの担保の責任を、法が定めたものではなく契約内容から導かれるものと説明したかったからなのである（つまり、いわゆる法定責任説ではなく契約責任説にする）。したがって、端的に言って以下の改正は、紛争解決の結論は（取りうる手段のメニューが増えたことはあるが）大して変わらず、しかし教科書の説明は大きく変わるという、学理的な色彩の強い改正なのである。

ⓒ法定責任説の説明と契約責任説の論理　伝統的な法定責任説の説明は、以下のようなものである。たとえば目的物が欠陥品だったとして、その欠陥が、契約後引渡しまでに売主が誤って発生させたものであるというのであれば、これは債務不履行を理由に損害賠償の請求や解除ができる。けれど、その欠陥が、もともとあったもので、売主にもわからなかったという場合には、売主には過失はないと考えられるので、従来の考え方では債務不履行とは言いがたい（債務不履行になるためには、伝統的な考え方によれば、債務者の故意・過失等の帰責事由が必要である）。そうだとすると、この担保責任は、（売買の等価性を維持し、買主を保護するためには）たとえば売主が欠陥を知らなかったという場合でも、売主に負わせなければならないものと考えられる。そこで、この担保責任は、売主の故意・過失の有無を問わずに課される無過失責任として構成されている、というわけである。

これに対して、改正法では、（先に第2章で述べたように、債務不履行の成立には帰責事由は不要という立場を前提にして）これは当事者の合意とは別の法定的な責任なのではなく、あくまでも契約の内容から出てくる責任で、瑕疵や欠陥があればそれは契約に適合しないものとして解除や損害賠償のサンクションを受けるのだという、「契約不適合責任」として説明しよう

としているのである。

　したがって、改正前の民法が、売買の目的としての権利に瑕疵や不存在がある場合の担保責任（改正前561条以下）と、売買の目的の物自体に瑕疵がある場合の担保責任（いわゆる「瑕疵担保責任」。改正前570条）とに分けて説明していたのを、すべて「契約不適合の場合の買主の権利（売主の義務）」という構成に改めて説明しようとしているのである。

　以下には改正後の規定を順に見ていこう。

> ⇦学習の道案内⇨
>
> 　ここは、古い教科書は役に立たないばかりか、混乱するばかりだから、今後は使用してはいけない。ただ、学習者の理解のために、改正前後の議論を整理しておこう。ポイントは、「**瑕疵担保責任**という概念の消滅」である。
> 　「売買の目的物自体に買主が思ってもみなかった（ちょっと調べたところではわからなかった）キズや欠陥があったらどうするか」というのが、瑕疵担保責任の発想だった。だから、目的物自体に、というのであれば、取り換えられる場合（不特定物）とそうでない場合（特定物）を分けて、取り換えてすむものならそれでいいから、瑕疵担保責任は主に取りかえができない特定物について考えるものとし、もちろん買主はちょっと調べてもわからなかった「隠れた瑕疵」に限定して、そして売主のほうも、売買の等価性を考えて、その傷や欠陥を知らなかった売主にも一定限度で責任を負わせることにして……とやっていくと、いわゆる一般の債務不履行責任からだんだん離れて、独特の要件効果を持った一種の「法定的な」責任として把握せざるを得なくなって、というのが、「瑕疵担保責任」における「法定責任説」の成り立ちだったと理解してくれればいい。
> 　それに対して、瑕疵担保責任も契約上の責任と考えるべきだという学説が強くなり（もともとはそれほど隔たったものではなく、債務不履行責任の一部を定型化したに過ぎないものというのが私のしてきた説明だったのだが）、今回の改正で、そういう法定責任説の考え方が全面的に排斥されたのである。
> 　学習者としては、本文にも後述するように、余計な学説上の議論を勉強しなくてよくなったことを幸いと考えればよい。ただ、例えば「買った土地に有毒物質が埋まっていた」などという、ニュースでよく見るような紛争は、これまで典型的な「瑕疵担保責任」の事例とされてきたのが、今後は「契約不適合責任」の事例とされるが、紛争解決の結論にはさしたる差はない、と理解しておけばよいだろう。こういう、説明の仕方を整えることに主眼のある学理的な改正が、今回の平成29年改正では結構多いことを理解しておこう。

(4) 売買契約の効力──買主の権利（売主の担保責任）

①買主の追完請求権　買主は、引き渡された目的物が種類、品質、または数量に関して契約の内容に適合しないものであるときは、売主に対して、目的物の修補、代替物の引渡しまたは不足分の引渡しによる履行の追完を請求することができる（改正法562条①項本文）。ただし、売主は、買主に不相当な負担を課するものでないときは、買主が請求した方法と異なる方法による履行の追完をすることができる（同項ただし書）。

これは、改正前の規定では、条文に法定されていた方法として解除と損害賠償しかなかったものを、契約責任説の立場に立って、「契約に適合させるための履行の追完」という構成で、(特定物か不特定物かなどを問わず[10]) まずは直せるものなら直せ、追加できるものなら追加せよ、という形で、修補請求、代物請求、数量補充請求などと、広くメニューを明示して認めるものである。柔軟な解決が明定された分は評価されてよい（もっとも、改正前でも修補請求や代物請求等が認められるとしていた学説もあった）。

なお、それらの不適合が買主の責めに帰すべき事由によるものであるときは、買主は、上記第①項の規定による履行の追完を請求できない（同条②項）。これは当然の規定である。

②買主の代金減額請求権　以上のように買主はまず追完請求をするのであるが、それに売主が応じない、あるいは物理的に追完できない、などという場合には、次の段階として、買主は代金の減額を請求できる。改正法563条①項は、「前条第1項本文に規定する場合において、買主が相当の期間を定めて履行の追完の催告をし、その期間内に履行の追完がないときは、買主は、その不適合の程度に応じて代金の減額を請求することがで

---

[10]　改正法562条は、目的物が特定物か不特定物かなどということを問わない一般的な規定である。そうすると、前掲の**学習の道案内**で述べた従来の考え方では、特定物の場合は、（取替えがきかないのだから）キズ物であっても「その物」を渡せば履行義務は一応尽きたと見て（つまり、債務不履行責任はなくなる、これを学理的には「特定物ドグマ」と呼んでいた）、だからそこから先は（法定的な）瑕疵担保責任の問題となる、としていたわけで、この条文が置かれたことは、その考え方を否定した証左であると説明されている。

きる」と定めた。

　もっとも、同条②項は、以下の場合には、前項の催告をせずにただちに代金の減額請求ができると定めた。

　まず、同項1号は、履行の追完が不能であるとき、を掲げる。これはいわゆる履行不能の場合であるから、催告をしても意味がないので当然の規定である。

　次に同項2号は、売主が履行の追完を拒絶する意思を明確に表示したときを掲げる。これも当然である。

　次に同項3号は、条文では「契約の性質又は当事者の意思表示により、特定の日時又は一定の期間内に履行をしなければ契約をした目的を達することができない場合において、売主が履行の追完をしないでその時期を経過したとき」を掲げている。これは、いわゆる定期行為の場合である。結婚式の披露宴用の料理の注文、などがその具体例となる（たとえば、50人分の料理を頼んだのに40人分しか披露宴に間に合わなかった、などの場合が想定される。もちろん、それで代金減額で済むのか、という議論があろう。場合によっては（程度がひどければ）解除権の行使もできることは次の564条に規定される）。

　最後に同項4号は、「前3号に掲げる場合のほか、買主が前項の催告をしても履行の追完を受ける見込みがないことが明らかであるとき」を挙げる。たとえば売主が破産手続開始決定を受けたりして、追完履行能力がなくなっていることが客観的にわかる場合などを指すことになろう。

　なお、この代金減額請求権の場合も、563条①項にいう不適合が買主の責めに帰すべき事由によるものであるときは、買主は、①項②項にいう代金の減額請求をすることができない（同条③項）。

　③買主の損害賠償請求および解除権の行使　　以上のように、改正法は、契約不適合があった場合、買主はまず追完請求をし、それから代金減額請求をするという順序で規定するのであるが、564条は、「前2条の規定は、第415条の規定による損害賠償の請求並びに第541条及び第542条の規定による解除権の行使を妨げない」とした。つまり、債務不履行の一般規定によって損害賠償請求をしたり、解除権の行使をしたりしてもよい、とい

うのである。

　したがって、改正法にかかわった学者には、まず追完請求をするのが原則（追完請求権の優位性）などという説明をするものがあるが、紛争解決という意味では、最初から損害賠償や解除を主張してもよいことに変わりはない。その意味で、契約不適合責任と呼ぶものも一般的な債務不履行責任である、と言えばよいだけであろう（それゆえ、従来の瑕疵担保責任について法定責任として説明されてきた部分は排斥され、そこにまつわる議論が単純化されたということが改正法のメリットとして挙げられる）。

④移転した権利が契約の内容に適合しない場合における売主の担保責任
改正法565条は、「前3条の規定は、売主が買主に移転した権利が契約の内容に適合しないものである場合（権利の一部が他人に属する場合においてその権利の一部を移転しないときを含む。）について準用する」と規定している。ちなみに、改正前の565条は、数量指示売買といって、数量を指示して売買した目的物の数が不足していたり一部が滅失していた場合の責任に関する規定であったが（それに伴って、「数量を指示する」というのはどういうことかという判例・学説の蓄積があった――この点の議論は今後も具体的な契約解釈において変わらず問題になる[11][12]）、改正法では、目的物の数量が足りないような場合も、権利の一部が他人に属していて移転されないような場合も、すべて含めてこの規定を置いた形になっている（さらに、改正前566条は、売買の目的物に地上権等が設定されていた場合、同567条は同様

---

[11] 数量が目安に過ぎないとき（たとえば「1山の松の木500本」として売買したが、500本で1本いくらだから合計いくらという代金の決定のしかたではなく、1山の松の木全部でいくら、という決め方である場合）はここでいう数量指示売買にはあたらない。そうすると、土地の売買などは、結局「この1筆（1区画）の土地」の売買ということで、数量指示売買になりにくいと感じられるが、ただ土地の場合でも、公簿面積通りの実測面積があると表示されて1平方メートルあたりいくらだから全体でいくら、という売買契約の場合には、数量指示売買になる（最判平13・11・22判時1772号49頁参照）。
[12] 逆に数量が多すぎた場合、売主は増額を請求できるか。最判平13・11・27民集55巻6号1380頁は、数量が超過する場合、売主は565条の類推適用を根拠として代金の増額を請求することはできないとした。

に抵当権等がある場合、についての規定であったが、それらもすべてここに吸収されている形である）。なお条文の見出しについては、「買主の権利」ではなく「売主の担保責任」の表現のままになっていて、徹底していない。

⑤目的物の種類または品質に関する担保責任の期間の制限（買主の権利の期間制限）　改正法566条は、目的物に種類または品質に関して契約不適合があった場合の買主にその不適合を知った場合の通知義務を課したうえで、その通知を懈怠した場合に、買主が権利行使できる期間（売主が担保責任を負う期間）に制限を置いた。条文は、「売主が種類又は品質に関して契約の内容に適合しない目的物を買主に引き渡した場合において、買主がその不適合を知った時から1年以内にその旨を売主に通知しないときは、買主は、その不適合を理由として、履行の追完の請求、代金の減額の請求、損害賠償の請求及び契約の解除をすることができない。ただし、売主が引渡しの時にその不適合を知り、又は重大な過失によって知らなかったときは、この限りでない」というものである。

この点、改正前566条は、その③項で一律に、契約の解除または損害賠償の請求は「買主が事実を知った時から1年以内」にしなければならない、という、いわゆる「除斥期間」（権利自体がその定められた長さで消滅し、時効のように更新によって延びることもない[13]）の規定を置いていた。改正法は、その仕組みを採用せず、不適合を知った時から1年以内に通知しないと失権する（さまざまな請求や解除をする権利を失う）としたのである。

しかしこの条文で注意すべきことは、「種類又は品質に関して」という点である。つまり、「数量」に関する不適合（数量不足）や「権利」に関する不適合は、このルールの対象にならない。これは、改正の趣旨によると、そのような不適合については、売主はあらかじめ比較的容易にわかるはずだから、こういうルールで売主を保護する必要はない、ということとされている。したがって、このルールの対象にならない数量不足や権利の

Ⅲ　売買

---

[13]　除斥期間とは、権利自体がその定められた期間で消滅し、時効のように更新によって延びることもないという概念である。改正前の民法典にも規定があったわけではなく、判例学説上で用いられていたものであるが、改正民法ではその全体から、除斥期間と考えられてきたものが排除されている。

有無に関するトラブルについては、一般の請求権の消滅時効の規定（改正法166条）が適用されることになる。

さらに言えば、買主が種類・品質に関する不適合を知って1年以内に通知した本条のルールの下でも、一般の消滅時効の規定（166条）は適用される。したがって、その場合は買主が種類・品質に関する不適合を知った時から5年（166条①項1号の主観的起算点による規定）で時効にかかる。また引渡しを受けてから不適合に気付かないまま10年経過した場合も同様である（166条①項2号の客観的起算点による規定の適用。この点で 改正前の最判平13・11・27民集55巻6号1311頁の趣旨は改正後も妥当する）。

なおこの改正法566条も、見出しは（買主の権利ではなく）「担保責任の期間の制限」となっている。

⑥目的物の滅失等についての危険の移転　改正法567条は、新設の規定であるが、特別なことを述べているものではない。

ⓐ引渡し後の滅失損傷　改正法567条①項は、売主が買主に売買の目的として特定した目的物（つまり、特定していない種類物は含まれない）を引き渡した後で、その引き渡した目的物が当事者双方の責めに帰さない自由で滅失・損傷しても、買主は売主に追完、代金減額、損害賠償、解除等の主張はできず、また代金の支払いも拒めないと規定する。目的物の引渡しによって、目的物の支配が売主から買主に移転するのであるから当然である。なお、逆に言えば、引渡し後でも、売主の責めに帰すべき事由による滅失・損傷の場合はこの限りではない（たとえば売主の誤った操作説明によって、引渡し後に買主のもとで目的物が発火したり爆発したような場合）。

ⓑ買主の受領拒絶後の滅失損傷　改正法567条②項は、売主が契約の内容に適合する目的物をもって、その引渡し債務の履行を提供したにもかかわらず、買主がその履行を受けることを拒み、またはその履行を受けることができない場合において、その履行の提供があった時以後に当事者双方の責めに帰すことができない事由によってその目的物が滅失・損傷した場合も前項と同様とすると規定する。これは、たとえば、売主が持参した目的物を買主が正当な理由なしに受領せず、売主が仕方なく持ち帰った後で自然災害などで目的物が滅失したケースなどであり、債権総論で学ぶ受

領遅滞の規定（413条の2②項）の確認的規定と見ればよい。

　⑦**新築住宅の瑕疵に関する特別法**　　いわゆる欠陥住宅の瑕疵に対しては、平成11（1999）年に「住宅の品質確保の促進等に関する法律」（「品確法」と略されることもある）という特別法ができ、これによって、新築住宅の売買契約と請負契約（後述Ⅸ参照）における瑕疵担保責任の特則が置かれ、改正前の民法570条と634条（請負の瑕疵担保責任）の規定が修正を受けることになった。同法では、注文者・買主は、請負人・売主に対し、相当の期間を定めて、瑕疵の修補を請求でき（売主の担保責任には明文の規定がない修補請求を明文で義務付けた）、または瑕疵の修補に代え、もしくは修補とともに損害賠償を請求できることとした。また、売買契約においては契約の目的を達成できない場合は解除もできることとしている。そして、それらの責任は、引渡しの時から10年間請求できる（以上同法94条、95条。なお特約によって引渡しの時から20年まで伸張できる。同法97条）**[14]**。ただそうすると、この法律では、平成29年改正法で民法から排除される「瑕疵担保責任」の用語を使い続けることになる。この点は、平成29年改正民法と同時に成立・公布され施行される、「民法の一部を改正する法律の施行に伴う関係法律の整備等に関する法律」（「改正民法整備法」）の中でこの品確法2条に⑤項を新設し、「この法律において「瑕疵」とは、種類又は品質に関して契約の内容に適合しない状態をいう」と定義して、他の部分はほぼ現在の表現を維持するようだが、法改正としては不徹底といえるし、それだけ従来の「瑕疵」概念のほうがこの分野では実際には説明として使いやすいものである証左であるとも言えよう。

(5) 担保責任に関するその他の規定

　①**競売の場合の特則**　　たとえば、債務者が売掛代金を支払わない、な

---

[14]　もっとも、10年後、20年後に請負人・売主が経営破綻していてはそれらの保護も絵に描いた餅になってしまうので、平成19（2007）年にできた「特定住宅瑕疵担保責任の履行の確保等に関する法律」（「住宅瑕疵担保履行法」と略される）は、建設業者等に、住宅瑕疵担保保証金の供託または住宅瑕疵担保責任保険契約の締結を義務づけた。

どという場合に、債権者が裁判所に申し立てて、債務者の財産（たとえば家屋であるとか）を差し押さえて、これを裁判所に強制的に競売してもらい、その競売代金から売掛代金を回収する、というようなことがある。また、財産の保管または整理などの目的で、当事者の申立てによって、その目的物を換価するために行われる競売もある（詳しくは民事執行法参照）。このような競売もまた売買であることには変わりがないが、実際にかなり市場価格より安く売却されることも多いので、通常の売買よりも担保責任は軽減されている（568条①項によって解除や代金減額が規定されているが、競売ではその特定の目的物を処分するのであるから、買主から売主への追完請求はそもそも想定できず、562条の追完請求権は含まれていない）。権利の不存在については、一応担保責任が認められているが、損害賠償は請求できる場面が限定されているし（民法568条③項参照）、目的物の種類・品質に関する不適合については、担保責任がまったく認められていない（同条④項）。

　②**担保責任と同時履行の抗弁**　　担保責任の追及にあたっては、同時履行の抗弁を使うことができる（民法533条。改正前は571条がこの旨を規定していたが、改正法533条にその趣旨も書き加えられたため、削除された）。解除した場合の相互間の原状回復義務については、すでに546条があるので当然であるが、起草者の説明では、代金減額や損害賠償の場合でも、たとえば代金の一部だけ支払ってあって瑕疵が見つかったような場合は、損害賠償と残代金支払いの同時履行（賠償分を相殺して残代金を払う）が認められる。

　③**担保責任免除特約**　　以上見てきた担保責任の規定は、いわゆる任意規定である。したがって、民法はこう決めていても、当事者がこれと違う内容の担保責任を合意することもできるし、場合によっては、売主はこれらの担保責任を負わない、という合意をすることも可能である（バーゲンセールで、商品にキズが見つかってもお取り替えしません、というのを承知して買うのもその一例である）。民法572条は、そういう担保責任免除の特約は有効だが、その場合も、売主が知っていてわざと告げなかった事実や、売主が自分で第三者のために設定したり譲渡したりした権利があった場合は、それらについては責任を免れないとしている[15]。

(6) 買戻し

①**意義**　普通、買い戻しというと、いったん売ったものを再度買う（2度目の売買をする）ということを意味すると思われるが、民法の規定する「買戻し」は、そうではない。ここでは、売買は1つしかない。ただその売買契約に、解除できる特約を付けておき、いったん売った不動産（この制度の目的物は不動産に限られる）を、その特約を実行して解除して取り戻すということをするのがこの買戻しである。

何のためにこういうことをするのか。実はこれは、古くから行われていた、金融のための手段なのである。だから売主は、本当に不動産を売る気はなく、いわば融資を受ける（お金を借りる）目的で不動産を売る形を取り、買主は融資金の担保のつもりで、不動産を買う形でいったん自分のものにする。そしてこの売買契約をする時に同時に買戻しの特約をしてこの契約の解除権を留保しておき、売主（実質は借主）はお金を返せるようになったらこの売買契約を解除して、代金（融資金）と契約費用を返して、不動産を取り戻すのである。もちろん、買戻しができなければ不動産は確定的に買主のものになる。買戻しは、こういう、債権担保の機能を果たすわけである。

②**現状――再売買一方の予約との関係**　わが国では古くから行われていた制度ということで、民法はこの買戻しにかなり詳しい規定を置いた（民法579条以下）。けれど実はそのために、この制度はあまり頻繁には使われなくなってしまった。なぜかというと、規定が厳密なために、買主（融資者）にとってうまみが少ない（あまりもうからない）のである。そこで人々はどうしたかというと、本来は融資のために作られた制度ではない制度を流用して、買戻しと同じような働きをさせようとした。それが、先に(2)②で説明した、売買の一方の予約を使った、「再売買一方の予約」とよばれ

15　なお、消費者契約法は、消費者保護の観点から、消費者契約において契約不適合責任を制限する一定の条項が置かれた場合に、それを無効とする（同法8条②項。平成29年の改正民法整備法で民法改正に合わせて規定の表現が「隠れた瑕疵」構成の規定（旧同法8条⑤項）から契約不適合責任免除に関する規定に改められ、改正民法と同時に施行される）。

るものなのである。これは、2回の売買を使うのだが、まず最初の売買で不動産を売って融資金を得て、その後にこれをもう一度売り返す（再売買する）ことを予約して、最初の売主（融資金を得た人）に予約完結権を与える。融資金を得た人は、返せるようになったら、再度この不動産を買い直すのである。これで買戻しと同じ機能を果たせる。しかも、この売買の予約（再売買一方の予約）には、本来債権担保の手段として考えられていたものではないので、いろいろな制約がない。そこでこれが広く使われるようになっているのである。

③買戻しと再売買一方の予約の比較　簡単に両制度の比較をしておこう。まず、①買戻特約およびその登記は、売買契約と同時にしなければならない（民法579条・581条①項）。再売買の予約については、このような制限はない。つぎに、これが一番肝心なところなのだが、②買戻しのために売主が返還すべき金額は、代金と契約費用を超えることができない（579条）。利息と不動産の果実（利用利益）は、別段の意思表示がなければ相殺したものとみなすため、代金に利息を付ける必要はない（579条後段）。利息を付ける特約は有効だが、利息を提供しなくても買戻しを行うことができる（583条①項）。これに対して再売買の予約の場合は、2度の別の売買だから、最初の売主が買い直す再売買のときの価格は、制限がない[16]。この差額が、最初の買主（融資者）の利益になるわけである。③さらに、買戻しの期間は10年以内に制限されている（民法580条。それを超える特約は同条①項により10年に短縮される。強行規定である）。これに対して再売買の予約にはとくに期間制限がなく、30年とした特約を有効とした判例（大判昭13・4・22民集17巻770頁）もある（学説は買戻しと同じ10年に制限すべきと主張するものが多い）。これらのことから、再売買一方の予約のほうが楽にでき、融資者にうまみが多いことがわかるだろう。

---

[16] この点、有力学説は、再売買といっても、実質は融資金の返済なのだから、最初の売買と2度目の売買の差額を利息と見て、この再売買価格は、金銭消費貸借（本章Ⅴに述べる）に適用される特別法である利息制限法が許す上限の利息を加えたものまでに制限されると考えるべきだろうという。

Ⅳ 交換

　交換は、物と物とを交換する契約で、おそらく歴史的には最も早く成立した契約形態だと思われる（これが貨幣経済の発達に伴って物と金銭とで交換をするようになるのが売買である）。今ではこの契約が行われることは少なくなったが、それでも当然存在する。民法は586条1カ条だけを置いて、詳しい説明はしていないが、法的性質としては、売買と同じく有償・双務・諾成の契約で、売買の規定が当然準用される（民法559条参照）。実際には、土地と土地を交換する契約などが行われる場合は、価格のバランスを取るために、一方は土地にいくらかの金銭を加えて移転するという交換契約がされるケースが多い。いずれにしても、交換は売買とほとんど同様に考えればよい。

⇨学習の道案内⇦

　ここからは、別の種類の典型契約の説明に入る。贈与、売買、交換は、すべて目的物の所有権を最終的に相手に移転させる権利移転型の契約だった。つぎの消費貸借からは、所有権は動かさずに利用だけさせる、貸し借り型の契約である。そうなると所有権移転型の契約とどういうところが異なるのか、と、早速予測してほしい。つまり、利用だけさせるのだから、①利用期間（契約期間）が問題になるだろう、②ということは、売買のように物を渡しお金を払って終わる1回的な給付ではなく、一定期間給付が続く、継続的な契約関係になるだろう、③したがって、期間中の当事者双方がどういう義務を持ち続けるのかが問題になるだろう、④そして期間の終わらせ方、つまり終了原因や解除原因が問題になるだろう、⑤当然のことながら、最後の目的物の返還義務も問題になるだろう。このくらいのことは予測がつくのではないか。そして、それでほぼ十分なのである。何も予測しなかった人と、学習効果はまったく違ってくる。

Ⅴ　消費貸借

(1) 意義

①定義　贈与・売買・交換は、いずれも目的物の終極的な権利が相手方に移転する契約だったが、ここからは、貸借(たいしゃく)型、つまり所有権は移らず、利用権限だけを一定の間、一定の条件で相手に与えるタイプの契約を勉強する。とはいっても、後から出てくる使用貸借契約（ただで貸す）や賃貸借契約（お金を取って貸す）などでは、その説明がぴったりあてはまるのだが、この消費貸借は少しだけ異なるところがある。

まず、「消費」「貸借」という2つの要素を考えてみてほしい。この契約は、確かに物を貸借する契約なのだが、借りたその物自体は消費してしまうのである。つまり、米とか、醬油とか、金銭とかを借りる契約である。それらの契約の場合は、たとえば借りたお米ならば、それは炊いて食べてしまい、あとで同じ品質の別のものを同じ分量だけ返済する、ということになる[1]。今日の世の中で重要なのは、もちろん金銭についての消費貸借（いわゆるお金の貸し借り）である。

②性質――有償性と要物性　民法587条は、「消費貸借は、当事者の一方が種類、品質及び数量の同じ物をもって返還をすることを約して相手方から金銭その他の物を受け取ることによって、その効力を生ずる」と規定する。そうすると、この条文では「同種、同等、同量のものを返す」というだけで、利息のことは考えられていない。もちろん改正前の590条では利息付消費貸借のことも書かれていたので、ここでは原則型として無利息消費貸借を規定していることになる。無利息ならば無償契約、利息付きならば有償契約となる。

そこで、この条文は「受け取ることによって」とあるから、原則とし

---

[1] 私が以前、大学の近くの食堂で遅めの昼食をとっていたとき、隣のレストランの店員が、「悪いけれどご飯を貸してもらえますか」と入ってきた。「いいよ、何人分？」「3人分くらい。すいません、夕方までに持ってきますから」。私は、「これぞ消費貸借」と思ったものである。

ての無利息消費貸借は、約束しただけではだめで、実際に目的物を受け取って初めて効力を生じる要物契約ということになる。そうすると、貸し渡したところで初めて契約が成立し、後には借主の返済義務があるだけで貸主には債務は残らないので、片務契約ということになる。結局、無利息消費貸借は、無償・要物・片務の契約になる。これはどういうことかというと、ただで（無利息で）貸してあげるというのであれば、得をするのは借主だけで、貸主は恩恵を与えているだけである。だから、「いいよ、ただで貸してあげるよ」とあらかじめ約束したとしても、いざ貸し渡すその時に手元に余裕がなかったら、それでも貸せというのはいささか貸主に酷なことになるだろう。そこで、合意だけでは契約として成り立たず、実際に貸し渡したところで契約として成り立つと考えるのである。こういう当事者の利益バランスの考慮から、無償と要物という２つの性質が結びついている、と考えると理解がしやすい。

　そうだとすると、有償の（利息付きの）消費貸借契約は、諾成契約にする合理性があるだろうか。たとえば利息付きでお金を貸すというのであれば、利息という経済的利益[2]を得る以上、「１週間後に貸してあげるよ」と約束しただけで、たとえ１週間後に自分の財産状態が苦しくなっていたとしても、契約が成り立っていて、貸し渡す義務があるとするのが合理的と考えられるのではないだろうか（実際、住宅ローンの契約などで実際にお金が渡されなければ契約が成立しないとしたら、ローン成立を条件に不動産の売

---

[2]　利息付金銭消費貸借の利息には、特別法として利息制限法、出資取締法、貸金業法などの適用がある。**利息制限法**は、最高利率を、元本が10万円未満の場合は年２割、10万円以上100万円未満の場合は年１割８分、100万円以上の場合は年１割５分とし、それを超過する部分については無効とする（同法１条）。なお、かつて同法は、その超過部分の利息を任意に支払ってしまった場合は返還を請求することができないと規定していたが（同法旧１条②項）、この点は、判例法理により、利息の超過部分の支払いを元本の支払いに充当し（最大判昭39・11・18民集18巻9号1868頁）、それで元本が完済となれば残りは返還請求できる（最大判昭43・11・13民集22巻12号2526頁）と、債務者に不利にならないよう是正され、最終的に平成18（2006）年の法改正によりこの１条②項は削除された。

買契約ができるなどという場合に社会生活上困ったことになるだろう）。それならば、有償の消費貸借は（民法に明文はないが）諾成契約でできると考えるべきだろう。これが平成29年改正前の通説的見解になっていた。

③要物性の緩和──要式契約の追加　実際、今日の取引社会では、金銭の消費貸借は有償（利息付き）で行われるのがほとんどである。そうすると、当然、ルール改正の方向は、諾成・有償の消費貸借契約の承認に向かうはずである。結果的に平成29年改正もその方向に動いたのだが、本書が上記に説明したような「有償」との関連のメカニズムは採用されず、ただ要物性の緩和に動いた（♡学習のKey Point）。つまり、上記の要物契約としての587条はそのまま維持しつつ、587条の2に要式（諾成）契約の規定を追加したのである。すなわち、「書面でする消費貸借は、当事者の一方が金銭その他の物を引き渡すことを約し、相手方がその受け取った物と種類、品質及び数量の同じ物を持って返還することを約することによって、その効力を生ずる」としたのである（改正法587条の2①項）。これによって、たとえば銀行の住宅ローンの契約なども、書面でしさえすれば、実際の金銭の給付の前に成立し、それを前提にして不動産の売買契約をするなどということが問題なく可能になるわけである。

そして同条②項では、その書面で消費貸借契約をした場合の借主は、貸主から具体的に金銭その他の物を受け取るまでは、契約の解除ができるものとした（同条②項前段）。なおその場合に、貸主が、契約の解除によって損害を受けたときは、借主にその賠償を請求できる（同条②項後段）。また書面でした消費貸借は、実際に借主に金銭その他の物が渡される前に当事者のいずれかが破産手続開始の決定を受けたときは、その効力を失う（同条③項）。つまり契約の成立時期を諾成的に早めた分、その後の事情の変更があった場合には契約から抜けやすくしているのである。

> 学習のKey Point
> この要物性の緩和は、平成29年改正を理解する際には、この消費貸借と、この後に出てくる使用貸借（無償契約である）、さらに後ろの寄託（有償のものと無償のものが規定されている）という、改正前の民法でいずれも要物

契約とされていたものについての改正を、横並びにして考察する必要がある。傾向としては、「要物契約から諾成契約へ」ということなのであるが、消費貸借、使用貸借、寄託の三者とも同じ形態の改正がされているわけではないことに注意したい。

(2) 消費貸借契約の成立

①「金銭その他の物を受け取る」の意義　消費貸借の要物性は、金銭の消費貸借の場合でいえば、必ずしも貨幣そのものを渡さなくても満たされる。預金通帳と印鑑を渡した場合とか、国債を渡した場合でもよいというのが判例である（大判大11・10・25民集1巻621頁、大判明44・11・9民録17輯698頁）。また、「金銭その他の物」とあるが、金銭でもたとえば特定の番号の紙幣などを展示用に借りる、などというときは、その特定の紙幣自体を返さなければいけないわけだから、消費貸借ではない。また、銀行にお金を預ける契約は、物を預ける寄託契約の一種である消費寄託契約（あるいはそれに類似する無名契約）と解されている。

②準消費貸借　たとえば、売買契約で、買主が支払うべき代金を払わないまま支払債務を残している状態で、売主と買主の合意で、その代金をあらためて貸金として、弁済期日を決めて消費貸借としよう、と約したときは、それで消費貸借が成立したとみなされる（民法588条）。つまりその場合、いったん売買代金を弁済してまた借りる、ということをする必要はないということである。こういうものを学問的に「準消費貸借」と呼ぶが、「準」は付いていても出来上がった契約自体は消費貸借そのものである。また、もともと消費貸借でできた債務を新しい消費貸借にする場合もこの条文にあてはまるというのが、判例（大判明41・5・4民録14輯519頁、大判大2・1・24民録19輯11頁）・通説である。

(3) 消費貸借契約の効力——貸主の責任

　無利息の消費貸借については、無償契約であるということから、贈与者の引渡義務の規定（改正法551条）が準用され、消費貸借の目的物を、目

的物として特定した時の状態で引き渡せばよい（改正法590条①項）。また、消費貸借においては、利息の有無を問わず、貸主から引き渡されたものが種類または品質に関して契約の内容に適合しないものであるときは、借主はその物の価額を返還することができる（同条②項）。これはつまり、契約の内容に適合しない物を借りたのだから同じようなレベルの物を返せばいいのだが、同じようなレベルの物といってもみつけにくいだろうから、その契約の内容に適合しない物相当のお金で返せばいいということである。

(4) 消費貸借契約の終了

　消費貸借は、金銭その他の物を利用し続けることを目的とする**継続的契約**である。したがって、借主がその利用を中止し、目的物を返還すべき時期が消費貸借契約の終了時となる。返還時期の定めがあれば当然その時期の到来時が終了時となり、その定めがないときは、貸主が相当な期間を定めて返還を催告すればその期間経過時が返還時期となる（591条①項）。これは、消費貸借の場合、借りたそのものは消費しているのであるから、返還の催告時から、借主が同種同量の別のものを準備しうる期間を置くことが必要と考えられるからである。

　もっとも、金銭消費貸借では、多くの場合、単に返還時期を定めるだけでなく、借主に契約違反や財産状態の悪化等一定の事由が生じた場合には、即刻借主は残額をすべて返還する義務が生じるという特約を付すことが一般である。これを**期限の利益喪失約款**という（本章XVIの契約条項を参照）。

　逆に、借主側からはいつでも返還ができる（同条②項）。期限の定めがある場合も、借主は期限の利益（その期日が来るまで返還しなくてよい）を放棄して目的物を返還できるのが原則である。ただし、それで貸主に損害が生じた場合（貸主としては期間全体の利息等を考慮しているような場合）には、貸主は賠償を請求することができると定められているので（同条③項）、利息付の消費貸借の場合には、当初の約定の返還時期までの利息を払わなければならない（136条②項。もっとも当事者の別段の合意ができればそれによる）。

(5) 金銭消費貸借の実務

　先に述べたように、金銭消費貸借の実態からすれば、利息付の消費貸借については、従来から、正面から諾成消費貸借を認めてよいとする見解も多かった。しかし、金融実務では、これまで民法典にそのような明示的な規定がなかったことから、住宅ローンなどの融資の実行を、当該不動産の売買契約と同時に行う（つまり金融機関に住宅の売主と買主および登記実務を担当する司法書士が集まって行う）ことが多く行われてきた。今後はその点は改善されると思われる。

　また一般に金銭消費貸借の借主は、返済を怠ること等によってそれぞれの契約にある期限の利益喪失約款に触れることがないように注意しなければならない。

　いわゆるサラ金と呼ばれる小口金融は、貸金業者によって行われるもので、登録認可を受けた業者は、昭和58年施行の貸金業法によって規制される。しかしこの法律で最も問題となっていたのは、同法43条①項の「**みなし弁済**」の規定で、登録した業者は、利息制限法（前V注**2**参照）の制限利息を超えた部分の利息についても、債務者がそれを任意に支払った場合はその支払いを有効な利息の債務の弁済とみなすとされていた。これによって、貸金業者は、利息制限法の利率を超え、かつ出資取締法の上限利率（これを超えると罰則がある）を超えない範囲での利率で貸付けをしてきたのである（これがいわゆる**グレーゾーン金利**と呼ばれるものである）。しかしこの規定は、判例によって徐々に適用範囲を狭められてきた後、平成18年の法改正により削除された（つまりグレーゾーンの金利は違法となった。その結果生じたのが、一時期多数起こされた、過払金返還請求訴訟である）。

> #### 学習のKnow How
> 　民法の理解は類似・関連する制度を比較しながら体系的に。民法は確かに分量が多い。ばらばらに勉強していったら、かなり大変だ。けれども、たとえばここで、贈与と、無利息消費貸借と、つぎに出てくる使用貸借という3つの契約における担保責任を「無償契約における担保責任の軽減」という観点でまとめて勉強すれば、ずっと理解も容易になる。知識がだんだん豊富に

V 消費貸借

なってきたら、そういうふうに勉強の効率化を図るのがコツだ。それによって民法の体系的な理解も進むだろう。

Ⅵ　使用貸借

(1)　**意義**

　①**定義**　これは、ただで物を貸して使用させる契約である。消費貸借とは異なり、借りた物そのものを利用した後で返却する。世の中では、つぎのⅦに出てくる、対価としての賃料を取って利用させる賃貸借が圧倒的に多いが、こういう契約も親戚・友人の関係の中でとか、企業が地域サービスの趣旨で賃料を取らずに施設を使用させる契約などで行われる。

　②**性質**　ただで、というのが眼目なのだから、これは贈与と同様、典型的な無償契約である。そして、消費貸借のところで述べたように、無償性と結びつけるならば、目的物を貸し渡したところで成立して効力を生じる要物契約にしていいはずのもので、実際、従来は、要物契約として規定されていた（改正前593条）。しかし、平成29年改正では、そのように無償性と要物性を結びつける論理は採用しなかった。そして、現代ではこのような無償の貸借契約も、対価のある経済的な取引の中の一部で行われることもある（たとえば、雇用契約を結んでいる従業員に社宅を無償で貸与するなど）点に注目したためか、これを諾成契約に変更したのである（改正後593条）。ただそのやり方は、先述の消費貸借とは異なる。消費貸借では、要物契約と、書面性を要求する諾成契約（つまり要式契約）とを並立させたのであるが、ここでは、使用貸借を完全に諾成契約に改め、ただその契約の拘束力を弱めたのである。これは、すでに学んだ中では、贈与契約の構成（無償・片務なのに諾成とし、書面によらない贈与は解除ができるとする。549条、550条）に近い。以下に改正後の構成をみていこう。

(2)　**使用貸借契約の成立**

　使用貸借は、当事者の一方がある物を引き渡すことを約し、相手方がそ

の受け取った物について無償で使用および収益をして契約が終了したときに返還を約することによって成立し効力を生じる（593条）。使用貸借は、賃貸借や地上権設定の場合と比べると、（ただ貸しなので）利用者の権利が極端に弱い。したがって、当該契約が使用貸借か賃貸借等の契約なのか、認定が問題になるケースがある。ことに、対価としての賃料は支払われていないが借主がなんらかの給付をしている場合（いわば負担付使用貸借）が問題になるが、判例では、家を借り、留守番の仕事をしたとか税金だけを払ったというケースが、使用貸借と認定されている（最判昭26・3・29民集5巻5号177頁）。その他一般に、明瞭な契約書などがなくても、親名義の土地に子が建物を建てて居住してきたり、共同相続人の1人が建物所有名義人たる被相続人と同居してきて相続が発生した場合などに、使用貸借契約関係が推認されることが多い。

(3) **目的物受取り前の貸主による解除権**

消費貸借のところでも述べたように、使用貸借は経済的には貸主が借主に一方的に利用利益を与える契約であるから、諾成での成立を認めたとしても、その後実際の目的物の貸渡しまでに貸主に状況の変化があった場合は、それがなんらか考慮されるべきであろう。そのような観点から、貸主には、借主が借用物を受け取るまで、契約の解除権が与えられた（593条の2本文）。ただし、書面による使用貸借については、この限りでない（同条ただし書）。書面にした場合は、それだけ無償で貸し渡す意思が確かなものと認められるからである。

(4) **使用貸借契約の効力**

①**貸主の責任**　使用貸借は、借主が一方的に利益を受けるただ貸しなので、貸主は貸すだけで義務が尽き、借主は逆にさまざまな義務や制約を受ける。これが使用貸借の特質を理解するポイントである（**学習のKey Point**）。

使用貸借の貸主は、贈与における贈与者の引渡義務と同様の義務を負う（民法596条で551条を準用）。これはまさに、両者とも典型的な無償契約

なので、貸主の責任が売買のような有償契約よりも軽減されているのである。

> **学習の Key Point**
> 使用貸借は、貸主が恩恵的にただで貸してやっている契約である。そこから、貸主の義務が軽減され、逆に借主のほうにさまざまな制約が加わる合理性が出てくる。ここを理解すれば使用貸借の後の規定はすべてわかる。

②借主の義務　借主は、①契約またはその目的物の性質によって定まった用法に従って、その物の使用および収益をしなければならない（民法594条①項）。勝手な使い方をしてはいけないということである。②借主は、目的物の通常の必要費（使用するのに通常かかる費用。家屋でいえば、普通に使っていてかかる修理費など）を負担しなければならない（民法595条①項。これはまさにただ貸しだからであって、賃貸借なら逆に貸主が負担する）。③借主は、借りた物を勝手に別の第三者に利用させてはいけない（594条②項）。これは、そのような恩恵は、通常「この人だから」という形で、特定の相手にだけ与えるものだからである[1]。④借主が勝手な使い方をしたり、勝手に誰かに利用させたりしたときは、貸主は契約の解除ができる（同条③項）。この場合に解除という強い手段が取れることも、以上のことから合理性があると理解されるだろう。

(5) 使用貸借契約の終了

借用物の返還について、返還時期を定めておかなかったときは、借主は契約に定めた目的で使用収益を終えた時に返還しなければならないし（597条②項）、実際に終えていなくても、客観的に目的にしたがって使用収益するに足りる時間を経過したときは、貸主は解除ができる（598条①項）。また、時期も目的も定めていなかったときは、貸主はいつでも解除

---

[1] こういうものを「人的特定性の強い」契約であるという。「相手が誰でもいいわけではない、この人なら」ということだから、後述Ⅷの、人を雇って仕事をさせる雇用契約などはそういう契約の代表である。

ができる（民法598条②項）。また使用貸借は借主の死亡によって終了する（597条③項）。つまり、使用貸借の借主の地位は通常は相続できない。これらも、ただ貸しであって人的特定性の強い契約ということを考えれば問題なく理解できよう。なお、借主からはいつでも（受取りの前後を問わず）解除ができる（598条③項）。いわば恩恵を受けている側からの恩恵享受終了の申し出だからである。

(6) **終了時の借主による収去義務と収去権**

借主は、使用貸借の終了時には、目的物を受け取った後に附属させた物があるときは、これを収去する義務があるし（599条①項）、逆に附属させたままにせよといわれた場合には収去する権利もある（599条②項）。また使用中の借用物の損傷については、原状回復義務を負う（599条③項本文）。ただしその損傷が借主の責めに帰さない事由によるものであればこの限りでない。同項ただし書）。

(7) **損害賠償および費用償還の期間制限と時効の完成猶予**

借主が契約の本旨に反する使用・収益をしたために生じた損害の賠償や、借主が支出した費用の償還は、貸主が返還を受けたときから1年以内に請求しなければならない（600条①項。改正前と変更がない）。その損害賠償の請求権については、貸主が返還を受けた時から1年を経過するまでの間は、時効は完成しない（同条②項。平成29年改正での新規定である）。これは、借主の用法違反などがあっても、そのまま契約が継続していると、貸主は目的物の状況が把握できないまま10年の消滅時効（改正法166条①項2号）が完成してしまう可能性があるため、返還後（つまり目的物の検査等ができるようになってから）1年は時効の完成が猶予されるという規定である（本条は622条で後述の賃貸借の場合に準用されている）。

債権各論を通年で講義する場合、このあたりを話すのは、そろそろ秋も深まる季節になる。この時期に学生諸君に考えてほしいのは、自分に対す

る要求水準を引き上げて行くことである。勉強の仕方、世間に対する観察力等が、新学年の頃の自分より一段階成長しているかを自らに問いかけて、積極的に自分を磨く努力をしてほしい。自己検証を怠る時から、学生の堕落が始まる。こんな話を教壇でするのである。

さて、読者諸君も感じはじめているかもしれないが、債権各論は、とりつきやすいが範囲は広い。でも、弱音を吐く前にもう一度考え直してほしい。今学習している契約というものは、君たちの日常生活の中で、あるいは一生のうちに、必ず経験することばかりなのである。知っておかないと困る話がたくさんある。逆にいえば知っておいて損はない（おそらく得をすることがかなりある）。つまり民法は、ことにこの債権各論は、いわば「人生の必修科目」なのである。そう理解して、最後まで頑張ろう。

ここから講じる賃貸借は、売買のつぎに重要な典型契約である。

Ⅶ 賃貸借

(1) 意義

①定義 賃貸借契約は、一方の当事者が、相手方にある物（動産でも不動産でもいい）の使用収益をさせることを約束し、相手方がそれに対して賃料を支払うことと、引渡しを受けた目的物を終了時に返還することを約束することによって成立し、効力を生じる（民法601条）。要するに、先に勉強した使用貸借が「ただ貸し」「ただ借り」なのに対して、こちらは対価としての賃料を取る「賃貸し」「賃借り」である。賃貸借は、従来から売買に次いで多く行われてきた契約であるが、ことに最近では、不動産賃貸借において、ビジネス法務の視点からの考察が重要になってきている。

②性質 賃貸借は、賃料を対価とするので、使用貸借と異なり、有償・諾成の契約であり双務の契約である。ただ、双務というときに、賃借人側の債務は賃料の支払債務（および終了時の目的物返還債務[1]）であることは明瞭だが、賃貸人側の債務は、目的物を利用可能な状態で貸し続ける債務であることに注意してほしい。そしてまたこの賃貸借契約は、期間中

---

[1] しかし終了時の目的物返還債務は、改正前の601条では明記されていなかったので、平成29年改正法で明文化したものである。

はその双方の債務が継続するのだから、（この点は使用貸借と同様に）いわゆる継続的契約関係（継続的債権関係）の典型ということになる。

そこで、双務契約に適用される同時履行の抗弁や解除の規定についても、いちおう適用はあると考えられるのだが、売買のような履行が1回的に終わる契約と違って、どの債務とどの債務が同時履行関係に立つのか、あるいは540条以下の解除の規定はもともと売買のような1回的な契約だけを考えていたのではないか、という点に多少問題がある。ちなみに、賃貸借のような継続的契約の解除の場合には、解除に遡及効がなく、将来に向かって契約の効果がなくなるだけであることは、すでに述べた通りである（第2章V(2)⑤および後述の620条参照）。

③**成立**　賃貸借は諾成契約であり、売買と同様、民法上は方式も要求されていない（しかしたとえば農地の賃貸借については、農地法にこの点の特別な規則がある）。

なお、他人の物の賃貸借契約も、他人の物の売買が可能であるのと同様に、債権契約として有効に成立しうる（559条、561条）。もちろん、賃貸人となる者が物件の所有者から賃貸権限を与えられていれば、何も問題はない。無権利者が契約した場合も、契約としては当事者間では有効であって、賃貸人は賃借人に目的物を使用収益させる義務を負い、それが実際にできなければ債務不履行責任を負うということになる。ただしそのような契約が真の所有者との間では正当化されないことはいうまでもない[2]。

④**賃貸借固有の問題点**　さて、賃貸借契約については、他の契約にない問題点がある。

ローマ法や中世ドイツ法での賃借人というのは、社会的・経済的弱者であって、こういうものを前提にしたフランス民法やドイツ民法では賃借人の権利は弱いものだった。さらにそれらを参考に作った日本民法では、明治の当時の地主・小作関係を頭に置いたため、なおいっそう賃借権が弱く

---

[2] 他人の物を無権限で貸し付け、利益を得たという場合には、不当利得（本書第**5**章で学ぶ）の問題になる（大判大15・3・3新聞2598号14頁）。貸し付けた者が悪意であった場合には、真の所有者に対する不法行為（本書第**6**章で学ぶ）も成立しうる（大判昭10・12・20民集14巻2064頁）。

規定されてしまった。そうすると、(民法であるから賃貸借一般を規定しているので) 機械等の動産を賃借して利用する契約等ならともかく、居住のために不動産(家や土地)を借りるということになると、そういう弱い権利では(たとえば賃貸人が誰かにその不動産を売ると賃借人は出ていかなければならない等々)、賃借人の側は大変に困る(起草者は物権である地上権や永小作権の設定がもっと広く行われることを想定していたようだが、経済的に優位に立つ貸主は、地上権等の物権のほうがしっかりした権利なので、その設定をいやがり、賃借権が多く行われるようになっていった)。そこで、特別法によってこの賃借権(ことに不動産賃借権)を強化する必要が出てきた。それで、かつての建物保護に関する法律(旧建物保護法)や、旧借地法、旧借家法などの特別法[3]によって、不動産賃借権の強化を図ったのである。つぎに見る賃貸借の期間のところで、それは端的に示される(そしてこの問題は、平成29年改正でかなり解消される)。

　しかし、そこでもう一つ問題が出てきた。さまざまな形で不動産賃借人を保護した結果、今度は不動産賃借人の権利が少し強くなりすぎたのである(たとえば、一度貸したら、状況が変わってもなかなか出ていってもらえない)。社会政策的に賃借人に傾きすぎたかもしれない保護バランスの取り直しの対策を多少盛り込んだのが、平成4年に施行された借地借家法[4]であるとも言える。つぎの期間のところで、民法と借地法・借家法における賃借人の保護の差、そして借地借家法での再修正を見てみよう。

---

[3] 旧建物保護法は明治42年公布、昭和41年改正。旧借地法は大正10年公布、昭和16年、同41年等に改正。旧借家法も大正10年公布、昭和16年、同41年に改正。ちなみに「借家法」は「しゃっかほう」と読む人が増えているが、正しい読み方と考えられているのは「しゃくやほう」である。
　なお、これらの特別法は、一般法である民法に優先して適用され、特別法に規定がなければ一般法を使うことになる。
[4] 借地借家法は、平成3年公布、同4年8月に施行。これによって、建物保護法、借地法、借家法は廃止されたが、ただし借地借家法施行以前に結ばれた借地・借家契約については、それら旧法が適用になると定められていることに注意したい。

―〈用語解説〉

敷金・礼金・権利金・更新料・立退料

多くは不動産賃貸借で使われるこれらの用語を、ここでまとめて解説しておこう。**敷金**（後述するように、平成29年改正法では、622条の2という敷金に関する規定が新たに置かれた）は、建物賃貸借契約の開始時に貸主に預けられる金銭で、契約期間中の借主の不払い分の賃料債務や建物損傷の賠償債務を担保するものである（それらが何もなければ契約終了時に全額返還されるべきものであるが、アパートの賃貸借契約などでは、室内クリーニング代などという名目で差し引かれる契約になっている場合も多かった。しかしながら、本来自然損耗分は賃貸人が負担すべきものであり、改正法ではその点を明示して賃借人の保護を図っている）。**礼金**は、契約時に貸主が取得する金銭であるが、これは需要供給の関係で存在するものであって、法律上の規定があるわけではない（したがって、地方によってはアパートの賃貸借などで礼金の慣行がない場合もある）。**権利金**というのは、店舗の賃貸借などに多いが、さまざまな意味を持ち、一般には礼金と同様に返還されないものである。良い場所の店舗を借りる場合の場所的利益の対価とか、実質的な賃料の前払い（中には賃貸人が先に権利金をもらって貸しビルの建築費に充てる場合もある）等の意味を持つと説かれる。**更新料**は、契約更新の際に貸主に対して支払われる金銭であるが、更新の謝礼とか、それまでのトラブルの精算金とか、実質は賃料の前払いであるとか、さまざまな性格付けが説明されてきた。しかし最近になって、更新料支払いの約定が借主側に不当に不利益な内容である場合、消費者契約法10条等によってこれを無効とする下級審裁判例が現れてきている。**立退料**は、契約終了の合意をする際に貸主が借主に対して支払うことがあるもので、正当事由を十分に持たない貸主が、金銭で契約解消を図るためのものである。なお、判例は、立退料は正当事由を補強するが、正当事由の代わりになるものではないとしており、借地借家法ではその趣旨で条文に取り込まれた（本文後述(2)②③を参照）。これらはいずれも契約自由の原則から当事者の合意で授受されるもので、当事者が不要とするならば不要である。

(2) **賃貸借契約の期間**

①**期間についての民法の規定** ⓐ期間の制限　賃貸借一般について平成29年改正法は、その存続期間を50年とし、それより長い契約をしたときは、それを50年に短縮する（つまり強行規定である）。そして更新は可能だが更新時からも50年を超えられないとした（民法604条）。改正前の

条文が存続期間を 20 年、更新も 20 年と規定していたのを延長したものである。これによって以下に掲げる特別法の努力はかなり達成されることになった。一方、短いほうの制限は定めていない。なお、定めていた期間の満了の段階で賃借人がまだ使っており、賃貸人が知って異議を述べなかったときは、同一条件でさらに賃貸借をしたものと推定される（民法 619 条。「黙示の更新」と呼ばれる）。

ⓑ短期賃貸借の特則　たとえば不在者の財産管理人（民法 28 条）のように、財産の管理運用を任されているがその財産を処分する権限がない人とか、自分の財産を自分で処分するための完全な判断能力を持たない被保佐人（民法 12 条[5]）などには、物を売却するような「処分行為」をさせるわけにはいかないが、物を一定期間人に貸して賃料を得るような「管理行為」はさせてもよい。けれど、あまり長期の賃貸借は（その間本人はその物を使えないのだから）、実際上処分行為に近くなる。そこで起草者は、処分の能力や権限のない人が賃貸借をするときには、短期の賃貸借だけができるようにした（樹木の栽植・伐採を目的とする山林の賃貸借は 10 年、それ以外の土地の賃貸借は 5 年、建物は 3 年、動産は 6 カ月等。民法 602 条[6]）。

②旧借地法・旧借家法の規定　平成 29 年改正前の民法の規定では、土地を借りて家を建てて住むという目的にはいささか短すぎるし、意に沿わない短期の契約をさせられてしまうこともある。そこで借地権（建物所有を目的とする賃借権と地上権を一括してこう呼ぶ）を対象とした特別法で

---

[5] 被保佐人は、民法が十分な法律行為をする能力のない者を保護する制度（制限行為能力者制度）を定めた中の 1 つで、精神上の障害によって判断能力が著しく不十分な者で、家庭裁判所によって保佐開始の審判を受けた者をいう。被保佐人は、民法 13 条①項に列挙された行為をするには保佐人の同意を必要とするが、その他の行為は自分でできる。詳しくは民法総則で勉強してほしい。

[6] ここで掲げられた短期の賃貸借は、担保物権法で引き合いに出されて、抵当権の設定された不動産について設定者が当座の運用をするために、この短期賃貸借は抵当権設定登記後に登記されたものでも抵当権者に対抗できると規定されていた（民法旧 395 条の短期賃貸借の保護）。しかしこれが実務上いろいろ問題になった（いわゆる「詐害的短期賃貸借」の問題）。そして平成 15（2003）年に民法 395 条は全面的に改正され、短期賃貸借の保護は廃止された。

ある旧借地法は、借地権の存続期間として、堅固建物を建てる目的のものは60年、それ以外の建物を建てる目的なら30年として、契約で前者につき30年、後者につき20年の期間を定めることまでは認めるが、それ以下の短い期間を特約することはできないと定め、さらに更新についても、建物がある状態なら借地人が更新請求すれば更新され、貸主がそれを阻止するためには異議を述べなければならないが、その異議は貸主側に自分が使用の必要がある等の正当な事由がなければ述べられない[7]など、借地人がより有利になるような更新期間と方法を定めた。

借家についても、旧借家法で、1年未満の契約は期間の定めをしなかったものとみなし、賃貸人の解約の申入れは6カ月前にしなければいけないとして、借家人は最低6カ月はいられることにした（最長期の定めはないので民法604条による）。そして、その解約申入れや更新の拒絶は、貸主側に、自分で住む必要ができたとかその他の正当事由がなければできないとし、更新についても借家人に有利な規定を置いた。

③**借地借家法の規定**　借地借家法では、堅固な建物の所有が目的かどうかを問わず、一律に、新たに借地権を設定する際には、契約で定めがない場合も契約で定めうる期間も30年（借地借家法3条）、更新後の期間は原則として10年とされた（同法4条）。借家のほうの期間には、とくに旧借家法からの変更はない。

借地借家法では、この他に、6条と28条で正当事由の明確化が図られ（**立退料**、すなわち財産上の給付の申出による正当事由の強化も加えられた）、また**定期借地権**や**期限付借家**等の、更新がない新しい制度が創設された。定期借地権というのは、最長期で50年までの期間を定め、その期間が経過したら借地人の権利は完全にゼロになって終了するという制度で（借地借家法22条）、貸す側の、いったん貸したらなかなか返してもらえないと

---

[7] この規定に対して、正当事由が十分にない場合でも、それを立退料とよばれる金銭の提供によって補完することが判例によって認められている（その提供・増額の申出は、立退き訴訟の口頭弁論終結時までにされればよいとした最近の判例として、最判平6・10・25民集48巻7号1303頁）。なお借地借家法での条文上の扱いについては次の③を参照。

いう危惧に対処し、一方で賃料を低く抑えようとする制度である[8]。

(3) 賃貸借契約の効力

①不動産賃貸借の新所有者に対する対抗力の原則　賃借権は、債権ではあるが、請求権（目的物を貸し渡せというような権利）であると同時に、目的物の利用権の要素も持っている。そこで、本来賃借権を賃借人に十分に享受させるためには、目的物を世間の誰にも邪魔されずに利用できる権能がなければならないはずで、その点でこの権利は、本質的に、債権者・債務者の2者間だけの効力では不十分であるという性質を持っている（だからボワソナードは旧民法で賃借権を物権と規定していた）。これを考慮して起草者は、不動産の賃借権は登記すれば目的物の新所有者にも対抗できると規定した（民法605条）。つまり、Aの土地の賃借人Bは、賃貸人Aが自分の土地を勝手にCに売ったとしても、賃借権の登記をしてあれば、BはCに自分が賃借権者であることを主張でき、続けて使っていられるというのである。ところが、貸主・借主の力関係もあって、貸主は、（自分の財産処分に不利になるのを嫌って）この登記をする約束をしたがらず、結局605条が機能するケースはほとんどないという状況になってしまった。

②新所有者に対する対抗力の付与の新しい方法　このような状況で、賃貸人が目的物を他人に譲渡売却することによって、賃借人は賃借権を失い、追い出されるということが頻発した（これを「地震売買」と呼んだ）。そこで、不動産の賃借人Bが、605条の賃借権の登記なしに自分の賃借権を新所有者に対抗できる術を考える必要ができた。

ⓐまず旧建物保護法は、土地賃借人は、土地の賃貸借の登記がなくても、その借りた土地に自分の家を建て、それを登記すれば（これは自分の家だから自分1人で保存登記できる）、それで土地の賃借権を新所有者に対抗できるとした（同法の規定は借地借家法10条が吸収）。

ⓑさらに旧借家法1条では、建物の賃借人は、建物の賃貸借の登記がなくても、その借りた建物が引き渡されていれば（つまり、住んでいれば）、

---

[8]　その他借地借家法については、後述(3)(4)も参照。

それで建物の賃貸借を新所有者に対抗できるとしたのである（この規定は借地借家法31条が承継）。こういう方向の賃借権の強化を、「賃借権の物権化」と呼ぶことがある（ただし、物権と同じになるわけではない）。

③**無権利者に対する効力（不動産賃借人の無権利者に対する請求）**　それでは、賃貸借の、無権利者に対する効力はどうなるか。たとえば無権利者が借地に無断で資材を置く等の行為をして、賃借権を妨害した場合は、これを賃借人は賃借権の力で排除できるか。物権ならば、第三者に対する妨害排除請求権は備わっているが、債権たる賃借権ではどうなのか。これまでの通説は、もちろん605条の登記その他による対抗力があれば賃借権それ自体によって妨害排除ができるが（改正法605条の4はそのことを明示した）、対抗力がないときはだめで、その場合は、所有者たる賃貸人が持っている所有者としての妨害排除請求権を賃借人が自己の賃借権の確保のために代位行使することになるとする（つまり、423条の債権者代位権によって、自分の賃借権を保全するために、所有者の持つ権利を自分が代わって行使する[9]）。

④**不動産賃貸人の地位の移転**　以上は、不動産賃貸借の効力をもっぱら賃借人の保護の観点から見たものであった。では、賃貸借の効力を、賃貸人の角度から考察するとどうなるか。とくに不動産賃貸借の場合の、不動産所有者の地位と賃貸人の地位の関係が問題になる。この点はこれまで判例・学説の蓄積があったが、条文はなく、平成29年改正は605条の2以下に初めてこれに関する規定を置いた（なおこの問題は、一般化すると、契約上の地位の移転とか契約譲渡などと呼ばれる問題になる。契約上の地位の移転についても日本民法典にはこれまで規定がなく、改正法で初めて539条の2という条文が置かれた）。

ⓐ**原則としての所有者と賃貸人の地位の一致と例外としてのその分離**
改正法605条の2①項は、不動産賃貸借で、605条ほかの方法によって対抗要件が備えられた場合は、その不動産が譲渡されると、その不動産の

---

[9]　債権者代位権については、池田『新標準・総論』第**4**章Ⅱでの説明を参照。これに対して有力な反対説は、相手が無権利者なら、端的に賃借権そのものに妨害排除の権能を認めてもいいのではないかという。

賃貸人たる地位は、不動産の譲受人に移転すると規定した。つまり不動産の譲渡によって賃貸人の地位は当然に承継されるとするもので、従来の判例法理（大判大10・5・30民録27輯1013頁）の明文化である。

これが原則となるが、同条②項前段は、不動産の譲渡人および譲受人が、賃貸人たる地位を譲渡人に留保する旨およびその不動産を譲受人が譲渡人に賃貸する旨の合意をしたときは、賃貸人たる地位は、譲受人に移転しないとの規定を置いた。これは、最近の不動産経営実務において、不動産の取得者が賃貸経営などにノウハウがなく、前所有者に賃貸経営を任せるケースなどを想定したものである（所有者の地位と賃貸人の地位を分離する。前所有者が以前から賃貸経営をしていた場合には、以前からの賃貸借契約には変更を生じさせずに済む）。これなどは完全に取引法としての民法の改正といえる（学習のKey Point）。形としては新所有者（ないし新所有者からさらに不動産を譲り受けた承継人）が前所有者に賃貸する形を取るので、その賃貸借が終了すると、前所有者に留保されていた賃貸人たる地位が新所有者（ないしその承継人）に移転することになる（同条②項後段）。

なお、①項および②項後段による不動産譲受人（ないしその承継人）への賃貸人たる地位の移転は、当該不動産について所有権の移転登記をしなければ、賃借人に対抗することはできない（同条③項）。

さらに、①項および②項後段によるその承継があった時は、後述する敷金（原賃貸人たる前所有者が賃借人から取っていた担保金）の返還債務も、新所有者ないしその承継人に承継される（同条④項。敷金については後述(4)③参照）。

> **学習のKey Point**
>
> 　平成29年の民法改正は、市民法としての民法の改正というよりも、すぐれて取引法たる民法の改正なのである。その視点が今後の民法学習にとって重要であり、いわゆるビジネス法務への関心が必要になる。

ⓑ合意のみによる不動産の賃貸人の地位の移転　不動産の譲渡人が賃貸人であるときは、その賃貸人たる地位は、賃借人の承諾なしに、譲渡人

と譲受人の合意のみで移転できる（605条の3前段）。ただそれを賃借人に対抗するには、登記が必要である（同条後段による605条の2③項の準用）。つまり、不動産所有者AがBと賃貸借契約を結んでいて、Aがその不動産をCに売却した場合、賃貸人たる地位は、Bの承諾なしにCに移転し、ただそれをBに対抗するには所有権の移転登記が必要、ということである。これも平成29年改正の新設規定であるが、判例法理（最判昭46・4・23民集25巻3号388頁）の明文化である★。

┌─★Plus One　契約上の地位の移転（契約譲渡）からの対比的考察─

　ここで、日本民法典にようやく1か条だけ取り込まれた契約上の地位の移転（国によっては「契約譲渡」などとも表現される）との対比で考えてみたい。この賃貸人の地位の移転というのは、言葉を変えれば、AがAB間の賃貸借契約をCに譲渡するということである。そうすると、既に学んだ賃借人Bが賃借権をDに譲渡するというのは、賃借人BがAB間の賃貸借契約をDに譲渡するということである。であれば、その2つの契約譲渡の成立要件の違いはどこから出てくるのか。

　つまり、賃借権の譲渡の場合は、賃貸人の承諾なしにすることはできない（612条）。実はこちらが契約上の地位の移転の原則である（539条の2参照）。双務契約でいえば、分析的に考えると、契約譲渡は債権の譲渡と債務の引受けとの両方を含むのであるから、債務引受の部分を考慮すれば、（履行する債務者の資力が変わるのであるから）相手方の承諾が必要なはずなのである。それに対して所有者たる賃貸人の地位の移転に賃借人の承諾が不要というのは、やはり経済的な力関係が前提にあって、また、賃貸借契約の重点が賃料支払いというところに置かれていることから人的特定性の要求は賃貸人から貸借人に対してのみ強く存在するのであって、（対抗要件によって契約の維持継続が保障されているのであれば）賃借人の承諾は求める必要がない、ということであろう。

　一応、経済合理性のあるルールと考えてよいが、契約譲渡の一般法理からすれば例外的なものであることに留意したい。また、今後のビジネス法務では、賃借人（テナント企業）が賃貸人（オーナー企業）の勝手な変更を良しとしないケースなども出てこよう。

⑤賃貸人・賃借人の権利義務　賃貸人には、契約期間中、目的物を利用可能な状態で貸し続ける義務がある。この点、使用貸借と違って対価を得ているのだから、賃貸人には、目的物の使用収益に必要な修繕をする義務がある（606条①項）。たとえば貸家の雨漏りは、賃貸人が直さなければいけないのである（ただし、賃借人の責めに帰すべき事由によって修理が必要になった場合は、賃貸人の修繕義務は生じない。同条①項ただし書）。

　また、賃貸人が目的物を保存するために必要な行為（たとえば、貸している土地の一角が崩れそうだから土留め工事をする）をしようとするときは、賃借人はそれを拒めないが（同条②項）、その行為によって賃借人が賃借をした目的を達することができなくなる（たとえば、借りている土地が湖畔の土地で、土留め工事をされるとボート屋の営業ができなくなってしまう）ときは、賃借人は契約を解除できる（607条）。これも当然である。

　さらに改正法では、賃借人側でも、修繕が必要である旨を通知したのに賃貸人が修繕をしないときや、急迫の事情があるときは、自ら修繕ができるという規定が追加された（607条の2）。

　もし賃借人のほうが、本来賃貸人が負担すべき必要費（使用収益に必要な修繕等をするための費用）を出した（自分で出費して直した）場合は、直ちにそれを賃貸人に償還請求できる（608条①項）。けれど、それが有益費（単なる維持保存ではなく、目的物の改良等、価値を高める費用）だった場合は、賃貸人は、それによる目的物の価値の増加が現実に存在している場合だけ、契約終了時に、その償還をすればよい（同条②項）。

　一方、賃借人には賃料支払義務のほかに、用法遵守義務があり（616条。使用貸借の前出594条が①項だけ準用される）、また期間中は善良な管理者の注意義務をもって目的物を保管する義務がある。契約終了時の目的物返還義務のあることはもちろんである。

　⑥借地借家法に基づく権利義務──借地の場合　借地契約の効力に関しては、借地借家法において、いくつかの特則が置かれている。

　　ⓐ地代・借賃増減請求権　地代や借賃が（借地権は土地の地上権と賃借権を含む概念なのでこういう規定のしかたをする）、租税等の増減によって、また土地の価格の上昇・下落その他の経済事情の変動によって、さらに近

傍同種の土地の地代等に比較して不相当となったときは、契約の条件にかかわらず、当事者は、将来に向かって地代等の額の増減を請求することができ、ただし一定期間増額しない特約があるときは、その定めに従うと規定される。これが、地代・借賃増減請求権である（借地借家法11条。後述の借家の場合の32条も参照）。これは、事情変更の原則の一つの具体化と評されることもある。これに関して、将来の地代等を数年ごとに見直して自動的に増額する特約（地代等自動改定特約）が問題になることがある。判例は、借地借家法11条①項の規定は強行法規であるとして、特約があっても同項に基づく地代等増減請求権の行使を妨げられないとした（最判平15・6・12民集57巻6号595頁）。

そのほか、借地権設定者（地主）の側の保護として、自己借地権と、地代・借賃の優先弁済を確保するための先取特権が認められている。

ⓑ**自己借地権**　自己借地権は、借地権設定者は、他の者と共に有する場合に限って、借地権設定者が自らその土地の借地権を有することが認められるというものである（借地借家法15条①項）。本来は、土地の所有者とその借地人が同一になると、第三者の権利の目的となっていない限りは、借地権は混同で消滅する（混同については債権総論で学ぶ。池田『新標準・総論』第7章Ⅵ(3)参照）。しかし、それでは困る場合もある。土地所有者が、自分の土地の上に借地権つき分譲マンションを建て、自分もその一室を取得する場合などを考えればよい。

ⓒ**地代・借賃の先取特権**　地代・借賃の先取特権は、借地権設定者は、弁済期の到来した最後の2年分の地代等について、借地権者がその土地において所有する建物の上に先取特権を有するというものである（借地借家法12条。先取特権は担保物権法で学ぶ）。民法上は、不動産賃貸の場合の先取特権が規定されているのだが、その対象は賃借人の動産に限定されている（312条）。これに対し、借地権者が所有する建物の上に先取特権を認めてより保護を図ったものである。

⑦**借地借家法に基づく権利義務——借家の場合**　借家契約の効力に関して、借地借家法に置かれた特則として重要なものが、**借賃増減請求権**である。借地における地代・借賃増減請求権と同趣旨のものであるが、土地

もしくは建物に対する租税等の増減によって、またもしくは建物の価格の上昇・下落その他の経済事情の変動によって、さらに近傍同種の建物の借賃に比較して不相当となったときは、契約の条件にかかわらず、当事者は、将来に向かって地代等の額の増減を請求することができる。ただし一定期間増額しない特約があるときは、その定めに従う（借地借家法32条）。これに関しては、将来の賃料を数年ごとに見直して自動的に増額する特約（賃料自動増額特約）が、サブリース契約★をめぐって大きな問題となった。判例は、サブリースも賃貸借であると性質決定をした上で、借地借家法32条①項の規定は強行法規であるとして、特約があっても同項に基づく地代等増減請求権の行使を妨げられないとした（最判平15・10・21民集57巻9号1213頁等。もっとも、賃料減額請求の当否および相当賃料額の判断にあたっては、諸般の事情の総合考慮をすべきとする）。基本的には借地のほうの同法11条と同じ扱いではあるが、これには多数の議論があるところである。

> ★Plus One　サブリース
>
> 　サブリースとは、貸しビル業を営む不動産会社が賃貸ビルの所有者からビル1棟全部またはその一部を一括して借り受け、それを、複数のテナント（賃借人）に転貸借して、ビルの賃借料と転借料の差額を取得する事業をいう。サブリースとは、本来転貸借を意味する言葉であるが、わが国では、このような事業ないしその契約形態を指してサブリースと呼ぶのが一般である。
>
> 　多くの場合、貸しビル業者（デベロッパーとも呼ばれる）からビル所有者（オーナー）への働きかけでこのような事業が展開される（土地所有者に働きかけてビルを建設させる例もある）。一般に、比較的長期（15年から20年程度）の契約が締結され、この期間について、たとえ空室ができてもオーナーには一定の賃料を支払う特約であるとか（その期間を賃料保証期間と呼ぶ）、さらに、2年ないし3年ごとに賃料を8〜10%程度値上げするといった内容の特約（賃料自動増額条項）が結ばれることが多かった。
>
> 　このようなサブリースは、いわゆるバブル経済の時期には、不動産の値上がりや、ビル需要の増加から頻繁に行われたのであるが、不動産が値下がりし賃貸ビルの需要が減少するという状況になると、スキーム自体がうまく機

能しなくなる。平成10年代にサブリースをめぐる判例が続出したのも、ある意味では当然のことであった。一番問題とされたのが、賃料保証特約および賃料自動増額特約の拘束力であり、デベロッパー側は借地借家法32条を理由としてオーナー側に値下げを訴え、オーナー側は特約を根拠にそれに対抗した。最高裁は、まずサブリース契約も建物の賃貸借契約であり、借地借家法が適用されるとしたうえで、同条①項は強行法規であって特約によってもその適用を排除できないから、賃料減額請求権の行使は妨げられないとしたわけである。もっとも、借地借家法32条①項の賃料減額請求がされた場合には、当事者が賃料額決定の要素とした事情その他諸般の事情を総合的に考慮すべきであり、当該契約において賃料額が決定されるに至った経緯や自動増額特約が付されるに至った事情、賃借人の転貸事業における収支予測にかかわる事情等を十分に考慮すべきとした（本文に掲げた最判平15・10・21民集57巻9号1213頁のほか、最判平15・10・21判時1844号50頁、最判平15・10・23判時1844号54頁等）。

しかしながら、サブリース契約のスキーム全体およびその組成の経緯を見ると、この結論には疑問も多い（オーナー側はデベロッパーから提示された、将来の収支見通しの予測に基づいて契約しているわけで、双方とも事業者ないし事業者的な地位にあるものであって消費者保護的な観点は不要であるとしても、金融法的な見地からは、デベロッパー側だけがリスクを負わない結論になるのは適切でない。したがって、上記諸般の事情が実際にどの程度斟酌されるのかが問題になるし、契約の実質によっては、借地借家法の対象となる賃貸借とするのがよいのかも疑問となると考えられる）。

⑧賃借権の譲渡・転貸　債権は譲渡することができる。債権者Aが、Bに対して100万円の債権を持っているとしたら、AはCとの契約で、その権利をCに譲渡して、Cが新しい債権者になることができる。この譲渡契約は、譲渡人と譲受人の2人ですることができ、Bにはそれを通知するか、Bからその譲渡を承諾してもらえば、その通知か承諾が対抗要件になる（詳しくは、池田『新標準・総論』第**6**章Ⅱ(3)を参照）。したがって、賃借権も債権なのだから、賃借人が、賃借権を譲渡することは可能ではある。また、賃借人が別の人と目的物を転貸（又貸しのこと）する契約をす

ることもそれ自体は可能ではある。しかし賃貸借も、継続的な契約関係を作るわけであるから、使用貸借ほどではないにしろ、人的特定性が問題になる。わが民法は、起草段階では、地主と小作人の関係なども念頭にあったようで、そうするとなおさら相手が誰でもいいわけではなくなる。そのようなことから、わが民法では、賃借人が賃借権を無断で他人に譲渡したり転貸したりすることを禁じ、もしそうすると賃貸人は賃貸借契約を解除できるという規定を置いた（民法612条）。けれどこれは、賃借人にとってはかなり厳しい指定で、たとえばアパートを黙って自分の兄弟に又貸ししていたようなケースでも、賃貸人たる大家は、簡単に契約を解除できることになる。

地主・小作人のような強い人的関係は、アパートの大家と店子の間にはないだろうし、第二次大戦後の住宅難の時代には、経済的強者たる大家の側が、この規定をたてに、どんどん契約を解除して問題になった。そこで、昭和20年代の末頃から、いくつもの判決が、612条の解除は、無断譲渡・転貸行為が、賃貸人に対する背信的行為と認めるに足りない特段の事情があるときは、解除権は発生しないとした。やがてこれが確立した判例法理となり、学説もそれを一般に認めるに至っている（118頁の♡**学習のKnow How**）。これが、信頼関係破壊の法理とか、背信性理論とか呼ばれるものである（ただしこの判例法理は、居住目的の土地・建物の賃貸借を中心に想定されているもので、動産の賃貸借等を念頭に置いているものではない）（♡**一歩進んだ判例学習**）。

> 〈一歩進んだ判例学習〉
>
> 判例には、①条文の意味を明確にする、つまり裁判所が条文の解釈を公に示すものと、②条文の足りないところを判例が補ったり、時代の状況に応じて条文の意味の修正をしたりするものがある。そこで、ここでは②の、いわば判例による法創造の例を示そう。
>
> 素材は、本文でも言及した、612条にいう賃借権の無断譲渡・転貸を理由とする解除を制限する、**信頼関係破壊の法理**（**背信性理論**）である。
>
> すでに学んだように、債権は一般に譲渡することができる。しかし賃貸借は、継続的な契約関係を作るわけであるから、使用貸借ほどではないに

しろ、人的特定性が問題になる。わが民法は、起草段階では、地主と小作人の関係なども念頭にあったようで、そうするとなおさら相手が誰でもいいわけではなくなる。そんなわけで、わが民法では、賃借人が賃借権を無断で他人に譲渡したり転貸したりすることを禁じ、もしそうすると賃貸人は賃貸借契約を解除できるという規定を置いた（民法612条）。この規定を文言どおりに解釈すれば、賃借人の側に無断での賃借権譲渡や転貸があった場合は、賃貸人は契約を問題なく解除できる。しかし、そうすると、借地や借家の需要と供給に差がある場合、貸主のほうは、微細な契約違反をたてにとって、この民法612条の解除をして、賃借人を追い出し、新しい賃借人を入れる、ということをするようになる（つまり、需要が多い状況なら、新しい賃借人はすぐ見つかり、また契約慣行上、貸主は新規の契約では何カ月分かの礼金を収受できるので、貸主にとっては、旧賃借人との契約を長く存続させるよりどんどん新規契約をして賃借人を代えていったほうがもうかるのである）。実際、これが第二次世界大戦後のわが国における住宅難などの状況の下で大いに問題となった。

そのため、昭和20年代の後半になると、まず下級審裁判例でこの612条の解除を制限しようとするものが多くなり、やがて最高裁判所の判例でも、612条の解除は、無断譲渡・転貸行為が、賃貸人に対する背信的行為と認めるに足りない特段の事情があるときは、解除権は発生しないとする判例がいくつも出されるようになる。以下に掲げる最判昭28・9・25民集7巻9号979頁は、そのリーディング・ケースとされるものである。

〔事実〕　Y_1 はAの所有地を昭和5年から賃借しており、その土地上に2棟の倉庫を建ててそのうちの1棟をBに賃貸していた。昭和20年の空襲でこの2棟の倉庫が焼失した。Bはこの倉庫敷地（Y_1 の賃借地の一部）の賃借権の譲渡を Y_1 に申し入れ、Y_1 はこれを承諾した。一方Aはこの土地全部をXに売り、Xが新たな賃貸人となった。Bは、焼失した倉庫の建坪の範囲内の規模ならばよいだろうと考えて倉庫を再築し、名義をBの子 Y_2 としたが、この倉庫は、Bの賃借部分の土地をはみ出し、Y_1 の賃借地にまたがっていた。Xはこれをとらえて、Y_1 に対して民法612条による賃貸借契約の解除を、Y_2 に対して建物収去土地明渡を求めたのが本件である。1審、2審ともXの請求を棄却したのでXより上告。

〔判旨〕「民法612条は、賃貸借が当事者の個人的信頼を基礎とする継続的法律関係であることにかんがみ、賃借人は賃貸人の承諾がなければ第三者に賃借権を譲渡し又は転貸することを得ないものとすると同時に、賃借人がもし賃貸人の承諾なくして第三者をして賃借物の使用収益を為さしめたときは、賃貸借関係を継続するに堪えない背信的所為があったものとして、賃貸人において一方的に賃貸借関係を終止せしめ得ることを規定したものと解すべきである。したがって、賃借人が賃貸人の承諾なく第三者をして賃借物の収益を為さしめた場合においても、賃借人の当該行為が賃貸人に対する背信的行為と認めるに足らない特段の事情がある場合においては、同条の解除権は発生しない。」（2名の裁判官の反対意見がある）。

この昭和28年判決を皮切りに、同趣旨の判例が最高裁でいくつか出され、確立した判例法理と理解されるようになった。これが、信頼関係破壊の法理とか、背信性理論とか呼ばれるものである。ここにおいて、民法612条の解除可能という文言は、判例の、社会事情の変化を考慮した解釈によって制限されるに至ったのである（ただしこの判例法理は、居住目的の土地・建物の賃貸借を中心に想定されているもので、動産の賃貸借等を念頭に置いているものではない）。これが、いわば判例による法創造の一例である。

そしてさらにこの信頼関係破壊の法理は、居住目的の賃貸借契約における紛争事案の中で拡張されていく。たとえば、賃料の不払いを理由とする債務不履行解除の請求事例でも、最判昭39・7・28民集18巻6号1220頁（この事案の借主Yは、貸主Xに対して屋根の費用償還請求権を有していて、それが支払われるまでは家賃の支払いを拒絶できると誤信していたものであって、Xからの解除請求に対して直ちに賃料全額を供託している）は、「Yにはいまだ本件賃貸借契約の基調である相互の信頼関係を破壊するに至る程度の不誠意があると断定することはできない」としたのである。こうして、信頼関係破壊の法理は、継続的契約としての（不動産を目的とする）賃貸借契約において、解除を制限する論理として定着したのである。この意味で、いわゆる「判例法理」とか「判例の準則」の代表例といってよい。

⑨**転貸の効果**　ⓐ転借人の賃貸人に対する直接履行義務　それでは、適法な（賃貸人の許諾を得た）転貸借がなされた場合、当事者にはどのような法律関係が形成されるのか。この場合、賃貸人Ａ、原賃借人Ｂ、転借人Ｃとすると、ＡＢ間の原賃貸借も相変わらず有効であって、そのうえにＢＣ間の転貸借契約が結ばれた、と確認するところから考察を始める必要がある。この場合に、たとえばＢがＡに賃料を支払わなくなった場合に、Ａは契約関係にないＣに対して何も請求できないのか（現に自己の賃貸物件を利用しているのはＣである）。そういう観点から、ルール創りは理解されなければならない。

　民法は、そのようなケースを念頭において、適法な転貸借があった場合、転借人Ｃは、賃貸人Ａに対して、転貸借に基づく債務を直接履行する義務を負うとする規定を置いた（613条①項前段）。もちろんその場合、転借人Ｃが負うのは、賃貸人Ａと原賃借人Ｂとの間の契約に基づくＢの債務の限度においてである（同条参照）。つまり、ＡＢ間の賃料が10万円で、ＢＣ間の賃料が12万円であった場合、ＣがＡに対して義務を負うのは10万円までということになる（もちろん、逆にＡＢ間のほうが14万円と高くてＢＣ間が12万円であったとしても、Ｃの負う義務は12万円である。Ｃはあくまでもで12万円の契約を結んだのであるから、それが転貸借であってＡを保護する必要があるからといって、債務が14万円に膨らむわけではない）。

　なお、同条①項後段では、「この場合においては、賃料の前払をもって賃貸人に対抗することができない」と規定されている（改正前と変更なし）。この意味は、従来から、（賃貸人ＡがＢの不払いを理由に転借人Ｃに支払請求をしてきたときに）ＣがＢＣ間で定めた当期の賃料をその支払時期よりも前にＢに支払ったということをもってＡに対抗することはできない（Ａへの支払を拒絶できない）という意味であると解されている。

　もちろん、この①項があるからといってＡは本来のＢへの請求を妨げられないのは（原賃貸借の契約関係が継続しているのだから）当然である（同条②項）。

　ⓑ**原賃貸借の合意解除の場合の転借人の保護**　上記は、転貸借の場合の賃貸人を保護する規定である。では、「適法に」つまり賃貸人の承諾を

得て転貸借をした転借人はどう保護されるのか。賃貸人Aが転貸借を承諾したことに見合う分の保護が転借人Cに与えられて良いはずである。この点、平成29年改正法は、613条③項に、従来の判例法理を取り込んだ規定を置いた。賃借人が適法に転貸したときは（つまりAが承諾してBがCと転貸借契約を結んだ場合は）、賃貸人Aは、賃借人Bとの間の原賃貸借を合意解除したことをもって転借人Cに対抗することができないというのである（③項本文）。これは、従来の判例（大判昭9・3・7民集13巻278頁）である。さらに、同③項ただし書は、その解除の当時、賃貸人が賃借人の債務不履行による解除権を有していた時は、この限りでないとする。つまり、確かにAは転貸借を承諾していたが、Bが債務不履行をしていたら、それはAがAB間の原賃貸借を債務不履行を理由に解除できるのは当然であり（大判昭10・11・18民集14巻1845頁ほか）、その場合には、AはAB間の原賃貸借の解除を転借人Cにも対抗できてよい（最判昭62・3・24金法1177号47頁）というのである。これも判例法理の採用ということである。このようにして、民法613条は、当事者の利益のバランスを図っているのである（🍀**学習のKey Point**）。

> ### 学習のKey Point
>
> 　ルール創りのポイントは、何よりも当事者の利益のバランスを考えること。民法を学んだ諸君は将来、自分が所属する社会集団（会社でも、町内会でも、マンションの管理組合でも）のルールを創るときには、ぜひこのことを思い出してほしい。

> ### 学習のKnow How
>
> 　条文を補足し、あるいは修正する形で判例が確立している（いくつかの判決が積み重ねられて、最高裁判所での判断が固まり、下級裁判所もそれにならっている）という状態になっているとき、それを「判例法理」とか「判例の（作った）準則」とか表現する。この判例法理については、条文を見ているだけではわからないので、教科書等で勉強する必要がある。もっとも、判例が固まっていても学説に有力な異論があったりする場合もあるが、学説も

ほぼその判例法理を承認しているという場合は、その法理についての知識は不可欠である（この、不動産賃貸借に関する「信頼関係破壊の法理」は、そういうものの1つである）。こういうレベルのものは、大学の学年末試験でも、よく出題される。とくに、判例付きでない六法の持ち込みが許される試験では、事例問題で、判例法理の知識をからめた解答が要求される場合がある。受験者の学習の程度がよくわかるからである。

(4) 賃貸借契約の終了

①民法上の終了規定　賃貸借は、当事者の定めた契約期間の満了によって（更新の合意がなければ）終了するのは当然であるが、その他にいくつか終了に関する固有の規定が置かれている。まず、賃借物の全部が滅失したなどの理由によって使用・収益ができなくなった場合には、賃貸借は終了する（616条の2）。次に、期間を定めずにした賃貸借については、各当事者がいつでも解約の申入れをすることができ、その申入れから一定期間（土地については1年、建物については3カ月等）の経過によって終了するという規定を置いている（民法617条）。

また、賃料不払い等によって解除され終了する場合ももちろんあるが、賃貸借のような継続的契約の解除の場合、解除には遡及効がない（将来に向かってのみ効力を生じる。民法620条）。それまでの家賃を全部返し、利用利益を全部返す、ということはナンセンスであるから、これは当然である。

②終了時の賃借人の原状回復義務　賃借人は、賃借物の受領後の損傷について、契約終了時に原状に回復する義務を負う。ただし、29年改正後の621条は、「通常の使用及び収益によって生じた賃借物の損耗並びに賃借物の経年変化を除く」と明示した。したがって、カーテンや壁紙の日焼け、黄ばみなどは原状回復義務の範囲外である（これまで、アパート等の賃貸借契約の終了時にトラブルのあった点を明瞭にしたものといえる。したがって賃貸人やその代理人としての不動産業者は、次述の敷金返還の際に、安易にクリーニング代とか室内整備費等の名目で敷金を差し引くことは許されないと考えるべきである）。なお、その他同条ただし書は、損傷が賃借人の責

めに帰すことができない事由によるときも、この原状回復義務の範囲外としている。

③敷金と終了時の敷金返還請求権　敷金とは、契約期間中の賃借人の賃料不払いや目的物損壊に対応するための担保金として、契約開始時に賃貸人が賃借人から預かる金銭である。したがって終了時には、その不払い分や損害賠償金を差し引いて返還されることになる。敷金の授受は、ほとんどの建物賃貸借などで行われている。

平成29年改正前までは、この敷金についてのいわゆる定義規定が民法中になかった。改正法は、622条の2を新設して、敷金を「いかなる名目によるかを問わず、賃料債務その他の賃貸借に基づいて生ずる賃借人の賃貸人に対する金銭の給付を目的とする債務を担保する目的で、賃借人が賃貸人に交付する金銭をいう」と定義して、以下の場合は、賃借人に対し、その受け取った敷金の額から、賃貸借に基づいて生じた賃借人の賃貸人に対する金銭の給付を目的とする債務の額を控除した残額を返還しなければならないという明文規定を置いた（同条①項）。その場合とは、「賃貸借が終了し、かつ、賃貸物の返還を受けたとき」（同項1号）と、「賃借人が適法に賃借権を譲り渡したとき」（同項2号）である。前者については、従来の判例が、敷金返還請求権と目的物の明渡請求権は同時履行の関係には立たない（目的物の明渡しが先で、賃貸人は返還された目的物を調査したうえで敷金の返還額を定めることができる）としていたところ（最判昭48・2・2民集27巻1号80頁）を条文に組み込んだものである。後者については、適法な（賃貸人の同意を得た）賃借権の譲渡があった場合には、敷金は（別段の合意のないかぎり）承継されないという判例法理（最判昭53・12・22民集32巻9号1768頁）を明示したものである。

また622条の2②項は、不払賃料があった場合にそれを敷金から充当できるのは賃貸人の権利であって、賃借人の側からの充当請求権はないことを明示した（従来の通説の採用である）。契約継続中にこの充当請求権を認めると、担保としての敷金が減少してしまうからである。

④終了時の借地借家法による買取請求権　ⓐ建物買取請求権　借地権の存続期間が満了した場合において、契約の更新がないときは、借地権者

は、借地権設定者に対して、建物その他借地権者が権原に基づいて土地に附属させた物を時価で買い取るべきことを請求できる。これを建物買取請求権という（借地借家法13条①項）。この建物買取請求権は、形成権（一方的な意思表示で法律関係を形成できる権利）であると解されており、借地権者の買取請求の意思表示が借地権設定者に到達した時点で、両者の間に売買契約が成立したのと同様の法律関係が生じることになる[10]。もっとも、借地権満了前に借地権者が借地権設定者の承諾を得ないで残存期間を超えて存続するような建物を新たに建てた、という場合には、裁判所が、借地権設定者の請求によって、代金の全部または一部の支払いに相当の期限を許与できる（借地借家法13条②項）。借地借家法13条に反する特約で、借地権者または転借地権者に不利なものは、無効である（同16条）。

ⓑ造作買取請求権　同じく建物の場合は、賃貸借が期間の満了または解約の申入れによって終了するときに、建物の賃貸人の同意を得て建物に付加した畳、建具その他の造作がある場合は、その造作を時価で買い取るべきことを請求することができる権利が定められている。これを造作買取請求権という（借地借家法33条。建物の賃貸人から買い受けた造作についても同様である）。この造作買取請求権も、形成権と解されており、借家人の買取請求の意思表示が賃貸人に到達した時点で、両者の間に売買契約が成立したのと同様の法律関係が生じる[11]。旧借家法では造作買取請求権の規定は強行規定であったが、借地借家法33条は任意規定とされている（同法37条参照。したがって、造作買取義務はないという特約も有効である）。

---

[10] したがって、この建物買取請求権を正当に行使した場合は、借地権設定者が代金を支払わないときは、買取請求権者は、同時履行の抗弁または留置権によって、支払いのあるまで建物の引渡しを拒める（ただしその間の敷地の占有は不当利得となるから、地代相当額を後で返還しなければならない。最判昭35・9・20民集14巻11号2227頁）。

[11] もっとも、代金支払いと造作引渡しの同時履行の抗弁、および留置権行使は認められるのだが、その場合に留置の方法として建物を留置して（つまり占有して）明渡しを拒めるか。判例は、造作買取請求権は造作に関して生じた債権であって、建物に関して生じた債権ではないという理由で、これを認めない（最判昭29・1・14民集8巻1号16頁）。

⑤終了時の建物転借人や借地上建物の賃借人の保護　一般論としては、転貸借は、その基礎となる賃貸借を前提としているので、建物の賃貸借が終了すれば、転借人は建物使用をその原賃貸借の賃貸人には対抗できない。同様に、土地の賃貸借が終了すれば借地上の建物（土地賃借人のもの）の敷地使用の根拠が失われるので、建物賃借人は土地の所有者に対抗できないことになる。しかしそれでは、場合によっては建物転借人や借地上建物の賃借人に不当な不利益を与えることになるので、借地借家法や判例は、以下の範囲で保護を与えている。

　ⓐ建物賃貸借が期間満了または解約申立てで終了する場合は、建物の賃貸人Aは、転借人Cに賃貸借が終了する旨の通知をしなければ、賃貸借終了を転借人に対抗できない（借地借家法34条①項）。通知をすれば、転貸借はその通知がされた日から6カ月で終了する（同条②項）。

　ⓑ建物の賃貸人Aが転貸借に同意したケースで建物賃貸借が合意解除で終了する場合は、判例によれば、特段の事由のある場合を除いて、賃貸人Aは、転借人Cに対して合意解除の効果を対抗できない（大判昭9・3・7民集13巻278頁、最判昭62・3・24判時1258号61頁も参照。無断転貸であれば合意解除によって転借人Cは出ていかなければならないのは当然である）。先述の通り、平成29年改正法は、613条③項本文で、この旨を明記した。

　ⓒ建物賃貸借が賃借人Bの債務不履行で解除されて終了した場合は、賃貸人Aは（債務不履行解除をABで偽装したなどという場合以外は）転借人Cに解除の効果を対抗できる。先述の通り、改正法613条③項ただし書は、この従来の通説の見解を明示した（なお、合意解除であっても、解除当時に債務不履行による解除権がある場合は、実質的には債務不履行による解除といえるため、解除の効果を対抗できると考えてよい）。

　ⓓ借地上の建物が賃貸借されていて、当該土地の借地権が満了した場合には、建物の賃借人Dが借地権の存続期間満了をその1年前までに知らなかった場合に限り、裁判所は、建物賃借人Dの請求によって、その知った日から1年を超えない範囲で、土地の明渡しについて相当の期限を許与することができる（借地借家法35条①項）。この場合は、建物の賃貸借は、その期限が到来することによって終了する（同条②項）。

ⓔ借地契約を合意解除しても、判例は、上記ⓑと同様に、借地権設定者は、特段の事情のない限り、合意解除の効果を借地上建物の賃借人Ｄに対抗できないとする（最判昭38・2・21民集17巻1号219頁）。

ⓕ借地契約が債務不履行等の理由で法定解除となった場合は、上記のⓒと同様の結果となる。

⑥借家人死亡の場合の内縁配偶者らの居住の保護　賃借権も財産権であり、賃貸借は、使用貸借と異なり、借主の死亡によっても効力を失わず、一般には相続の問題となる。それでは、借家人が内縁の配偶者等、相続権のないものと同居していた場合はどうなるか。これらの同居者にも一定の保護を与える必要がある。

ⓐ借家人に他に相続人がいない場合は、借地借家法が、内縁の配偶者または事実上の養親子が同居していたときは、その同居者は、建物の賃借人の権利義務を承継すると定めている（同法36条①項本文）。

ⓑ借家人に相続人がいる場合は、判例は、内縁配偶者らは、相続人の有する賃借権を援用して当該家屋に居住する権利を主張できるとしている（最判昭42・2・21民集21巻1号155頁。ただこの理論は、相続人に他に持ち家があるなどで解約申入れに正当事由がある場合などにも通用するのかなどという疑問が提示されている）★。

──★Plus One　**配偶者居住権**──────────────
　賃貸借の話ではないが、ここで、平成30年の相続法改正によって民法中に新たに規定される**配偶者居住権**について一言ふれておこう（これは相続法の問題なのだが、実は一部は使用貸借に関係する話でもあり、債権各論の教科書に書いておく理由はある）。わかりやすく言うと、今日の高齢化社会において、夫が死亡して妻が子供と遺産分割をする場合に、夫名義の家に居住中の妻がなるべくその家に住み続けられるようなルールを新設したのである。

　今回の居住権保護のための具体的な立法は、遺産分割が終了するまでの間といった比較的短期間に限り保護する方策である配偶者短期居住権と、配偶者が長期間その居住建物を使用することができるようにするための配偶者居住権とに分かれている。

　前者の配偶者短期居住権というのは、共同相続人間で遺産の分割をすべき

Ⅶ　賃貸借

場合に、配偶者は、相続開始の時に被相続人所有の建物に無償で居住していた場合には、遺産分割によりその建物の帰属が確定するまでの間または相続開始の時から6カ月を経過する日のいずれか遅い日までの間、引き続き無償でその建物を使用することができる等の規定である。この配偶者の居住権保護の問題は、改正前の判例法理では、共同相続人の1人が相続開始時に被相続人の建物に居住していた場合には、原則として、被相続人と当該相続人との間で使用貸借契約が成立していたと推認するというものであった（最判平8・12・17民集50巻10号2778頁）。そうすると、この判例法理では、第三者に居住建物が遺贈されてしまった場合や被相続人が反対の意思を表示した場合は、使用貸借が推認されず、居住自体が保護されないという問題点がまずあった。したがって、この配偶者短期居住権の規定によって、配偶者は、被相続人の意思等にかかわらず、最低6カ月は居住を継続できることになる。

　より画期的なのは後者の配偶者居住権で、配偶者が相続開始時に居住していた被相続人の所有建物を対象として、終身または一定期間、配偶者にその使用または収益を認めることを内容とする法定の権利を新設し、遺産分割における選択肢の一つとして、配偶者に配偶者居住権を取得させることができることとし、さらに、被相続人が遺贈等によって配偶者に配偶者居住権を取得させることができることにしたものである。

　配偶者居住権の具体例として、遺産総額が5,000万円（内訳：自宅3,000万円、預貯金2,000万円）、相続人は妻と子の2人で、法定相続分のとおりに2分の1ずつ分ける場合を考える。改正前では、妻は総額2,500万円しか取り分がないので、自宅の所有権を丸々相続することができない。それで自宅を売却して金銭に変えることになると、その後の生活に窮することになる。改正後は、自宅の所有権（およびその金銭評価）を負担付所有権（一定期間配偶者を住まわせるということが「負担」になる）と配偶者居住権とに分け、妻が引き続き自宅に住むためには配偶者居住権を相続し、負担付所有権は子が相続すればよい。仮に配偶者居住権が1,500万円の場合、妻は配偶者居住権を相続してもさらに預貯金を1,000万円相続することができる（子は負担付所有権1,500万円と預貯金1,000万円を相続する）。こうして妻は、住居と生活資金の両方を確保することができるわけである。

　高齢化社会の問題に対処し、人々の幸福を実現するものとして、良く考え

られたルール創りと評価できるが、施行後の具体的な課題は、個々のケースでの配偶者居住権の金銭評価（具体的には負担付所有権の評価から決まる）とそれに伴う相続税の問題となろう。なお、配偶者居住権と配偶者短期居住権の新設規定は、平成29年民法改正と同じく、2020年4月1日に施行される。

> ⇨ 学習の道案内 ⇦
>
> 　ここまでに学んだ消費貸借、使用貸借、賃貸借は、いずれも、一方の当事者に目的物の一定期間の利用利益を与えるという、貸借型の契約だった。ここからは、物の利用ではなく、当事者の一方になんらかの仕事や事務をしてもらうことを内容とする、労務供給型の契約を勉強する。民法の典型契約では、雇用、請負、委任、さらに少し異なるが寄託、がそのグループに入る。これらは、他人の労務ないし労働力を利用することを共通の特色とするのだが、その利用の狙いや、してもらう仕事の性質が異なる。その違いを念頭に置きながら理解するのがコツである。
> 　さらにその後は、権利移転型、貸借型、労務利用型のどれにも入らない契約として、組合、終身定期金、和解が規定されているが、本書ではこれらは簡略にふれるにとどめる。

Ⅷ　雇用

(1)　定義と性質

　雇用[1]は、当事者の一方が相手方に対して「労働に従事する」ことを約し、相手方がそれに報酬を与えることを約することによって効力を生じる。

---

[1] 雇用は、平成16（2004）年改正までは雇傭と書いた。雇も傭も「やとう（やとわれる）」意味である。今日ではそれを「雇い用いる」という表現で置き換えているわけである。
　同様に平成16年までの民法では624条以下で、労務を提供する者の意味で「労務者」という表現を用いていたが、現代の用語として「労働者」と書き換えられた。

つまり、いわゆる人を雇って労働させ、対価を払う契約である。有償・双務・諾成の契約となる。ここでは、「労働に従事する」のであるから、指示されたように働くことが契約の内容となる。

(2) 民法の規定と労働法の規定

　民法は、623条以下にこの雇用契約に関する規定を置いている（631条まで）。これも典型的な継続的債権関係であるから、その点で賃貸借と共通する性質を持つので、解約申入れ、黙示の更新、解除の非遡及効など、賃貸借と類似した構造の規定が置かれている。

　ただ、これら民法の規定だけでは、経済的に優位に立つ使用者が一方的に有利な条件で契約を結ぶことになりかねず、労働者側の保護に十分ではない。そこでわが国でも、先進資本主義諸国と同様、労働者の保護と労働関係の安定を図るさまざまな特別法（いわゆる「労働法」分野）が形成された。具体的には、第二次大戦後に、労働基準法、労働組合法、労働関係調整法（これらを労働三法という）などの法律が制定されている。なかでも**労働基準法**は、同居の親族のみを使用する事業と家事使用人を除くほぼすべての雇用契約における契約条件を規制している（労働基準法116条②項参照）。そこで、現在では民法の雇用に関する規定は、特別法としての労働基準法の適用のない場合（つまり、上に挙げた、家族のみを使用する自営業の家族従業員や、家事使用人つまりお手伝いさんの雇用契約だけ）に適用され、ほとんど適用領域を失っている。したがって、詳しい学習は、労働法のほうでしてもらうことにして、ここでは以下の考察は省略する[2]。

　なお、平成29年改正法では、労務提供に対する対価という観点から、これまで規定のなかった、労働者が使用者の責めに帰することができない事由によって労働に従事することができなくなったときや、雇用が履行の

---

[2] なお、労働契約についてその特質に即した一般的な民事的ルールを定める制定法はかつては存在しなかったが、平成19（2007）年に、従来の判例法理を取り込みつつ労働契約に関する一般ルールを整備する、労働契約法が制定され、平成20（2008）年3月に施行された。この法律はまだ骨子のみという印象もあるが、今後の充実が期待される。

中途で終了したときにも、既にした履行の割合に応じた報酬を請求できるという規定を加えている（624条の2）。

Ⅸ　請負

(1) 意義

①定義　たとえば、大工さんに家を建ててもらう契約をした。これが請負契約である。請負は、当事者の一方（請負人）がある仕事を完成することを約し、相手方（注文者）がその仕事の結果（たとえば家の建築）に対して報酬を与えることを約すことによって効力を生じる（民法632条）。ここに「仕事の結果に対して」とあるように、請負契約で一番大事なことは、この契約が仕事の完成を目的としているという点である（♡**学習のKey Point**）。この点で、言われた仕事をこなすことそれ自体が内容である雇用と区別される。

請負の場合の「仕事」は、労務の提供によって生じる、まとまった成果という意味で、家屋の建築や土木工事のように有形のものばかりでなく、演奏や講演のように無形のものでもよい。また、運送契約なども特殊の請負であるが、これは商法に特則があるのでそちらが適用される。

> 学習のKey Point
>
> **労務型契約の区別**
>
> 　伝統的な区別は、以下のようなものである。請負は、仕事の完成を目的とする（たくさん仕事をしても完成しなければ履行にならない）。雇用は単に労務の提供を目的とする（何でも雇い主から与えられる仕事をすればいい）。この後に出てくる委任は、一定の委託された内容の法律行為や事務の処理を目的とする（仕事は最初から決まっていて、比較的専門的な内容であることも多い）。しかし、最近は役務提供型の契約が多様化し、このように明確には区別できなくなってきているところもある。請負についても、改正法は、完成しない場合でも（可分な給付で注文者が利益を受ける場合は）割合的な報酬を認める規定を置くに至っていることに注意したい。

②**性質**　請負は、仕事の完成を目的とするから、いくら請負人が労務を提供しても、所期の成果が発生しなければ、基本的には、債務の履行にならない。逆に、通常は、仕事が（注文された内容で）完成しさえすれば、請負人その人が労務に服さず他の人にやらせた場合でも、請負債務は履行されたことになる。したがって、いわゆる下請負（下請け）が広く行われることになる。もっとも、演奏家の演奏契約のように、請負人の個性が重要である場合には、その本人が履行しなければいけないのは当然である。

請負契約も、売買などと同様、有償・双務・諾成の契約であることは明瞭である。ただ、後で述べるように、担保責任については、これまでは売買と異なる請負独自の規定が置かれていたのだが、平成29年改正で、かなりその独自の規定が削除され、売買と同様に一般的な契約不適合責任の考え方に従うことになったことに注意したい[1]。

(2) **請負契約の成立**

請負は諾成契約であり、方式も要求されていない。建設業法は、建設工事の請負に関する契約条件を書面で明らかにするよう定めているが、これも紛争予防のためであって、契約成立の要件ではないと解されている。

(3) **報酬の支払時期と注文者の利益の割合に応じた報酬の請求**

①**報酬の支払時期**　請負は本来、仕事の完成が目的であるのだから、報酬も、特約がなければ後払い（その完成した目的物の引渡しの時あるいは（引渡しの概念がない演奏や講演などの場合は）仕事を完了した時）と規定されている（633条）。ただ、実際には町の小規模建築業者などの場合は、それとは異なる特約がなされる場合が多い（例えば建築の最初に3分の1、中

---

[1] ここでひとつ問題になるのが、製作物供給契約といって、オーダーメイドの注文住宅を販売する、というように、請負と売買の両方の要素を持った混合契約である。製作物供給契約では、製作の側面では、請負に関する注文者の解除権や担保責任などの適用があり、また、供給の面では、売買に関する代金支払関係の規定の適用がある、と解されてきたが、この点も平成29年改正であまり大きな違いはなくなった。

途で3分の1、完成時に残りの3分の1などという慣行もある。そうしないと材料の木材などの仕入れが間にあわないからである)。

②注文者の利益の割合に応じた報酬の請求　平成29年改正法は、上記特約以外でも、以下の場合には、完成途中の状況であっても、請負人がすでにした仕事の結果のうち可分な部分の給付によって注文者が利益を受けるときは、その部分を仕事の完成とみなして、請負人がその注文者が受ける利益の割合に応じて報酬を請求できる規定を新設した（改正法634条）。なお、この場合の「報酬」は、実際にはその部分に対応する「費用」も含むと考えられている。

ⓐ注文者の責めに帰することができない事由によって仕事を完成することができなくなったとき　そもそも、注文者の責めに帰すべき事由によって仕事が中途で完成不能となった場合には、民法536条②項前段の法意に従えば、請負人は報酬全額の請求ができる（改正前の最判昭52・2・22民集31巻1号79頁）。それとの対比で、注文者の責めに帰することができない事由で仕事の完成が不能となった場合は、そこまでの履行で注文者が可分の利益を得られるのであれば、請負人はその分の割合で報酬を請求できるとしたものである。

ⓑ請負が仕事の完成前に解除されたとき　解除されるに至るには様々な理由があるわけだが、いずれにしても注文者に可分の利益が残るのであればその部分の報酬を請求できるとしたものである。なお、平成29年改正前から、注文者には、請負人が仕事を完成しない間は、注文者は、いつでも（請負人の）損害を賠償して契約の解除をすることができるという完成前解除権が与えられていた（641条）。これは、発注後に不要になったケースを考えてのことであるが、損害を賠償して解除するのならよろしいということで、改正法でも変更なく維持されている。したがって、この損害に報酬分が含まれるとすれば両条の内容は重複するが、損害賠償とは別に可分部分の利益が注文者に残る分の報酬を請求することが可能なケースもありうるかもしれない。

(4) 請負契約の効力

①請負人の義務と責任　請負人は、仕事を完成させる義務を負う。完成時期の定めがある契約の場合には、請負人は、自分の責めに帰すべき事由によって、完成予定時期に間に合うように仕事に着手しなければ履行遅滞となり、また完成予定時期に完成できなければ履行不能となって、注文者はそれぞれ民法541条・542条により契約の解除ができる。

なお、下請負をさせた場合、請負人は、下請負人の債務不履行について、注文者に対し責任を負う[2]。

②完成物引渡義務と目的物の所有権の帰属　請負契約の目的が、家屋建築のように有形のものである場合には、請負人には完成物を注文者に引き渡す義務がある。さて、そこで問題である。たとえば大工に家を建ててもらったとき、出来上がった家は誰のものか。最初から注文者のものなのか、それとも、建てた段階では請負人のもので、引き渡されて初めて注文者のものになるのか。これには諸説がある。判例は、材料提供を基準にして考えている。つまり、①注文者が材料の全部ないし主要部分を提供していたら、（それを組み立ててもらっただけだから）最初から注文者のものである（大判昭7・5・9民集11巻824頁）。②請負人が材料を出していたら最初は請負人のもので、引渡しによって所有権が注文者に移転する（大判明37・6・22民録10輯861頁）。ただし、③当事者間に特約があれば、請負人が材料を全部提供した場合でも、竣工と同時に所有権は注文者に発生するし（大判大5・12・13民録22輯2417頁）、請負代金が全額または大部分支払われているときは、その特約があったと推認される（大判昭18・7・20民集22巻660頁、最判昭46・3・5判時628号48頁）、としている。一般に多数と思われる②のケースを中心に考えれば、判例は原則的に請負人原始帰属説ということになる。

これに対して学説の有力説は、請負人が材料の全部ないし主要部分を出していた場合も、所有権は最初から注文者にあると主張する（注文者原始

---

[2] なお、建設業法22条は、一括して（全体を）下請負に出すことはできない（民間工事の場合は事前に注文者の書面による承諾を得れば可能）と定めている。

帰属説)。判例は、やはり請負人が報酬債権を確実に取れるように引渡しまでは所有権を留保しておけることを重視しているのに対し(大判大4・10・22民録21輯1746頁)、学説は、代金回収手段としては同時履行の抗弁などを生かせばいい等を理由に注文者の保護を強調している★。

> ★Plus One　未完成建物の所有権の帰属
> 　それでは、やや上級者向きの問題になるが、建築途中の未完成建物（建物になっていないいわゆる出来形部分と呼ばれるもの）の所有権は誰に帰属するか。これは、物権法の問題もからんでくる難しい問題であるが、まず、請負人が請負契約に基づいて他人の土地上で建設工事を行う場合には、そこに作りかけた物については、たとえ独立した不動産が成立していなくてもその出来形部分は土地には付合しない（民法242条の適用はない）というのが判例・通説である。そのうえで、判例の考え方では、完成建物についても原則は請負人帰属説なのであるから、未完成建物の出来形部分についても請負人帰属となるのは当然であろう。しかし、その場合、下請負人が途中まで工事をして中止となったようなケースでは、下請負人に所有権が帰属するとなると、注文者は請負人にすでに一部の支払いをしていたような場合には、所有権を得るためには二重払いを余儀なくされる。この点判例は、注文者と請負人（元請負人）との間に、出来形部分の所有権は注文者に帰属するという特約があって、元請負人と下請負人との間ではそれがなかったというケースで、下請負人は、注文者との関係では、元請負人の「いわば履行補助者的立場」に立つものにすぎないとして、下請負人が材料を提供していたとしても、注文者と元請負人との間の特約に基づいて、出来形部分の所有権は注文者に帰属するとした（最判平5・10・19民集47巻8号5061頁）。一方、完成建物について注文者帰属説をとる学説においては、未完成の場合も、建築工事の進行段階を問わずに注文者帰属とするものが多い。

③**請負人の担保責任**　ⓐ総説　仕事の目的物に欠陥等があった場合には、請負人は担保責任を負う。請負は有償契約であるから、売買と同様のレベルで担保責任を負うことになる。しかし平成29年改正までは、請負契約の特殊性に注目して、売買とは異なる請負固有の担保責任の規定が多数置かれていたのであるが、平成29年改正は、売買のほうで瑕疵担保責

任の概念を捨てて契約不適合責任という構成を採用し、その構成が広く請負にも適用されることになった。したがって、これまでの請負固有の担保責任の規定はかなり削除された（たとえば、改正前634条は、瑕疵修補の請求ができる場合と損害賠償請求しかできない場合を分ける規定を置き、また、土地の工作物の場合は瑕疵があっても解除ができないとしたり（改正前635条）、木造建物と石造その他の建物で担保責任の存続期間を分けたり（改正前638条）という規定も置かれていたが、これらはいずれも削除された）。したがって、請負の目的物に契約不適合があった場合は、まずは売買と同様に、履行の追完、修補、損害賠償、そして解除、という手段を広く検討することが可能となった。ただ、請負のほうでは規定上「担保責任」の表現が売買よりも広く残されている。

⑥請負人の担保責任の制限　　その中でも請負固有の担保責任制限規定として残されたものに、種類や品質に関する契約不適合が、注文者の提供した材料の性質または注文者の与えた指図による場合は、注文者は履行の追完請求、報酬の減額請求、損害賠償の請求および契約の解除をすることができないという規定がある（636条）。渡された材料で、言われた作り方で作って瑕疵が発生した場合にまで請負人の責任を問われる筋合いはない、ということである。ただし、請負人もプロなのだから、その材料や作り方では不適当だとわかっていて告げなかったときは、担保責任を負わされる（同条ただし書）。

ⓒ担保責任の期間制限　　請負人の担保責任の期間制限（注文者からの請求の可能な期間）については、平成29年改正によって、売買の566条と同趣旨の規定が置かれた。つまり、注文者が種類または品質に関する不適合を知った時から1年以内にその旨を請負人に通知しないときは、注文者は、履行の追完請求、報酬の減額請求、損害賠償の請求または契約の解除をすることができず（637条①項）、ただその規定は、引渡し時または仕事の終了時に請負人がその不適合を知り、または重大な過失によって知らなかったときは適用されない（同条②項）というのである。

ⓓ担保責任免責特約　　なお、改正前に存在した、担保責任免責特約の規定（改正前640条）が改正法からは削除されているが、これは、売買契

約に関する担保責任免責特約の規定（572条）が559条によって請負契約に準用されるという判断によるもので、実質的な変更はない。

ⓔ**修補請求・損害賠償請求と同時履行の抗弁**　同様に、修補請求や損害賠償請求と報酬支払義務とが、民法533条により同時履行の関係に立つという改正前の634条②項も削除されているが、変更はないとみるべきである。損害賠償額と報酬請求額に相違があるときも、判例は、原則として同時履行の関係を全額において認めるが、損害賠償債権をもって報酬残債権全額の支払いを拒むことが信義則に反する場合はこの限りでないとしている（最判平9・2・14民集51巻2号337頁）。この損害賠償請求権と報酬請求権は、当然のことながら対当額での相殺が認められる（最判昭53・9・21判時907号54頁。相殺については債権総論で学ぶ。池田『新標準・総論』第**7**章Ⅴ参照）。

④**その他の規定**　その他、請負に特有の解除権が定められている。注文者は、仕事未完成の間は、いつでも請負人の損害を賠償して契約を解除できる（641条）。注文後に不要になったケースを考えてのことだが、請負人に発生する損害を賠償するのならかまわないのは当然である。また、注文者が破産手続開始の決定を受けたときも請負人か破産管財人から解除ができる（642条①項本文）。ただし、その場合の請負人による契約の解除については、仕事を完成した後は認められない（同条ただし書）。これは、請負人の債務が先履行なので、注文者の資産状態が悪化した中で履行を継続しなくてもよいように解除権を与えているのだから、仕事完成後にはこの解除権は必要がないという考え方である。

Ⅹ　委任

(1)　意義

①**定義**　委任は、当事者の一方（委任者）が法律行為をなすことを相手方（受任者）に委託し、相手方がこれを承諾することによって効力を生じる（民法643条）。この条文では「法律行為をすること」とあるが、「法律行為でない事務の委託」にも委任の規定が準用される（656条）。これを

「準委任」というが、委任と準委任を区別しないのが実情であり、端的に、委任の目的は「なんらかの法律行為や事務の委託」にあると言ってよい。つまり、特定の契約の締結（法律行為）を頼むというのも委任であるし、マッサージ師にリハビリテーションの指導（事実行為）を頼むというのも委任である[1][2]。この場合、委託された法律行為や事務については、その完成は目的になっていない（この点が請負と異なる）。さらに、委任は当事者間の信頼関係が基礎になっており（この人だからこの仕事を頼む）、委託された一定の仕事の内容については、一般に、受任者にその意思と能力による自由裁量の余地があるとされる（この点で、指示された仕事をこなす雇用と区別される）。

②**性質**　民法の規定の上では、委任では特約がないかぎり受任者が報酬を請求することはできないとしている（648条①項）。これは、無償の原則と呼ばれ、ローマ法以来の沿革に基づく。すなわち、ローマの時代には、委任は医師や弁護士などの高級な自由労働を目的としていたので、謝礼は渡してもいいが報酬にはなじまない、という考えがあったのである。わが民法もこの流れに沿って規定を置いたのだが、もちろん有償委任も認める趣旨であるし、今日行われる委任はほとんどが有償委任である。

委任は当事者の合意のみによって成立する諾成契約である。一般に無償契約は要物契約結びつきやすいが（無利息消費貸借（前述Ⅴ(1)②）を参照）、委任は有償・無償を問わず諾成でできる。しかし、その代わりに各当事者はいつでも解除できるという規定を置き（651条①項）、契約の拘束力を弱めている。これは、委任が信頼関係を基礎とする契約だから、信頼できなくなったときはいつでも関係を断てるようにしたという趣旨のものである

---

[1]　すでに学んだように、民法総則では、代理の規定を置いて（民法99条以下）、本人から権限を与えられた代理人が本人のためにすることを示して意思表示をすると、その効果が直接に本人に帰属すると規定している（本人が法律行為をしたのと同様になる）。日本民法では代理と委任は別のものであるから、受任者は委任者の代理人になっている場合も多いが、そうでない場合もある。

[2]　医師に治療を依頼する契約なども委任の例に挙げられることが多いが、これには医師の説明義務などの特殊な問題もあり、医療契約という特殊な契約（民法に挙げられていない無名契約）と解する説も強い。

が、無償委任についてみれば、先に学んだ贈与の構成（無償諾成でできるが書面によらない贈与は履行以前はいつでも無条件に解除できる。前述Ⅱ(1)(2)参照）と同様なバランス感覚であると見ることもできる。なお、有償委任については、双務契約となることに疑問はないが、無償委任は片務契約となるかというと、委任者の側にも一定の義務は課される（後述(3)②の649条、650条）。こういうものを不完全双務契約と呼ぶこともある。

(2) 委任契約の成立

委任契約も諾成無方式で成立する。ただし、医師や公証人などは、顧客から診療や公正証書作成等を委託された時に、正当な理由なく拒むことはできないという公法上の義務を負う（医師法19条、公証人法3条参照）。

(3) 委任契約の効力

①**受任者の義務** ⓐ善管注意義務　受任者は、受任事務を、善良な管理者の注意をもって処理する義務を負う（644条。これを「善管注意義務」と表現することがよくある）。自分の物を管理するレベルよりも高い注意義務というわけである[3]。これに反するときは、債務不履行になる（損害賠償を請求されたりする）。またこの善管注意義務は、「その事務に従事する者としての通常の人」を基準に判断される（したがって、個々人ではなく外科医なら外科医、銀行員なら銀行員の注意義務が想定されるわけである）。

ⓑ自己執行義務（自身服務の原則）　委任は、当事者相互の信頼関係を基礎として結ばれる契約であり、受任者の自由裁量の余地もある。したがって、請負と異なり、原則として受任者自身がその仕事をしなければならない。平成29年改正法は、民法総則の復代理の規定に対応する復委任の規定を新設して、この旨を明らかにした（644条の2）。すなわち、委任者の許諾を得たときか、やむを得ない事由があるときでなければ、復受任者を選任できないのである（同条①項。ただ、仕事の一部にいわゆる履行補助

---

[3] この「善管注意義務」というのは、民法ではよく使われる概念である。すでに債権総論で学習したが（池田『新標準・総論』第2章Ⅱ(1)②参照）、十分に復習しておいてほしい。

者を用いることはかまわない。明文はないが一般にそう認められている)。

　ⓒ報告義務・受領物引渡義務・金銭消費の責任　受任者は委任者の請求に応じて状況を報告したり、終了後に結果を報告する義務がある (645条)。また、委任事務処理にあたって (第三者から、あるいは委任者から) 受け取った金銭その他の物があるときは、それを委任者に引き渡し、また受任者が、委任者のために自己の (受任者の) 名前で取得した権利があるときはそれを委任者に移転する義務を負う (646条)。さらに、受任者が委任者に引き渡すべき金銭を自分のために浪費してしまったときは、その消費した日以降の利息を支払わなければならない (647条)。これらは当然である。

　②委任者の義務 (受任者の権利)　ⓐ報酬支払義務　これは、前述のように特約がなければ発生しない (648条①項)。報酬を払う約束のあるときは、委任履行の後で支払えばよい (同条②項)。さらに、委任が委任者の責任のない事由で履行できなくなったとき、または途中で終わることになったときは、受任者は (委任は仕事完成が目的ではないので) その履行した割合に応じて報酬をもらえる (同条③項)。

　ⓑ費用前払義務　もし受任者が、委任事務を処理するについて費用がかかるというのであれば、委任者はあらかじめその費用を前払いしなければならない (649条)。

　ⓒ費用償還義務等　受任者が委任事務を処理するのに必要と認めるべき費用を支出したときは、費用と支出した日以降の利息の支払いを委任者に請求できる (650条①項)。同じく受任者が委任者に代わって債務を負ったというときは、委任者に弁済をさせることができる (同条②項)。もう一つ、受任者が委任事務を処理するために自己に過失なく損害を受けたというときは、委任者に対して損害賠償を請求できる (同条③項)。これは、委任者の賠償義務の側から見れば、無過失責任である[4]。

---

[4]　ただし、ここで「委任事務を処理するため」の損害というのは、委任事務自体が危険なもの (たとえば伝染病患者の看護を委託されて病気になった) が対象で、たとえば単なる契約締結を依頼されて相手先に行く途中で交通事故にあったというのは入らないとされる。

(4) 委任契約の終了

①両当事者による任意の解除　すでに述べたように、委任は両当事者においていつでも（任意に）解除できる。もちろん、相手方の不利な時期に解除するときは、相手方に生じた損害を賠償しなければならない（651条②項1号）が、やむを得ない事由があるときは、相手方の不利な時期に解除しても損害賠償の必要もない（651条②項ただし書）。相手方を信頼できなくなったときにはいつでも解除できるという趣旨であるが、まったく任意に解除できるとなると問題もあり、この任意解除権をさらに制限する見解も多かった。そこで平成29年改正法は、これまでの判例法理[5]を取り入れる形で、委任者が受任者の利益をも目的とした委任を解除したときも同様に損害賠償の対象とした（同条②項2号）。

なお、委任は継続的契約であるから、解除には、賃貸借などと同様、遡及効がない（652条）。

②その他の規定　委任は委任者または受任者の死亡または破産手続開始の決定によって終了する。受任者が後見開始の審判を受けて成年被後見人になったとき[6]も同様である（653条）。

---

[5] 判例は、まず、特約による解除権の放棄（委任の不解除特約）を認めているが（大判大4・5・12民録21輯687頁）、特約があってもやむを得ない事由がある場合には解除が可能としている（最判昭56・1・19民集35巻1号1頁）。また、事務処理が委任者ばかりでなく受任者の利益ともなっている場合には、原則として、本条による解除は認められないとしている（大判大9・4・24民録26輯562頁）。

[6] 成年被後見人は、民法が十分な法律行為をする能力のない者を保護する制度（制限行為能力者制度）を定めた中の1つである（旧法における禁治産者にあたる）。精神上の障害によって判断能力（条文上では「事理を弁識する能力」）を欠く常況（常にそういう状況だという意味）にある人について、家庭裁判所が後見開始の審判をした場合、その人は成年被後見人となり、後見人が本人に代わって法律行為等を行う（民法7条、8条）。

XI 寄託

(1) 定義と性質

　寄託は、物を預ける（預かる）契約である。預ける人を寄託者、預かる人を受寄者と呼ぶ。この寄託契約は、従来は、「保管することを約してある物を受け取ることによって、その効力を生ずる」要物契約とされていたのだが（これは有償無償を問わずで、無償性との結びつきというよりは、物を預けるという契約内容が重視されていたためと思われる）、平成29年改正法は、これを、保管を委託し、それを承諾することで成立する諾成契約に変更した（改正法657条）。現代の取引では、例えば倉庫に物を預ける契約を考えれば、諾成でなければ取引に支障をきたすことは容易に理解できるであろう。

　ここでも、要物契約が諾成契約に変わったわけだが、ただ、前述の使用貸借の諾成化とはまた違った構成を取ったことに注意を要する。つまり、寄託の場合、諾成での成立は認めたものの、物が実際に渡されるまでの不安定な状況にかんがみて、両当事者に目的物受取り前の解除権という、契約から抜ける機会を与えた（拘束力を弱める規定を置いた）のである（ただしその解除権の範囲が、受寄者については、有償と無償、および無償の場合でも書面の有無、によって異なる）。

(2) 目的物受取り前の両当事者の解除権

　ⓐ寄託者の解除権　　寄託者は、受寄者が寄託物を受け取るまで、契約の解除をすることができる（改正法657条の2①項前段）。実際に預け渡すまで、解除権の留保を認めたわけである。この場合において、受寄者は、その契約の解除によって損害を受けたときは、寄託者に対し、賠償請求ができる（同条①項後段。倉庫業者が他の申込みを断って倉庫を空けておいた場合などを考えればよい）。

　ⓑ受寄者の解除権　　これに対して無償の受寄者は、寄託物を受け取るまで、契約の解除をすることができる（657条の2②項本文）。これは、友

人の品物をただで預かる約束をしていたら当日までに家の事情が変わって置き場所がなくなってしまったようなケースを考えればよい。ただし、それが口約束でなく書面による無償寄託であった場合には、その解除は認められない（同条②項ただし書）。また逆に、有償の受寄者と無償だが書面で契約した受寄者（受取り前の解除権を制限されている）は、寄託者が約束の時期に寄託物を引き渡さない場合に、相当の期間を定めて引渡しの催告をし、その期間に引渡しがないときは、契約の解除ができる（同条③項）。

(3) 受寄者の注意義務

民法上注意すべき規定としては、無報酬で預かる無償寄託の場合、受寄者は、「自己の財産に対するのと同一の注意」をすればよいとされている（民法659条）。これは、すでに学んだ善管注意義務と対比されるものである[1]。

(4) 受寄者の通知義務と返還義務

つぎに、寄託中に第三者からクレームがあった場合の問題である。寄託物について第三者が受寄者に対して訴えを提起したり、差押え、仮差押え、仮処分等をしてきたときは、受寄者は寄託者に対してその事実を通知する義務がある（660条①項）。原則として第三者が寄託物について権利を主張しても、受寄者は、寄託者からの指図がないかぎり、寄託物は寄託者に返還しなければならないが、第三者に引き渡すべきという確定判決があった場合は別である（同条②項）。そして同項の原則が適用される場合には、受寄者は寄託者に返還したことによって第三者に損害が生じたときであっても、その賠償責任は負わない（同条③項）。

なお、当事者が返還時期を定めた場合であっても、寄託者は、いつでも

---

[1] たとえば、友人の自転車をただで預かる場合は、その受寄者がいつも自分の自転車を庭先に保管しているのであれば、それと同じように保管すれば足りるということである。これに対して、保管料を取って有償で保管するのなら、雨に濡れないように、また盗まれないように、善管注意義務をもって保管しなければならないということである。

その返還を請求できるが（662条①項）、返還時期より前に寄託が終わって受寄者が損害を受けたときは、受寄者から寄託者に対してその損害賠償を請求できる（同条②項）。

(5) 混合寄託

複数の者が寄託した物の種類・品質が同一である場合（例えば石油タンクに石油を預けるなどのケースを考えればよい）、受寄者は、各寄託者の承諾を得たときにかぎり、これらを混合して保管することができる（665条の2①項）。この場合に、寄託物の一部が滅失したときは、各寄託者は、総寄託物に対する寄託した割合で返還請求ができる（同条③項前段。つまりABCの3名が各20ずつの種類物を混合寄託していた場合（総寄託物は60）で30が滅失した場合は、ABCとも10ずつ返還請求ができる）。もちろん損害賠償の請求は妨げられない（同条③項後段）。

(6) 消費寄託

また、たとえば金銭を預かった場合には、そのお札は使ってしまっても別のお札で同額を返せばよいわけだから、すでにⅤで学んだ消費貸借と同じように、消費寄託というものも考えられることになる（666条①項）[2]。したがって、銀行にお金を預ける預金契約は、金銭消費寄託契約の1つということになるが、一点注意すると、寄託契約の663条には、返還時期の定めがあるときは、受寄者は、やむを得ない事由がなければ、その期限前に返還をすることができないという規定があり（同条②項）、これは（寄託者がいつでも返還請求できるのに比べると）受寄者側だけを拘束する形になる。したがって、改正法666条③項は、預貯金の寄託契約の場合、消費貸借に関する591条の②項③項を準用すると明記して、受寄者（金融機関）は、寄託期間の定めの有無にかかわらずいつでも返還ができる（もしそれで寄託者に損害が生じた場合は寄託者は賠償請求ができる）とした。

---

[2] ただし、特定の紙幣（たとえば、新1万円札の000001Aというお札）を預かるという契約であれば、もちろん特定物の寄託であり、消費寄託ではない。

XII 組合

(1) 意義

　組合契約は、団体を形成する契約の1つで、各当事者（組合員）が出資をして共同の事業を営むことを約することによってその効力を生ずる契約である（民法667条①項）。ここで出資というのは、金銭に限らず、労務で提供するのでもよい（同条②項）。ただ何らかの共同の事業を営むことが必要である。

　具体例としては、同業組合とか商店街の組合などが身近なものであろう。建設工事を複数の建設会社が共同で請け負って実施するいわゆるジョイント・ベンチャーも、一般に、その工事だけのために共同事業体を組成する、一時的な組合である。おおまかにいえば、会社などの1つの法人の形成にまでは至らない、共同の事業のために出資した人々の、緩い結合体と考えてほしい。なお、いわゆる農業協同組合（現在は「JA」という略称を使っている）は、農業協同組合法という法律に基づく法人であり、このような、特別法によって規制されている法人は、ここで学ぶ民法上の組合ではない。

(2) 組合契約についての他の組合員の債務不履行

　平成29年改正法は、組合契約については、533条の同時履行の抗弁と536条の危険負担の規定は適用しないという規定を新設した（667条の2①項）。これは何が言いたいかというと、組合契約に基づく出資債務を履行しない組合員は、組合からの履行請求に対して、ほかにも出資債務を履行していない組合員がいることを理由に同時履行の抗弁を主張して履行を拒絶できないし、ある組合員の出資債務が履行不能になったからといって他の組合員はそれを理由に自分の出資債務の履行拒絶はできないというのである。わかりにくい規定であるが、要するに組合契約は複数の当事者の意思が一つの方向を向く団体形成契約であって、他の組合員との双務契約ではないと考えればよいだろう。同様に、組合員は、他の組合員が組合契約に基づく債務の履行をしないことを理由として組合契約を解除できないと

規定された (667条の2②項)。

(3) 組合財産

　組合の1つの特徴は、出し合ったり共同で取得したりした組合財産の共同所有の形態にある。条文は、各組合員の出資その他の組合財産は、「総組合員の共有に属する」とするが (668条)、有力な学説は、組合の共有形態を「合有」と呼ぶ。これは、物権法における所有権の共有形態の議論に対応するものであるが、いわゆる狭義の共有ならば、各共有者の持分の割合というものがあり、それだけを分割請求したりもできるのであるが、組合の場合は、各組合員には計算上の持分があるだけで、それだけを分割請求したりすることはできず、すべてが組合のものになるなどという特徴を持つからである。組合が誰かと取引して債権を有するに至ったという場合も同様に、組合員全員で請求することになる (1人だけで持分の分だけ回収するなどということはできない)[1]。

(4) 組合と取引した者との関係

　組合に対して債権を持った者は、組合財産について権利行使ができる (675条①項)。その債権の発生の時に組合員の損失分担の割合を知らなかったときは、それらに差があったとしても、各組合員に対して等しい割合でその権利を行使する (弁済請求などをする) ことができる (675条②項本文)。知っていた場合は、その割合で権利を行使することができる (同条②項ただし書)。さらに、仮に組合員が自分の持分を処分したということがあっても、組合員はそのことを組合に対して、また組合と取引した者に対して、対抗することはできない (676条①項)。

　また、組合員の債権者は、組合財産についてその権利を行使することはできない (677条)。いずれも、緩い結合体ながらも組合という結合の外形のあることを考慮した規定として理解できよう。

---

[1]　この部分は、債権総論の多数当事者の債権関係のところで学ぶ。池田『新標準・総論』第5章Ⅰ注1参照。

(5) 組合の業務の決定および執行

　組合の業務執行は、内部的業務執行と対外的業務執行に分けられる。内部的業務執行とは、組合員から出資を受け取ったりそれを管理したりする事務、さらには、事業利益の分配等の事務である。対外的業務執行とは、組合が目的とする業務を行うために外部の者との法律行為をすることである。組合の業務は過半数をもって決定し、各組合員がこれを執行する（670条①項）。組合契約で業務執行を委任した者（業務執行者）が数人あるときは、その過半数で決する（670条③項後段）。ただ、組合の常務（日常業務）は、各組合員または各業務執行者が単独で行うことができるが、その完了前に他の組合員または業務執行者が異議を述べたときは、この限りでない（670条⑤項）。組合の業務を決定し、または執行する組合員については、委任に関する644条から650条までの規定（前述Ⅹ(3)参照）が準用される（671条）。

　なお、業務執行そのものというよりもそのための対外的法律行為についていえば、たとえばＡ・Ｂ・Ｃの3人が組合を作り、組合でこれから使う建物を購入するという場合には、本来組合自体には法人格がないので、Ａ・Ｂ・Ｃの全員で売主と売買契約をしなければならない。しかし、これらのうちの1人に他の組合員があらかじめ業務執行者に指定して包括的な代理権を付与しておくことはできるし（670条の2②項）、業務執行者を定めていなくても、特定の取引について1人に代理権を授与することもできる（組合代理という。670条の2①項）。その場合は、その代理権を付与された組合員の法律行為は、組合員全員に及ぶ。

(6) 組合員の加入

　平成29年改正法は組合員の新規加入についての規定を新設した。組合員は、全員の同意または組合契約の定めるところによって新組合員を加入させることができる（677条の2①項）。また、組合成立後に新規加入した組合員は、その加入前に生じていた組合の債務については、弁済する責任を負わない（同条②項）。

(7) **組合員の脱退と除名**

組合契約で組合の存続期間を定めておかなかったとき、または、ある組合員が生きている間は組合は存続する、という定めをしていたときは、各組合員はいつでも脱退をすることができる。ただし、それでもやむを得ない事由がある場合を除いて、組合に不利な時期に脱退することはできない（678条①項）。一方、組合の存続期間を定めた場合であっても、各組合員は、やむを得ない事由があれば、脱退することができる（678条②項）。これ以外の脱退事由は、それぞれの組合員に生じた、死亡、破産手続開始決定、後見開始の審判、そして除名である（679条）。

除名は、正当な事由がある場合に限り、他の組合員の一致によってすることができるが、除名した組合員に通知しなければその者に対抗できない（680条）。

脱退した組合員の持分は、脱退時の組合財産の状況にしたがって計算されるが、出資の種類を問わず、金銭で払い戻すことができる（681条①項②項）。

(8) **組合の解散と組合契約の解除**

組合は、その目的である事業の成功（目的を遂げて完了すること）または成功の不能、存続期間の満了、解散事由の発生、総組合員の同意によって解散する（682条1号～4号）。そのほか、やむを得ない事由があるときは、各組合員は、組合の解散を請求することができる（683条）。なお、組合契約の解除の効力は、継続的契約であるから、賃貸借のそれのように、将来に向かってのみ効力を生じ、また損害賠償の請求を妨げない（684条による賃貸借の620条の準用。前述Ⅶ(4)参照）。その他組合の清算についても規定があるがここでは省略する。

ⅩⅢ　その他の典型契約

民法典の定めるその他の典型契約には、終身定期金と和解の2種の契約がある。以下簡単に概要を紹介する。

(1) **終身定期金**

　終身定期金契約というのは、当事者の一方が、自己、相手方、または第三者の死亡に至るまで定期に金銭その他の物を相手方または第三者に給付することを約することによって効力を生ずる契約である（民法 689 条）。たとえば、B が A から 1000 万円を受け取って、これから毎月 10 万円ずつ A が死亡するまで A に送金するというようなものである。この契約は、終身とされた当事者、つまり上の例でいえば A がこれから何年生きるかによって、最終的に他の一方つまり B が利益を得るのか損失を被るのかが変わるという点に特徴がある。起草者は、この終身定期金契約がフランスなどで比較的よく行われていたので、わが国でももっと広く行われるであろうと想定して規定を置いたようであるが、わが国では実例が多くないようである（もっとも、最近はこの契約形態をいわば私的な年金制度として活用すべきという見解もみられる）[1]。

(2) **和解**

　和解契約は、当事者が互いに譲歩してその間に存する争いをやめることを約する契約である（民法 695 条）。裁判上の和解[2]等、訴訟法、執行法で問題になることは多いが、民法の解釈論としてとくに問題とする点は少ない。

　1 点のみ挙げれば、和解の意思表示に錯誤がある場合に、民法 95 条によって和解契約が取り消せるかという論点がある。これについて、判例・通説は、それが争いの対象、すなわち和解によって合意がなされた事項自体に錯誤があった場合には民法 95 条は適用されず（和解はたとえ真実と異なってもそれによって法律関係を確定させるものだからという理由である）、そ

---

[1]　なお、このように自己の一定の財産を他者に与えて運用させ、自己にその受益金を給付させるという趣旨は、信託法による信託によっても実現できる。
[2]　裁判上の和解には、正確には訴訟上の和解と訴え提起前の和解があるが、訴訟上の和解についていえば、訴訟係属中に裁判官は和解を試みることができ（民事訴訟法 89 条）、和解が成立して和解調書に記載されると、それは確定判決と同一の効力を有するものとなる（民事訴訟法 267 条）。

うではなくて争いの対象外の錯誤、つまり和解で合意された事項の前提や基礎になっていた事項や、争わなかった事項の錯誤であった場合には、和解を錯誤で取り消せる（判例の出ていた時点の錯誤規定では「無効にできる」）と考えている[3]。

なお、交通事故などの際のいわゆる「**示談**」は、一般には和解または和解類似の無名契約とされているが、一方的に権利放棄をするものは和解とはみなしがたい。示談については、示談当時に当事者が予想しえなかった後遺症が発生した場合には、示談による損害賠償請求権の放棄の効力はそこまでは及ばないとした判例がある（最判昭43・3・15民集22巻3号587頁）。

> ⇦学習の道案内⇨
>
> 「民法」の「債権」の中の「契約」の規定は、現在の民法典でいえば、521条から696条の部分である。もちろんそこに、借地借家法などの特別法の規定も付随するし、消費者契約法などからのアプローチも加わる。
>
> しかし、それだけでは学習は十分ではない。そもそも契約は、当事者自治の世界であるため、ほとんどの条文の規定は当事者意思が定まっていない場合に用いられる任意規定にすぎず、各当事者が原則として自由にその内容を創造できるものである。それゆえ、社会の進化によって次々に新しい契約が登場し、契約法もそれによって進化発展する。その意味で契約法は、まさに「生きている」法分野なのであり、いわば現実が法律よりも常に先を行く分野であると表現してもよい（他の分野以上に法改正の議論などがなされるのも理由がある）。したがって、伝統的な理論を正しく把握する一方で、現実を見据えて、その動態をつかむ学習も必要であり、「紛争解決」ないし「紛争予防」という観点からしても、条文にない新しい契約についても学習する必要がある。そのような見地から、本書ではいくつかの新種契約についても記述することとした。

---

[3] 判例では、本来の給付に代えて食用の苺ジャムを代物弁済として給付する旨の和解が成立した後で、（「苺ジャムを給付する」という事項には錯誤はないが）その当該の苺ジャムが実際には粗悪なアンズジャムだったことが判明したケースで錯誤無効を認めたものがある。最判昭33・6・14民集12巻9号1492頁。

XIV 非典型(新種)契約総説

(1) 非典型契約と新種契約

すでに第 **2** 章 Ⅰ (3)で学んだように、民法典の定める 13 種の典型契約（法典に名前があるという意味で有名契約ともいう）以外の契約を非典型契約（無名契約）という。もちろん契約自由の原則からして、我々は、反社会的な内容のものでないかぎり、非典型契約のカテゴリーに入るものをさまざまに創出することができる。また現実には、複数の典型契約の組み合わさった契約や、典型契約と非典型契約が組み合わさった契約なども存在する（**混合契約**と呼ばれる）。

現代の世の中においては、この非典型契約に属するもので社会生活上重要な契約が多数現れてきている。中には、典型契約よりもよほど頻繁に行われているものもある。もっとも、典型か非典型かという分類は、もともと民法典に規定があるか否かで分けるものにすぎず、それだけでは大した意味がない。しかし、民法典制定の頃には想像されていなかった点に、現代社会が新たに取引上の必要を感じて、その結果広く一般に行われるようになった契約類型も多いのであり、それらは非典型契約と呼ぶより、文字通り新しい世代の新しい種類の契約として新種契約と呼ぶのが適切かと思われる。

本書では、その観点から重要度の高い、そして現代社会において市民が知っておいたほうがよい、いくつかの契約類型を取り上げておくことにする（これらの契約類型は、今後民法の改正によって新たに民法典に条文化される可能性もある）。

なお、すでに市民生活に定着した非典型契約には、民法にこそ規定がないが、他の特別法や業者を規制するいわゆる業法において詳細に規定されているものも多い。運送契約（商法に規定がある）等はその範疇に入る。

(2) 契約解釈と法性決定

契約の中には、典型（有名）契約なのか非典型（無名）契約なのかが問

題になるものもある。たとえば、医師の診療契約は委任契約なのかそれとは別の非典型契約なのか、銀行預金契約は金銭の消費寄託契約なのかそれとは別の非典型契約とみるべきか、などという問題である。こういう問題を契約の**法性決定**と呼ぶことがある（法性とは「法的性質」の意味である）。

実際にはまず当事者の意思によるルール作りが尊重されるべきなのであるが、当事者が特段の定めをしておかなかったところについて、民法の典型契約の規定（あるいはその特別法の規定）がそのまま当然に適用されるかどうか、という解釈上の問題が生ずるのである。たとえば、すでに賃貸借（本章Ⅶ）のところで学んだサブリース契約について、借地借家法 32 条の賃料増減請求権の規定が適用されるかどうかという論点がある（賃貸借契約と法性決定されれば適用があることになるし、賃貸借契約とは異なる、金融のための特殊な契約とみれば適用は不適切ということになる。ちなみにサブリースに関する現在の判例の立場は前者である。最判平 15・10・21 民集 57 巻 9 号 1213 頁）。

(3) 複合契約

2 つ以上の契約が複合して行われることもある。これには、3 者の間で複数の契約が連結する場合と、2 者間で複数の有機的に関連する契約が結ばれる場合がある。

前者は、たとえばこの後ⅩⅤ(2)に論じる広義のクレジット契約（個別信用購入あっせん契約等）などの場合である。クレジット契約では、消費者と販売店の間の売買契約に、クレジット会社と販売店の間の立替払契約と、消費者とクレジット会社の間の割賦返済契約が結合して行われる（これらは、複合契約というより、契約の複合ないし連鎖、と呼んだほうがよいかもしれない）。

後者の、2 者間で複数の有機的に関連する契約が結ばれる場合とは、たとえばスポーツクラブ付きのマンションについてマンションの売買契約とスポーツクラブの入会契約がセットになっているものとか、ケア付きマンションのケースでマンションの賃貸借契約と介護や医療の契約がセットになっているものなどがある[1]。

XV 非典型（新種）契約各論

(1) リース契約
　①リース契約の意義と概念　　リース契約には、いくつかの類型があるが、ここでは、我が国で広く行われているファイナンス・リースと呼ばれる契約について述べる（以下その意味でリース契約という用語を用いる。このほかの類型には、リース業者が保守整備なども行うオペレーティング・リースというものもある）。

　たとえば大型のコンピューターを売買契約で購入するには、まとまった資金がなければならない。しかも、何年かしたら機能が古くなって買い替えなければならなくなる。そこで、コンピューターを使いたいユーザーは、リース業者との間でリース契約を結んで利用を開始する。具体的には、コンピューターがメーカーや販売店（サプライヤーと呼ぶ）からユーザーに納入されると、リース業者がサプライヤーに対してコンピューターの代金を支払い、それからユーザーは、約定された期間、リース業者にリース料（代金相当額プラス手数料）を分割して支払っていくのである。そうすると、ユーザーは、購入する場合より少ない資金でコンピューターの利用が始められるのである（さらに、企業会計上は、所有資産とするよりリース料を支払って使用するほうが税金面で有利な部分もある[1]）。

　リース契約は、コンピューターや自動車等の動産について、今日の世の中で広く行われているもので、すでに一般的な取引類型として定着したものといえる。かつては法人の利用が一般的であったが、今日では、個人消費者の利用もある。しかしながら、現在まで民法典には独自の規定は用意

---

[1] なお、後者の場合について、2つ以上の契約が複合することによって、ひとつの契約だけでは得られない付加価値が生ずることを狙いとして取引がされるケースに着目して、その種の契約を「ハイブリッド契約」と呼ぶこともある（そのうちのひとつの契約の債務不履行によって他の契約も解除できるか、などという議論の解明に実益がある）。池田真朗「『複合契約』あるいは『ハイブリッド契約』論」NBL633号6頁以下。

されておらず（近い将来法典に取り込まれる可能性はあるが）、とりあえず賃貸借という法形式が用いられている。けれども、その実質的な目的は、目的物の利用権を貸し与えることにあるのではなく、信用供与にある。つまり、リース会社はユーザーを信頼して、メーカーに売買代金を代わって支払い、あとからその返済を受ける形になっている。こういう方法を、金融ではユーザーに対して「信用を供与する」（「与信」）という。

　ではなぜ割賦売買をしないのかといえば、売買の場合の買主は最終的に目的物の所有権を得ることを目的とするのに対し、リースの場合は、リース会社に所有権があり、原則的にはユーザーは最終的にも所有権を得ないし、そもそも得ることを欲しないというところが決定的な差異である。つまり、コンピューターなどは、5 年もたてば性能が改良され、古くなるだけでなく劣化し利用価値がなくなる（陳腐化する、という）。こういう性質の製品については、購入してまた買い替えをするよりも、リースで目的物を更新していったほうが利用者にとって有利なのである（自動車でも、たとえば会社の営業車を 10 年も乗り続けるよりは、3 年ごとに営業車が新車に切り替わったほうが安全だし企業イメージも良いのは自明であろう）。

　では賃貸借とはどこが違うかといえば、ユーザーが支払う金銭は、期間に比例する目的物の利用の対価ではなく、目的物の調達費用（一般的なファイナンスリースにおいては、リース業者がサプライヤーから目的物を購入する費用にリース業者の手数料を加えたもの）に相当するものであり、リース料支払債務というのは、いわばそのリース業者がサプライヤーに支払った費用をユーザーがリース業者に返済する債務の、分割払いの形式での履行としての意味をもつものなのである（後述する、中途解約の原則禁止ということはこの意味でよく理解されよう）。

　したがって、狭義のリース契約は、リース業者とユーザーとの間の契約

1　リース契約についての詳細は、江頭憲治郎『商行為法〔第 4 版〕』（弘文堂・2005 年）183 頁以下。リース契約の実質について言及する判例としては、最判昭 57・10・19 民集 36 巻 10 号 2130 頁、最判平 5・11・25 金法 1395 号 49 頁等。なお、近年の税務上の取扱いの変更によって、税金面での有利さは減少したとされる。

であるが、当然リース業者と販売店（サプライヤー）の間の売買契約も存在することになり、広義ではその3者間の関係が問題になる。

②ユーザーのリース料支払義務　リース契約においては、リース業者が支払った目的物の代金とリース業者の得る手数料の合計額が、リース期間中に支払われるリース料の総額で回収できるように構成されるものが多い。したがって、観念的には、ユーザーにはリース契約の開始時点からリース料全額の支払義務がある。この意味では、リース料は目的物の使用・収益とは切り離されたものであって、言葉を変えれば、中途解約は原則としてできないことになり、その旨の契約条項が入れられている（ユーザーが中途解約したい場合は、残リース料を支払って解約することになる）[2]。

③リース業者の修繕義務の否定　ファイナンス・リースの場合は、リース業者の修繕義務は、特約で免除されるのが普通である。つまり、リース業者は、融資者としてこの契約に加わっているのであるから、本来この修繕義務はサプライヤーが負うべきものであるからである。また、リース業者は、目的物の瑕疵に関する担保責任も免責特約で排除するのが通例である（もちろんリース業者に悪意・重過失があれば免責特約は働かない）。その特約では、リース業者のサプライヤーに対する損害賠償債権をユーザーに譲渡する旨が定められる。その結果、ユーザーは、瑕疵によって利用価値の損なわれた目的物を抱えながら、リース料を支払い続けなければならない場合もあるということになる（なお、これまでの「瑕疵担保責任免責特約」は、平成29年改正によって民法上「瑕疵担保責任」の用語が廃止され契約不適合責任に変わったことによって、名称を変更する必要があるが、改正によっても「担保責任免責特約」自体は可能である（572条））。

④リース契約と借受証　リース契約においては、借受証の発行という

---

[2] したがって、リース契約がユーザーの破産で中途終了した場合でも未経過期間のリース料もすべて支払義務があることになる（東京高判昭61・10・30金判768号26頁等）。しかしそうすると期間途中で利用価値の残存するリース物件が返還された場合にはリース業者の二重利得が生ずるので、物件返還によってリース業者が取得した利益については清算義務があるとされる（最判昭57・10・19民集36巻10号2130頁）。

ものが大きな意味を持つ。すなわち、ユーザーは、サプライヤーから納品された目的物を検収して、問題がない（平成29年改正以降は、「契約に適合している」）として収受した際にサプライヤーに対して借受証を発行する。そして、これが発行されたならばリース会社は代金の支払いを実行し、その時点からユーザーのリース料支払債務が発生し、リース会社の担保責任免責特約も発効するという契約構造になっているのである。

⑤現代的問題点　上記の借受証との関係でいえば、次のような問題がある。コンピューターのリースにおいては、サプライヤーがユーザーに対し、一定のソフトウェアの供給を合意して導入させる場合も多いのだが、たとえばコンピューター機器自体には問題がないのでユーザーは借受証を発行し、しかる後にサプライヤーがオーダーメイドのソフトウェアを供給できなくなったなどという場合には、ユーザーは実際にはコンピューターを利用できないままリース会社にリース料を支払わなければならなくなる。これが下級審でもいくつか裁判例が見られる紛争類型である。

(2)　クレジット契約

意義と概念　最初に注意しておくと、クレジット契約とクレジットカード契約は別の概念である。クレジット契約という言葉は、先のリース契約の中にも出てきた、「信用供与」（「与信」）の契約という意味で使われる。分割払いで品物を買う場合の多くは、クレジット会社が販売店に代金を立替払いしていて、買主はその代金と手数料を分割でクレジット会社に支払うのである。一つひとつの品物についてそういう与信をするのが、割賦販売法などにいう個別信用購入あっせんであり、個別ではなく一般的にそれをするのが包括信用購入あっせん（割賦販売法2条③項1号）である。

包括信用購入あっせんは、クレジット会社等による信用供与であり[3]、消費者の購入した商品の代金や役務の代価を、クレジット会社等が売主に対して立替払いをし、消費者がそれをクレジット会社に割賦で返済するものをいう。個々の商品・役務等について個別に顧客の信用を調査して立替払いを行うのが個別信用購入あっせんであり、包括信用購入あっせんは、後述のクレジットカードの発行段階で信用を調査して、一定範囲の金額の

商品（役務）の反復的購入についてあらかじめ信用供与を行っている形になる。

(3) **クレジットカード契約**
　①現状と契約の構造　クレジットカードは、近年急速に普及し、2018年3月末の段階で2億7827万枚発行されている（日本クレジット協会の統計資料による）。今日のクレジットカード契約は、物品購入や役務の対価支払いの際のいわゆる包括信用購入あっせん（割賦販売法2条③項1号）に用いられるほか、公共料金の引き落としや、一定金額の直接融資（金銭消費貸借）等を含む、信用供与・融資・決済の総合的な契約である（どのような内容が含まれるかはそれぞれのカード契約の類型によって異なる。たとえば、ゴールドカードと称されるカード契約の中には、そのカードで航空券を購入すると自動的にそのフライトについての保険契約が付与されるものもある）。

　したがってクレジットカード契約は、カード保有者の年収等によって信用供与の程度（毎月の立替金の限度額や融資限度額等）を異ならせている。カードを発行する（信用供与をする）か否かは、もっぱらカード会社の判断事由である。また、信用供与の程度が高いカードは、保有者がクレジットカード会社に支払う年会費等も高くなるのが一般である。

　②現代的問題点　クレジットカードについては、特殊なカード情報読取装置（スキマー）でカードの磁気ストライプに入れられた情報を盗み取り同一内容の別カードを偽造するスキミングという犯罪がある。スキミングによるカードの不正使用は、カード自体が手元にあるため、請求がきて初めてわかるということが多い。もっとも、カードに書かれたサインとの照合によって他人の冒用はある程度防げる建前なのであるが、わが国ではサインの照合が現実に十分機能していない場合もある。最近では、これらの犯罪を防ぐためにカードにICチップを搭載し、カード使用の際にIC

3　割賦販売法は、その対象とする割賦販売を、信用供与の仕組みから、販売業者自らが信用供与をする「割賦販売」と、金融機関が信用供与をする「ローン提携販売」と、クレジット会社（信販会社）が信用供与する「信用購入あっせん」との3種に形態を分けて規定している。

チップの情報を送受信してカードを確認し、使用者本人に暗証番号を打ち込ませるものが増えてきている（ちなみにフランス等では従来からICチップ搭載型が多い）★。さらに最近は、金融機関やカード会社を装いカードの暗証番号や有効期限を聞きだしたりする（eメールで入力を促す等）フィッシングという犯罪に注意する必要がある。いわゆるインターネットショッピングでは、これらのカードの個人情報を得て本人に成りすまして不正使用するケースが多発している。

★Plus One 非接触ICカード・電子マネー・QRコード決済

　近年は、非接触ICカードという、読み取り端末にかざすだけで料金の支払い等のデータのやり取りができる技術が開発され、電車・バス等で広く使われている。さらにその機能を携帯電話やスマートフォンに取り入れ、決済や身分証明等に広く携帯電話でのカード機能を用いることができるようになっている。しかし、これは、何枚ものカードを1台の携帯電話に入れていることになるのであるから、携帯電話を破損すると多数のカード機能が停止するし、紛失すれば多数のカードを紛失したのと同じことになる。さらに、カードに金額をチャージした、いわゆる電子マネーは、法律上金銭と同一の扱いであるから、他者に使われてしまった場合もカード会社等からの補償はないことに注意したい。

　なお、最近急速に増えつつある、スマホなどでのQRコード決済について一言しておこう。これは、契約法的に言えば、各人が飲食代金やタクシー代金等の支払いの委託を決済システム会社とWeb上で契約するもので、現金を持ち歩く必要のないキャッシュレス取引ができるものである。これには、クレジットカード決済をシステム会社に委託する形態もあるが、多くの場合は、銀行口座からの引き落としを決済システム会社に委託するもので、当然、当該決済システム会社と銀行との契約も存在することになる。なお、これまでも、銀行のキャッシュカードに、販売店等に呈示してその場で銀行口座から引き落としをしてもらえる機能をつけたデビット・カードというシステムがあったが、QRコード読み取りによる決済は、そのような「カード」を一切介在させない決済契約ということになる。

(4) フランチャイズ契約

①定義　フランチャイズ契約の定義については、必ずしも統一した見解があるわけではないが、日本フランチャイズチェーン協会によるフランチャイズの定義は、以下のとおりである。「フランチャイズとは、事業者（フランチャイザーと呼ばれる）が、他の事業者（フランチャイジー）との間に契約を結び、自己の商標、サービス・マーク、トレード・ネームその他の営業の象徴となる標識、および経営のノウハウを用いて、同一のイメージのもとに商品の販売その他の事業を行う権利を与え、一方、フランチャイジーは、その見返りとして一定の対価を支払い、事業に必要な資金を投下してフランチャイザーの指導および援助のもとに事業を行う両者の継続的関係をいう」。

つまり、たとえばあるコンビニエンスストアの本部（フランチャイザー）と、新規にその名称のコンビニエンスストアを開店しようとする者（フランチャイジー）が結ぶ契約がその例である。ファスト・フードやファミリー・レストランのチェーンなどでも同様の形態が多く存在する。

具体的には、フランチャイザーが商標等の標識の使用許諾、経営ノウハウと店舗運営に対する指導および援助を「フランチャイズ・パッケージ」として、一括してフランチャイジーに提供し、フランチャイジーがその対価を支払う。このようなフランチャイズを「ビジネス・フォーマット・フランチャイズ」と呼ぶこともあるが、わが国では、フランチャイズ・システムはこのような形態に限定して理解されているのが通常である（自動車販売やガソリンスタンドのシステムは、流通系列化とか代理店・特約店制などと呼ばれてフランチャイズとは区別されている）。

②当事者の権利義務　フランチャイザーの義務としては、商標等の使用許諾のほかに、フランチャイジーの開店までの指導・協力義務があり、フランチャイジーの開業後は、経営全般にわたる助言・指導、販売促進活動の援助、指定食材等のフランチャイジーへの販売等の義務を負い、また、ブランド・イメージの維持に努める義務もある。さらに、フランチャイジーに一定の商圏（営業地域）を設定する場合には、その地域内での別のフランチャイズ契約を締結したり直営店を設置したりしない義務も生ずる。

フランチャイジーの義務としては、まず、フランチャイズ料の支払義務がある。このフランチャイズ料には、最初の契約締結に際して1回限り支払われる「イニシャル・フランチャイズ・フィー」（契約金、加盟料などとも呼ばれる）と、契約期間中に継続して支払われる「ロイヤルティ」（Royalty）がある。その他には、チェーンの統一性を維持しつつ営業に努める義務もあり、また付随的には、ノウハウやマニュアルの内容等についての守秘義務や、営業専念義務（他業従事禁止義務）、競業者への出資禁止義務等が課されることが多い。

③現代的問題点　下級審でもいくつか裁判例が見られる紛争類型は、たとえばコンビニエンスストアなどのフランチャイジーになったが、見込み通りの営業利益が上げられず、フランチャイザー側の指導義務の不履行を訴え、フランチャイザー側からはフランチャイジーの営業努力の不足を主張するというものである[4]。さらに最近では、病気や人手不足のために、たとえば24時間営業などというフランチャイザー側が定めた契約条件での営業が継続できなくなったフランチャイジーが、契約違反（上記の「チェーンの統一性を維持しつつ営業に努める義務」の違反にもあたる）を問われるトラブルも多くなっている。

(5) **会員権契約**

①定義　会員権契約とは、ゴルフクラブ、スポーツクラブ等で、クラブ運営会社等に対して一定の対価を払って会員資格を得ると、クラブ運営会社は、会員に対して契約内容に従って施設の排他的ないし優先的利用を会員に許諾するというもので、通常は入会金の支払いと入会審査によって会員資格を付与した後は、会費の支払義務と施設提供義務が両者の義務として存在する継続的契約関係である。

注意すべきは、会員権契約はこのように当事者双方の債務が継続する双

---

[4] たとえば福岡高判平18・1・31判タ1235号217頁は、営業不振で閉店に追い込まれたフランチャイジーの損害賠償の訴えを認めたものである（フランチャイザー側が契約締結に先立って客観的に的確な情報を開示する信義則上の保護義務に違反したとされた）。

務契約であり、会員の地位を他者に譲渡することは、いわゆる契約上の地位の移転（**契約譲渡**[5]）（改正法539条の2）となるということである。さらに、会員制のクラブとして、クラブの雰囲気や独自性を保つために、他者への譲渡を禁じるケースもある（中には相続を認めないケースもある）。このような制限も、あらかじめ入会規約に明示してあれば、事柄の性質として合理性を持ち有効と考えてよい。

②**現代的問題点**　入会金を集めた運営会社が倒産して営業が不可能になった場合、入会金が会員たる資格を得るための対価であり、施設提供の対価ではないとすれば、返済義務はないことになるが、それで適切かどうかは問題となりうる。

また、さまざまな会員権の売買が投機の目的も含んだビジネスとして行われる実情もある。代表例がゴルフの会員権であるが、ゴルフクラブの場合、預託金会員制のゴルフ会員権契約がことに問題とされる。つまり、入会金以外に、会員となる際にクラブに相当の金銭を預託することが条件となっている契約であり、会員には預託金返還請求権があるのであるが、この請求権の行使にさまざまな制限が付されているケースが多く、その返還請求を巡る紛争や、さらには会員権の譲渡ないし譲渡担保についての紛争も多発している。

(6) **在学契約**

①**定義**　在学契約とは、大学その他の教育機関を設置運営する学校法人と学生との間に締結される契約で、学校側からの教育役務の提供およびそれに必要な教育施設等の利用許諾と、学生側からのそれに対する対価の支払いを主たる内容とする、有償双務契約としての性質を有する私法上の無名契約である。もっとも、この契約が問題とされているのは、合格後の入学金や授業料（これらを学生納付金とか学納金と呼ぶこともある）の前払いとその不返還特約の有効性をめぐってである。これらについては、近年

---

[5] 契約譲渡については、本書41頁、109頁および池田『新標準・総論』第**6**章Ⅴ参照。

社会問題化して、多数の下級審判決が出されていたが、平成18年11月27日の5つの最高裁判決によって、判例法理による在学契約の位置づけがほぼ明瞭になった（最判平18・11・27民集60巻9号3437頁、同民集60巻9号3597頁、同民集60巻9号3732頁、同判時1958号61頁、同判時1958号62頁）。

②当事者の権利義務　　在学契約は、教育役務の提供とそれに対する対価の支払いという、取引法の原理になじむ側面と、学生の身分・地位の確保、教育を受ける権利の確保という人格的権利の保障や、大学等の教育機関の目的や公共性等から、教育法規や教育の理念によって規律されることが予定されているという取引法の原理になじまない側面とを合わせもっている。在学中の在学契約の解除については、学生側からは、教育を受ける側の意思の尊重という見地から、原則としていつでも任意に在学契約を将来に向かって解除することができるが、大学等が正当な理由なく在学契約を一方的に解除することは許されないとされる。

判例は、学納金のうち、入学金については、「学生が当該大学に入学しうる地位を取得するための対価」であるとして、入学金の納付をもってその地位を取得している以上、「その後に在学契約等が解除され、あるいは失効しても、大学はその返還義務を負う理由はない」との結論を導いている。一方、その他の授業料等の納付金については、「双務契約としての在学契約の対価関係」の発生日の以前と以後で分けて判断している。つまり、対価関係の発生日以前に解除された場合は、特約のない限り、大学はこれを返還する義務を負い、対価関係の発生日以後は、大学が在学契約に基づく給付を提供した部分については返還する必要がないが、いまだ給付を提供していない部分に対応する授業料等については大学が当然にそれらを取得するものではないとされた★。

┌─ ★Plus One 授業料等に関する不返還特約 ─────────────

　授業料等に関する不返還特約については、最高裁は、その性質を「在学契約の解除に伴う損害賠償額の予定または違約金の定めの性質を有する」とした上で、そのような不返還特約の有効性については、以下のような準則を示した。

　①不返還特約は、その目的、意義に照らして、学生の大学選択に関する自由な意思決定を過度に制約し、その他学生の著しい不利益において大学が過大な利益を得ることになるような著しく合理性を欠くと認められるものでない限り、公序良俗に反するものとはいえない。②消費者契約法9条1号により、違約金条項は「当該消費者契約と同種の消費者契約の解除に伴い当該事業者に生ずべき平均的な損害」を超える部分が無効とされるところ、「学生が当該大学に入学することが客観的にも高い蓋然性をもって予想される時点」よりも前の時期における解除については、原則として、その解除によって当該大学に平均的損害を生じたということはできないとして、一般的には4月1日、入試要綱の定めにより、入学式を無断欠席したときは入学辞退とみなすという場合は入学式の日、入試要綱の定めにより、当該大学を専願・第一志望とすること、入学を確約することができることが出願資格とされている推薦入学試験の場合には当該在学契約が締結された時点、をいうとされた。

☕ Tea Time

　まだ法的な検討が確立していないところがあるので、とりあえずTea Timeで書いておくのが、スマートフォンなどでの**アプリ（アプリケーション・ソフト）の利用契約**である。広義には、ゲームソフトの購入契約なども含まれるが、目的地への道案内のアプリの利用契約など、ユーザーにとっての便利な情報やノウハウ等の提供を受けるものが中心である。この中にはさらに有料のものと無料のもの（スマートフォンを買えば付いてくるものなど）がある。無料のものは、無料というには理由があって、提供企業側には、広告媒体からの収入があるとか、利用者の属性情報や位置情報が集められるというメリットなどがあるのである。また、有料のアプリの場合は、消費者としてはスマホ画面で容易に契約ができる半面、契約時に使用したIDとパスワードを忘れて解約が面倒な状況になったり、安易に契約を重ねて課金が過大になったりする問題も出てこよう。

XVI 契約条項

(1) 総説

あらかじめ断っておこう。このXVIの部分は、従来の債権各論の教科書には、ほとんど書かれていない。従来の契約法の教科書は、民法典どおり、各契約に共通する成立や解除などの問題を総論で扱い、具体的な各契約の規定を契約類型ごとに各論で扱ってきた。しかし、契約というものは、あくまでも当事者の合意によって法律上の権利義務関係を成立させ、それによってお互いに実現したいことを実現させようとするものである。したがって、学習すべきことは、契約の類型を考察することにとどまらない。というか、それでは足りないはずである。当事者が、現実にどういう契約条項を作って何を実現させようとしているのか、を学ばなければ、「生きた」契約の学習にはならないはずなのである。

そこで、ここではその観点から学んでおくべきと思われる、いくつかの重要な「契約条項」を解説しておくことにする。

(2) 期限の利益喪失条項

これは、すでに学んだ金銭消費貸借契約などには、ほとんどの場合に付されているものである。まず条文は、民法総則の復習である。といっても、民法総則のところでこの条文をしっかり学習したかどうかはわからない。民法137条を、そしてその前に136条をみてほしい。期限の利益とは何か。金銭消費貸借契約でいえば、お金の貸し借りをするにあたっては、金額や利息の合意とともに、債務者がその金銭を返さなければならない期限、つまり「弁済期」が規定されるはずである。AのBに対する100万円の債権の弁済期が2010年12月31日であるとすれば、Bはこの借金を2010年12月31日になるまでは返さなくていい。これが「期限の利益」である。つまり、期限の利益は、一般に、債務者（ここではB）のためにある（136条①項）。もちろん、Bがそれ以前に借金と利息をそろえて返したい、というのであれば、それはそれでいい。期限の利益を債務者が放棄すること

はかまわないからである（136条②項）。さて、それでは、もし借主Bの資産状態が悪化して、2010年12月31日に返せるかどうかわからない、という状態になった場合にも、債権者Aは、期限まで漫然と待ち続けなければならないのか。そこで民法は、①債務者が破産手続開始の決定を受けたとき、②債務者が担保を滅失させ、損傷させ、または減少させたとき、③債務者が担保を供する義務を負う場合において、これを供しないとき、の3つの場合には、債務者は、期限の利益を主張することができない、と規定した（137条）。そうすると、この条文の趣旨をさらに拡げて、当事者が任意に、こういう状況になったら債務者は期限の利益を失う（つまり、金銭消費貸借契約であれば、約束した弁済期が到来していなくても、債務者は直ちに残りの債務全額を支払う）という条項を作って契約の中に入れる。これが期限の利益喪失約款である。実務では非常に広く用いられている契約条項である。具体的には、割賦払いの契約で月々の返済が2回滞ったら期限の利益を失って残金を直ちに支払わなければならないとかの条項を置くわけである。もちろん、そういう条項を置くことによって債務者の履行を促す目的がある。ただ、このような条項を置くこと自体は違法ではないが、その具体的な内容については、一方当事者が約款として設定しているような場合には法的に正当かどうか問題となりうる場合もある。

(3) **コベナンツ条項（誓約条項、遵守条項）**

最近の融資契約などでは、債権者が、債務者に、「こういうことはしません、した場合には契約を解除されても異議をとなえません」などという内容の誓約をさせる条項を入れる場合がある。これも一般には有効である。ただ、それが当事者にどれだけの拘束力があるか、つまりその条項を破った場合に必ず契約が解除されたり破棄されたりすることになるのかは、やはり訴訟になった場合などには個別に検討されることになろう。

(4) **表明保証条項**

これは、もともと日本法にない概念である。英米法では、以前から、Representations and Warrantiesといって、当事者が、さまざまな事実（売

買の目的たる土地にほかの利害関係人がいないとか、自分の会社に帳簿外の負債がない等々）を契約書の中で表明して、それを保証する（保証といっても債権総論の多数当事者の債務のところで出てくる保証債務ではなくて、自分が表明したことに間違いないと請け合うという意味）ことが一般に行われていた。これを訳して表明保証と呼んでいるのである。したがってこのやり方は日本法にはないものなのであるが、日本の企業が英米の企業と取引をする場合の契約書に広く取り入れられるようになり、最近では、日本企業同士の契約書の中にもこのような条項がかなり存在するようになっている。したがって、もちろん日本の民法典が適用になる国内契約においてこのような表明保証条項が置かれた場合、ことにその違反の場合（表明保証したことが事実と異なっていた場合）の法的効果が問題となる。もちろんこれも個別判断とならざるを得ないが、最近の下級審裁判例では、契約書で表明保証違反の場合の効果まで当事者が明示的に合意していた場合には、その拘束力を認める傾向にある[1★]。

> ★Plus One　ウィーン売買条約（CISG）
> 　ウィーン売買条約（英語の略称としてCISGと呼ぶこともある）とは、「国際物品売買契約に関する国際連合条約」のことで、国際的な物品の売買契約に適用される私法統一条約である。本条約は国連国際商取引法委員会（UNCITRAL）によって作成され、1980年に採択、1988年1月1日に発効した。以来米、中、独、仏等主要な70カ国以上がその締約国となっている。日本は、2008年にその71番目の締約国となり、2009年8月1日からその適用を受けることになった。本来この条約は、国際的な（つまり異なる締約国に営業所が所在する当事者間の）物品売買契約に適用されるものであるが、そこに示されたルールは、いまや国際的な共通契約法という地位を得るに至り、各国の国内法にも影響を与えている。そして、我が国での平成29年民法改正作業にも、提案段階からこのウィーン売買条約の影響が相当に見てとれたのである。

---

[1] たとえば、東京地判平18・10・23金法1808号58頁、池田真朗「判批」金融法務事情1844号41頁参照。

本条約の基礎には、「ファヴォール・コントラクトゥス（favor contractus）」つまり「契約の優遇」という観念があるといわれる。これは、たとえば当事者の申込と承諾の内容が完全に一致しなくても契約の成立を認めるとか、当事者に重大な契約違反があって契約の目的を達成できない場合にだけ解除を認める、というように、当事者の合意とそれによる相互拘束を重視する考え方である（これは、細かいコミュニケーションが取りにくい国際的な契約については、たしかに合理性を有するといえるであろう）。

　具体的には、平成29年改正までの日本民法は原始的不能の契約は無効と考えてきたが、これを本条約では有効として売主の引渡義務違反の問題として処理する。また、日本民法にある危険負担の制度は存在せず、買主による契約解除の可否の問題として処理される。そしてこれらは明らかに今回の民法改正の内容に影響を与えているのである。

　一国の民法を学習するのに、ことに契約法の世界では、このように国際条約の影響も勘案しなければならない時代になってきた、ということを理解しておくべきであろう。ただし、平成29年改正にこのウィーン売買条約を反映させようとした学者たちの思いが、現在の日本の取引社会の紛争解決に最適な改正につながったのかどうかについては、また別の判断が必要である。

第4章　事務管理

　本章から、契約以外の債権発生原因の説明に入る。ここでもう一度、第1章のガイダンスを思い出してほしい。民法の定める債権発生原因は全部で4種類ある。債権各論は、これら4種の債権発生原因について学ぶところだった。契約のほかの3種は、事務管理と不当利得、そして不法行為である。これら3種は、当事者の意思によって発生させる債権ではないので、「法定債権」という表現がされることもある。本書では、条文の順序に従って、事務管理から講じる。これは決して世の中に多く見られる債権発生原因ではないが、「事務管理」という、イメージの湧きにくい用語の意味をしっかり把握して学習しよう。

I　事務管理序説

(1)　意義

　「事務管理」とは何か。なんとも耳慣れない言葉だろう。これは実はフランスでは「準契約」という。契約に準じるというのだが、これは契約ではない。ただ、何の契約に似るかといえば、先に学んだ、「委任」に似たところがある。そしてドイツでは、これを「委任なき事務の処理」と呼んでいる。このほうがだいぶわかりやすい。

　では、解説に入ろう。委任なら、ある事務の処理を依頼され、それをすることを合意して契約を結ぶ。そしてその結果、委任者と受任者との間に債権債務が発生するのである。ところが、もし「頼まれない」のに「何かしてやった」らどうなるか。頼まれて引き受けたのでないならば、契約は成立せず、義務もないのにした単なるおせっかいで、何も債権関係は生まれないはずである。それどころか、他人の領域に勝手に踏み込んで他人の権利を侵害したとして、不法行為[1]になるおそれもある。けれども、たとえば隣のAの一家が何も留守中のことを頼まずに海外旅行に出かけている間に、台風が来て、A家の垣根が壊れた。このまま放っておくと、泥棒が忍び込むかもしれない。見かねて隣人Bは垣根を直してやった。こんな場合、AB間に債権関係は一切生じないか。頼まれずにやったとはいえ、それがAの利益になり意思にかなうものだったならば、BはAに対して、自分が負担した修理代の請求くらいはできていいだろう。これが事務管理なのである。事務管理の内容は、事実行為でも法律行為でもよい（頼まれないでする行為が自分で垣根を直す行為ならば事実行為になるが、造園業者と契約して直してもらうとすれば法律行為になる）。

---

[1] 不法行為は第**6**章で学ぶが、故意または過失によって他人の権利を侵害した（他人に損害を負わせた）場合に、損害賠償請求権を発生させる制度である（709条）。そこでは、契約の場合と異なり、予期しない被害（また多くは、予期しない加害）の塡補が問題になる。交通事故や、公害などはみな、この不法行為の問題になる。

(2) **機能**

つまり、事務管理は、「義務はないが好意で他人の事務を処理した場合、それがその人の意思と利益に適合しているならば、その結果、その人との間になんらかの債権関係が発生する」というものである。その、「本来他人の支配領域の事務を処理する」というところに着目したのがドイツで、結果的に（契約ではないのに）債権関係が生じるというところに注目したのがフランスということになる。

そうするとこの事務管理は、よかれと思って他人の領域に踏み込むことを、一定範囲で許容するという制度である。もしこういう制度がないと、誰も他人のことに手をまったく出さず、社会における相互扶助の精神が失われるだろう。だから、個人の独立と、他人の干渉とのバランスを取って事務管理の効果は定められている。ここがポイントである（♡学習の Key Point）。たとえば、かかった費用は（有益なものだったら）請求できるが報酬は請求できない、などという効果は、そこから理解できるだろう。

> 学習の Key Point
>
> 事務管理は、相互扶助の精神で認められる制度。個人の独立と他人の干渉のバランスの範囲内で成り立つので、費用は請求できても報酬まではもらえない（ただし、本人が任意に謝礼をあげる、というのはかまわないが）。

II 事務管理の成立要件

事務管理をきちんと定義した条文というのはないのだが、管理者の義務を定めた 697 条やそれ以下の条文から、事務管理の成立要件は以下のように列挙することができる（以下、他人の事務をする人を管理者、事務をしてもらった人を本人と呼ぶ）。

(1) **法律上の義務のない管理**

事務管理は、法律上の義務のない管理をするものである。契約に基づく行為であったり、法的地位に基づく行為（たとえば親が法律上定められた親

の権限に基づいて、法定代理人として子の事務を行う）であったりする場合は、事務管理にはならない。

(2) 他人の事務

　事務管理は、あくまでも他人の事務を行うのであるから、自分自身に属する事務を行った場合は事務管理とはならない。隣家の垣根を直すというのは誰が見ても他人の事務である（客観的他人の事務、という）。垣根を直す材料の竹棒を買うというのは、竹棒の購入自体は他人のためなのか自分のためなのかわからない行為であるが（中性の事務と呼ばれる）、そういうものでも、客観的に見て他人のためにする意思があることがわかる（たとえばＢの家には修理すべき垣根はない）場合は、事務管理のケースになるというのが通説である（これを主観的他人の事務という）。

(3) 他人のためにする意思（事務管理意思）があること

　「他人のために」（697条①項）というのは、他人の利益を図る意思で行為することをいう。ただ、隣家の垣根を直して自分の家の防犯も図る、というように、他人のためにする意思のほかに自己のためにする意思があってもよい。

(4) 本人の意思および利益への適合

　管理者は、本人の意思を推知することができる場合にはそれに従って管理をしなければならない（697条②項）。管理者は、本人の意思または利益に反することが明らかな場合には管理の継続を中止しなければならない（700条ただし書）。これらの趣旨から、通説は、少なくともその管理が本人の意思と利益に反していることが明らかでないことを要件とする[2]。

Ⅲ　事務管理の効果

(1) 総説

　事務管理と認められると、以下のような効果を生じる。①本人と管理者

との間に債権関係が発生する。②管理行為に違法性がなくなる（違法性を阻却（そきゃく）する、という）。③管理者には有益費の償還請求権が発生するが、特別法に規定のある場合（たとえば遺失物法 28 条など）を除いては、報酬請求権はない。④管理者が事務管理をした結果、損害を被ったような場合にも、委任と違って、管理者は本人に損害賠償を請求することはできない[3]。

(2) **管理者の義務**

管理者は、事務管理を始めたことを遅滞なく本人に知らせる**通知義務**を負う（民法 699 条）。そして、上に述べたように、最も本人の利益に適するであろうと思われる方法で管理をする義務を負うが（697 条①項）、さらに本人の意思を知ったときまたはこれを推知できるときは、その本人の意思に従って管理する義務を負うのである（同条②項）。またいったん始めた事務管理行為については、本人、その相続人または法定代理人が管理をできるようになるまで、その管理を継続する義務がある（**管理継続義務**。700 条）。ただし、先に述べたように、それが本人の意思または利益に反することが明らかな場合には、管理の継続を中止しなければならない（同条ただし書）。

さらに、委任の規定が一部準用される（701 条）ことによって、報告義務（645 条）、受取物の引渡し義務・権利移転義務（646 条）、金銭消費についての責任（647 条）については、委任における受任者と同じ責務が課さ

---

[2] 「少なくともその管理が本人の意思と利益に反していることが明らかでないこと」と表現するのは、つまり、この要件を「その管理が本人の意思と利益に合致していること」と定義すると、意思と利益に適合していなければ事務管理でない、ということになってしまい、それでは、管理者は管理を始める際にそのことが確認できないかぎり、事務管理を開始しないだろうと懸念されることによる。

[3] 事務管理の条文と、委任の条文を読み比べてみよう。すると、管理者は、受任者と同じかそれ以上にていねいに管理をしなければならず、逆に待遇や費用の請求等については受任者ほどには優遇されていないことがわかるだろう。これはまさに、頼まれてする委任と頼まれないのにする事務管理の違いを表現しているものである。

れることになる。

　なお、管理者は通常は**善管注意義務**をもって管理にあたらなければならない（無償であっても、頼まれないのに他人の事務を行っているのだからである）。

(3) 緊急事務管理
　上に述べたように、管理者は通常は善管注意義務をもって管理にあたらなければならないのだが、例外的に、緊急事務管理（民法698条）の場合は、悪意[4]または重過失がなかったならば、それによって生じた損害を賠償しなくてよい（たとえば車に轢かれそうになった本人を突き飛ばして助けたが本人の洋服をだめにしたという場合、洋服代を弁償する必要はない）。

(4) 管理者の費用償還請求権
　管理者は、本人のために有益な費用を出した場合にはその償還を請求することができる（民法702条①項）。さらに、本人のために有益な費用を負担したときは、自分に代わって弁済することを本人に請求できる（代弁済請求権。同条②項による委任の650条②項の準用）。しかし、管理者が本人の意思に反して管理をしたという場合には、本人が現に利益を受けている限度でしかこの有益費償還請求および代弁済請求をすることができない（同条③項）。たとえば、台風が来て隣家の垣根を直したが、隣家ではもともとこの垣根は今度倒れたら修理せずにブロック塀にする計画だったとすると、いったん直した段階では客観的には有益費になったはずなのであるが、数日後に襲った別の台風でまた倒壊した、という場合は、そこで「現に利益を受けている限度」での有益費はなくなってしまい、その後に管理者は本人に有益費償還請求をすることはできない、ということになる。これも、管理者にはいささか不利ではあるが、「頼まれないのにした」ことの結果ということである。

---

[4] ここでいう「悪意」は、一般に取引の場合についていう悪意とは異なり、本当に本人を害する意図があるという意味である（立法としては「害意」とでもしたほうがよかった）。

(5) 事務管理の対外的効果

先に述べたように、事務管理の内容は法律行為であってもよいのであるが、法律行為の場合は、その効果が本人に及ぶのかどうかが問題となる。

たとえば、Aが、隣人Bの家の垣根を直すのに、造園業者Cに2万円で修理の契約を締結し、Cが修理を終えたとしよう。法的な評価は、Aが自分の名前で契約したかBの名前で契約したかによって異なる。

①管理者の名前で契約した場合　管理者Aが自分の名前で契約した場合は、修理契約はAC間の契約で、代金支払義務もまずは当然にAに生ずる。そしてこれがBに対する事務管理ということになれば、AはBに、先に述べた費用償還請求あるいは代弁済請求をすることができる。したがって特に対外的効果を論じる必要はない。

②本人の名前で契約した場合　管理者Aが、自分はBだ、あるいはBの代理人だ、と名乗って契約した場合が問題となる。他人の名前で法律行為を行うことは、一般に、その他人を代理する意思で行っているものか（代理については民法総則で学ぶ）、単純に他人になりすまして自分の利益のために行っているものである。しかしここでは、後者であれば事務管理にならないし、そもそも自分の利益で他人の垣根を直すことは考えにくい。そうすると、問題は、事務管理と代理の関係、ということになる。判例および一般の学説によれば、事務管理は、管理者に代理権を与えるものではないから、管理者Aの行為は無権代理であり、当然に本人Bに効果を及ぼすものではない（最判昭36・11・30民集15巻10号2629頁）。したがって、まずは無権代理人AにCへの代金支払いの責任があるが、本人Bが追認すれば、遡及的にBに効果が及び、BC間の契約ということになって、Bに支払義務が生ずる（113条・116条）。

もちろん、追認がなくても、事務管理が成立するならば、後は①と同じ処理になる。

★Plus One 準事務管理

　これは事務管理といっても趣旨のだいぶ異なる、学説上の議論と思ってほしい。たとえば、他人の事務について、自分に管理権限がないことを知りつつ、かつ自己の利益を図る目的で、管理を行って利益を上げた場合をどう処理するか、という問題がある。典型的には、他人の特許権を許可なく使用して利益を上げている場合である。これは、他人の権利の侵害であり、事務管理とはならず、次章以下に述べる不当利得または不法行為の問題である、というのがわが民法の解釈における正しい答である。

　しかしながら、不当利得や不法行為では、それぞれの規定による損失や損害の範囲の問題で、管理者の上げた利益を十分に吐き出させることができない場合がありうる。そのような場合に、それを事務管理に準じて扱って、その得た利益をすべて本来の権利者に引き渡させる外国の立法例（ドイツ）がある。これを参考に、わが国でも事務管理の規定を準用して同様の処理をすべきとする学説がある。しかし、このような場合に、本来利他的な行為として管理者を保護することを目的とする事務管理制度を準用するのは筋違いである（我妻、川井等の伝統的学説参照）。これらの場合はやはり、不当利得、不法行為、そして特許法等の当該事例に該当する法規定による処理で済ませればよい。それで処理しきれない、才覚や機会に恵まれて得た利益があるとすれば、それまで本人に返還させるのはかえって不公平と私は考える。

　なお、準事務管理肯定論者は、大判大7・12・19民録24輯2367頁をもって、判例が準事務管理を肯定したケースとするが、これは事務管理の追認（当初本人の意思に不適合だったものが後から本人が追認して事務管理の要件が整ったもの）のケースに過ぎないと見るべきである。

第 5 章　不当利得

　ここでは、債権発生原因の1つ、不当利得を学ぶ。これは、悪いことをしてお金をもうけるというような話ではない。法律上の原因のない財貨の移転、がすべてこの不当利得に入るのである。したがって、自分のものではないと知っていて利得する場合も、知らずに（自分のものと誤信して）利得した場合もある。それらの場合の不当な財貨移転を正しい財貨移転に戻すための債権（請求権）が、不当利得返還請求権である。したがって、不当利得の問題は、ほとんどすべての法律関係にかかわりうる。なお、不当利得返還請求権が例外的に制限される場合の1つとして、不法原因給付の問題があることにも注意しておきたい。

I　不当利得序説

「不当利得」と聞いて、どんなイメージを思い浮かべるだろうか。これは、何も悪いことをしてお金をもうけたような場合を指すのではない。法律上の原因なしに、つまり法律上の根拠がないのに利得をしてしまい、その分本来利益を得るべき人が損失を被っている場合を指すのである。それらの場合には、利得者から、本来利益を受けるべきであった人に利得を返還すべき法律関係が法定的に生じる。そこでこれも、1つの債権発生原因になるというわけである。

II　不当利得の意義

(1) 総説

不当利得とは、上に述べたように、法律上の根拠のない（その意味で不当な）財貨の移転とか帰属とかを、本来あるべき形態に矯正する制度である。その矯正の根拠は、従来、公平の理念に基づくと説明されてきた。この説明は、判例も採用しているもので、決して誤りというわけではないが（判例は、「およそ不当利得の制度は、ある人の財産的利得が法律上の原因ないし正当な理由を欠く場合に、法律が、公平の理念に基づいて、利得者にその利得の返還義務を負担させるものである」とする。最判昭49・9・26民集28巻6号1243頁）、ただ、不当利得にはさまざまなパターンがあるため、公平というだけではあまりに抽象的で、具体的な説明にならないという批判がある。そのため、近時は、不当利得をいくつかの類型に分けて、類型ごとに要件・効果を見ていこうとする類型論的考察が有力になってきている[1]。

その類型としては、たとえば、他人の口座と間違えて弁済入金がされた場合の「給付利得」、自分の山林の境界を間違えて他人の山の樹木を伐採

---

[1] したがって、それぞれの教科書を読むときは、説明が在来型か新型（類型論）かによってだいぶ異なっているので、とまどわないように注意したい。

して売却した場合の「侵害利得」、さらには他人の山林の手入れまでしていたことによって他人のほうが利益を得たという場合の「支出利得」などが考えられる。

ただ、類型論は、説明を明瞭にすることは確かであるが、不当利得の成否の結論にそれほど大きな違いをもたらすものではない。したがって、初学者としては、そういう理論的な問題よりも、①不当利得には、善意の、つまり知らずに不当利得をしてしまった場合（民法703条）と、悪意、つまり本来自分のものになるものではないと知っていて不当利得をする場合（704条）との両方があること（そのどちらかによって返還義務の範囲が異なる）、②703条、704条は一般の不当利得の規定であるが、705条以下に特殊な不当利得の規定があり、中でも708条の不法原因給付が重要であること、をまず頭に入れて勉強することにしよう。

(2) 類型論的考察の紹介

ここでは、代表的な類型論の分類を紹介しておく。ただ、注意してほしいのは、以下の分類は判例が採用しているものではなく、あくまでも学説の整理である。また、不当利得は本来、「法律上の原因」を基礎づける財産法の体系全体について、そこで正当化されない財貨の移転や帰属を矯正するものであるのだから、以下の類型のどれかにきれいにあてはまらないものも当然ありうると考えるべきである。

①**給付不当利得**　これは、先に掲げたような単純に間違って他人の口座に金銭を振り込んだような場合だけでなく、当事者の一方が契約等により、自己の意思に基づいて金銭その他のものを相手方に交付したが、その給付を基礎づける法律関係が不成立であったり、無効であったり、取り消されたりして、既に履行を受けた当事者に原状回復の義務（もらったものがあったらそれを返し、元の状況に戻す義務。平成29年改正では、121条の2に明定された）が生じる場合を広く含むことになる。つまり、取消しの場合であれば、当初は一応有効な契約に基づく（法律上の原因のある）給付がされたのであるが、民法総則で学ぶように、取消しの結果、契約は遡及的に無効となるわけであるから、そこから先は、給付されたものを持ち続

けることはできず、原状に戻す義務が生じる。これを返還請求者からみれば、不当利得の返還請求権ということになるのである。そうすると、多くの場合、給付不当利得というのは、契約関係の清算における「巻き戻し」の問題にかかわるので、そのもともとの契約の影響を考えるべきという議論が出てくるところに特徴がある（たとえば、双務契約であって、もともとの履行の際には同時履行の抗弁などが適用されるケースであれば、双方が給付をしてからの取消しの場合には、不当利得の返還義務にも同時履行関係が考えられるか、等）。また、給付した物が返還請求の対象となるケースでは、その物についての物権的返還請求権との競合が問題になる。さらに、現物返還ではなく価額返還となる場合には、後述の返還義務の範囲の問題が議論になる。

　②侵害不当利得　これは、他人の権利や支配領域を侵害して利得を得ているケースであるから、利得者の故意・過失が認定されれば、多くの場合、次章で学ぶ不法行為の問題になる。したがって、侵害不当利得が問題になるのは、他人の権利や支配領域に属することを知らずに侵害して利得を得たケースに限定されよう（第4章末尾の Plus One の準事務管理の議論も参照）。

　さらに、この類型でも、所有権などの物権が侵害されている場合には、権利者には物権的返還請求権があり、それとの競合が問題になる。

　③支出不当利得　これは、他人の山林の手入れまでしたとか、他人の分の税金まで払っていたという場合であるから、その他人に対して利益を与える意思で直接に給付したものではないというところで給付不当利得とは異なり、他人の権利や支配領域を侵害して利得を得ていたわけではないので侵害不当利得とも異なる。この類型では、本人が放っておこうと思っていた山林の手入れがされたケースなどでは、いわば「利得の押し付け」という状況が生じるので、それを単純に利得と評価してよいかという問題が生じる場合がある。

III 一般不当利得の成立要件

(1) 総説

不当利得の一般的成立要件は、703条の条文から、①他人の財産または労務によって利益を受けたこと（受益）、②他人に損失を与えたこと、③受益と損失との間に因果関係（Aが利益を受けたそのことによってBが損失を被った、という関係）があること、④受益（損失）が法律上の原因を欠いていること、の4点である。

この4要件がそろわなければ、不当利得は成立しない。たとえば、法律上の原因のない受益があっても損失を被ったものがなければ、不当利得は成立しないのである。さらに、不当利得の成立する範囲は、その受益と損失の小さいほうで制限されることになる[2]。

(2) 各論

①因果関係 因果関係については、判例は、受益と損失の間に直接の因果関係のあること、を要件にしているが、実際には、この因果関係の直接性は、形式的には維持されているものの、実質的には緩和の方向にある（後述Vの多数当事者間の不当利得を参照）。

②法律上の原因のないこと この要件が学説的にも最も争いのあるところである。たとえば、他人に振り込まれるべきお金が誤って別の預金口座に振り込まれた、などというケースでは、法律上の原因のないことは明瞭であるが、判例はたとえば、債権者が、債務者が自己に弁済してきた金銭が、他人からだまし取った金銭であることを知ってあるいは知らなかったことに重過失があって受け取った、という場合に不当利得を認定している（前掲最判昭49・9・26民集28巻6号1243頁）。この場合は、法律上の債権債務関係は存在していて、その債権の弁済を受けるのであるから、字義通りの法律上の原因は存在するのである。このような判例を肯定する多数

---

[2] もっとも、他人の特許権を侵害して大きな利益を上げたような場合には、現実にはその利益に相当する損失が特許権者に認定されるようである。

説は、結局、この要件は、当該財貨移転の「不当性」の象徴である、という抽象的な理解をしている。

Ⅳ　一般不当利得の効果

(1)　善意の受益者の場合

　善意受益者は、「その利益の存する限度」において返還の義務を負う（民法703条。これを「**現存利益**」という）。利得したものが材木とか、壺とかの動産であって、現在も原物が受益者のところにあるのなら、それを返還する。もし、善意受益者が使っていて破損してしまったというのなら、破損した状態で返せば足りる。もしそれを他人に売って金銭に代えたというのなら、その金額を返還することになる（代替性のある物の場合でも、判例は、同種・同等・同量の物の事実審口頭弁論終結時の価格相当額ではなく、売却代金相当額の利得返還義務を負うとする。最判平19・3・8民集61巻2号499頁。つまり金銭に換えた後にその物の価格が上下しても返還義務の範囲に影響しないということである）。

　また、もともと利得したのが金銭だった場合や、上のように売却して金銭が手元に残った場合に、その金銭を使ってしまった場合はどうなるか。その金銭をたとえば生活費に充てた、というのであれば、通常の場合、利得は（生活の向上に反映されて）なお現存している、と評価される。臨時収入だといってギャンブルなどで浪費してしまえば現存利益がないといわれるが、判例は、利益の現存は推定されるとして、浪費して現存利益がないと主張するときは、それを受益者の側で立証しなければならないとする（大判昭8・11・21民集12巻23号2666頁、最判平3・11・19民集45巻8号1209頁）。

　もっとも、以上の現存利益を返還すればよいという703条の規定に対しては、学説の多数説は、それが取消しなど、有償・双務の契約関係を巻き戻すケース（いわゆる給付不当利得の一部の例）では、やはり原則は目的物全部の返還なのであって、利得消滅の抗弁は認めるべきではないと批判している[3]。

(2) 悪意の受益者の場合

悪意受益者は、受けた利益の全額に利息を付して返還し、なお損害がある場合にはその賠償もしなければならない（704条）。自分が利得すべきものではないと知っていたのだから、善意者よりも厳しい返還義務を負うのである。損害というのは、たとえば、本来の取得者は転売を予定していたのに、受益者に利得されてしまっていたので、転売ができなかったというような場合である。

V　多数当事者間の不当利得

(1)　総説──当事者の確定と因果関係の問題

3者以上の登場する法律関係における不当利得においては、誰と誰との間で不当利得返還の関係が成立するかを考えなければならない。例えば、AがBに融資をした場合に、BからAに対して、Cに直接支払うよう指図があってCに支払ったというケースで、AB間の融資契約が無効であった場合、Aが不当利得返還請求をする相手は、Cではなく、無効となった融資契約の相手方であるBということになる（一般論として、最判平10・5・26民集52巻4号985頁。一般にそのような指図をするBには、Cに対する債務がある等のことが考えられるので、BはAのCに対する給付により、その価額に相当する利益を受けたと見るのが相当だからという）。これに対して、もし融資契約は有効で、CがBからの指図があったと騙ってAから支払いを受けたような場合（手形法で学ぶことだが偽造のB振出しの手形をCがAに呈示して支払いを受けた場合などが考えられる）には、Aが不当利得返

---

3 さらに、給付物から果実や使用利益を生じた場合はどうか。民法には、189条など、占有に関する調整規定があるのでこれが使われるかどうかが問題になる。古くは、建物の売買が取り消されるまでの使用利益について、189条を適用して（善意の占有者は、占有物から生ずる果実を取得する）、返還義務なしとした判決があるが（大判大14・1・20民集4巻1頁）、学説は、有償・双務の契約を清算する給付不当利得の場合には、占有に関する調整規定を排除すべきという見解が多数である。

還請求をする相手は、法律上原因のない利得をしたCである（Cには不法行為が成立する場合ももちろん考えられる）。

さらに、上のような原則論ではない形で、直接の取引の相手方でない者に対する不当利得返還を認める場合があるとすれば、先に掲げた、利得と損失の因果関係の問題がクローズアップされることになる。それを以下で見てみよう。

(2) 転用物訴権

いささか上級の論点になるが、契約上の給付が、契約相手方以外の第三者の利益になった場合に、給付者がその第三者に利得の返還を請求する権利のことを転用物訴権という。この転用物訴権を不当利得として認めるか否かは、外国でも古くから議論があった。しかしわが国では、これを認めた最高裁判決が出て、さらにその後の学説の批判を受けてそれを多少制限した判決が出ている。第1の判決は、Y所有のブルドーザーを賃借して使っていたMが、このブルドーザーを修理に出し、修理業者Xが修理代金の支払いを受けないうちにMが倒産し、Yはブルドーザーを自分の所に引き上げたという事案で、最高裁は、Yの（修理されたブルドーザーが戻ったという）利得と、Xの修理代金分の損失とに直接の因果関係があるとしてXのYに対する不当利得返還請求を認めた（最判昭45・7・16民集24巻7号909頁）。しかしこれに対しては、因果関係の直接性を広く認めすぎている、また、Yは法律上の原因のない利得をしているわけではないと思われる[4]、等の批判がされた。第2の判決は、NはYからY所有の廃墟同然の建物を賃借し、建設業者Xに改修工事をさせたが、工事代金を支払わないうちにNが行方不明になり、YはNとの契約を解除して、この建物を貸しビルとして収益を上げているという事案で、最高裁は、Yが法律

---

[4] MY間の契約でYが修理代金を出すということになっていたなら、MがXに支払った後にYに求償する（Yは債務を負っている）わけであるし、Mが修理代金を出す契約で、その分Yの得る賃借料を安くしているのならこれまたYは契約上当然の利益を得ているだけである。いずれにしてもこれらの場合は法律上原因のある利得ということになるという指摘である。

上の原因なしに利益を受けたといえるのは、YとNの賃貸借契約を全体として見て、Yが対価関係なしにその利益を受けたときに限られるとして、この事案ではYはNから得られる権利金を免除しており、改修によって得た利益はその負担に相応する（したがって法律上の原因のある利得である）としてXの不当利得返還請求を否定した（最判平7・9・19民集49巻8号2805頁）。第2判決は、第1判決がいささか概括的に転用物訴権を広く認めすぎた部分の要件をより詳細にしたことは評価されているものの、実際の権利金の額と改修工事費用はまったくつりあっておらず、このような構成で転用物訴権を認めること自体になお批判も強い。

(3) **騙取金銭による弁済**

先にⅢ(2)でも触れたところだが、Bが第三者Aから架空の売買契約でだまし取った金銭でCに対する債務を弁済した、しかもCはそれを騙取した金銭と知っていた、という場合を考えてほしい。この場合、目的物がたとえば動産であるならば、AはBとの売買契約を取り消して、Cの手元にある動産を取り返すことができる（Cは善意でないから192条の即時取得も成立しない）。しかし、目的物が金銭の場合は、金銭は個性のない価値そのものであって、金銭の所有権は貨幣や紙幣の占有の移転とともに移転すると考えられている（最判昭29・11・5刑集8巻11号1675頁、最判昭39・1・24判時365号26頁）。そうすると、金銭の所有権は騙取金かどうかにかかわらずAからB、BからCと移転してしまっていることになり、Aは金銭の所有権に基づいてCに返還請求をすることはできない。当然Bに対して、契約を取り消して給付した金銭の返還を請求するのであるが、もしBがCへの弁済によって無資力になってしまっている場合には、実際には返還が実現されないことになる。このようなケースで、判例は、Aの損失とCの利得との間に因果関係が認められるには、Bが「社会観念上Aの金銭でCの利益を図ったと認められるだけの連絡」があれば足りる、として因果関係の要件を緩和したうえで、CがBから当該金銭を受領するにつき悪意または重過失がある場合には、Cの受益は（本来は有効に結んだ契約に基づく弁済の受領であっても）Aに対する関係で法律上の原

因を欠き、不当利得となるとしている（前掲最判昭49・9・26民集28巻6号1243頁）。事案の解決のためには結論はこれでよかったかもしれないが、不当利得で構成したことには学説上の批判も強い[5]。

VI 特殊不当利得

(1) 総説

民法705条以下の規定について、ここでは特殊不当利得と表現したが、これらは、不当利得返還請求権がなんらかの理由で制限される場合を規定しているという共通点がある。ただし、その理由はさまざまである。最初の3つはほぼ当然と思える規定であるが、最後の708条は、いささか別の考慮から作られている規定である。

(2) 債務がないのに弁済した場合

①狭義の非債弁済（705条）　　普通、債務がないのに弁済してしまったとき（広義の非債弁済）は、それを不当利得として返還請求できるはずだが、債務がないのを知っていてわざと弁済した場合は、返還請求を許さない。これが、いわゆる（狭義の）非債弁済の規定である。705条の条文には、平成16（2004）年の改正では、「債務の不存在を知ってした弁済」という見出しがつけられた。知っていながらわざと支払って返還請求をするのは矛盾である、というところ[6]に着目している規定であるから、任意弁

---

[5] たとえば、債権総論で学ぶ詐害行為取消権（424条以下。池田『新標準・総論』第4章III参照）を使えばよいという見解がある。つまり、BがCに支払っても無資力になっていないのであれば、AはBから返還を受ければよいのであるから、問題はBが無資力になったケースであり、その場合、Cに悪意が認められるのであれば詐害行為取消権の要件を満たすので、あえて不当利得の要件を緩和して適用する必要はないというものである。さらに、これは上級の学説上の議論になるので無視してもよいが、物の所有権以外に価値の所有権というものを観念して、金銭について物権的価値返還請求権（価値のレイ・ヴィンディカチオ rei vindicatio）というものを導く考え方もある。

[6] こういう発想をイギリス法などでは「禁反言」という。

済に限られ、強制執行を受けて支払ったような場合は含まれない。

②期限前弁済（706条） 約束した弁済の期限より前に弁済した場合も、債務は存在しているのだから、法律上の原因を欠く弁済になるわけではない。だから不当利得ではなく、返還請求はできない（706条本文）。けれども、弁済期限を間違えて早く弁済してしまったというような場合、本来の弁済期限までの金銭の運用利益（銀行に預けた場合の利子等）は、債務者に帰属するものを受益者が取得した形になるので、これだけは返還請求できるとした（706条ただし書）。

③他人の債務の弁済（707条） これは、他人の債務を自分の債務と勘違いして弁済した場合である。この場合、他人の債務を他人の債務として消滅させるためにした第三者弁済[7]と異なり、その他人の債務は消滅せず、債権者は単純に不当に利得したことになるから、返還請求できるのが原則である。ただ、もし債権者のほうがこれによって正当に弁済を受けたと勘違いして、債権証書を破棄してしまったりしたという特殊なケースでは、（今度は債権者のほうが債権の存在を証明できなくなるかもしれないので）例外的にこれを第三者弁済として有効とし、弁済者と債務者の間は求償で処理させるというのがこの規定である。

(3) 不法原因給付

①規定の趣旨 不法の原因のために給付をした者は、その給付したものの返還を請求できない。ただし、不法の原因が受益者側にのみ存在するときは、この限りではない（708条）。たとえば、禁制の麻薬を買うためにお金を払ったという場合は、そのお金を返せとは言えない、というのである。

この規定は、「何人も汚れた手で法廷に入ることはできない（自分が悪いことをしておいて法の助力を得ようとすることはできない）」という、イギリス法にいう Clean Hands の原則を表している。これは、民法90条の「公序良俗違反の法律行為は無効とする」という規定との関係で見なければい

---

[7] 他人の債務と知っていて、それを消滅させるために弁済した場合は、原則として第三者による有効な弁済となる（474条。池田『新標準・総論』第7章Ⅱ(5)参照）。あとは本来の債務者との求償関係が残る。

けない。つまり、公の秩序や善良の風俗に反する契約などは、90 条により無効になる。麻薬の売買契約も、賭博で負けてお金を払うという契約も無効である。したがって、無効な契約によって法律上の原因のない支払いをした場合、本来は不当利得返還請求ができるはずだろう。けれども、そういう公序良俗違反の契約でも、もし履行してしまったら、今度は、その返還請求つまり自ら不法なことをして招いた結果の復旧に、法が助力するわけにはいかない、というのがこの規定の趣旨である。

したがって、708 条ただし書は、不法の原因が受益者にのみ存在する場合（たとえば、犯罪を実行しようとしている者がいて、それを思いとどまらせようとお金を渡した）には、返還請求は制限されないとするのである。

②**要件**　「不法」というのは、公序良俗違反の中でも、倫理・道徳を無視した、社会的に醜悪と思われる行為をすることであって、国が政策的に定めたような強行法規の違反を含まないと考えるのが判例（最判昭 37・3・8 民集 16 巻 3 号 500 頁）・通説である。

また「原因」といっても、先に何かをさせてそれに対して給付をするというばかりでなく、これから何かをさせるために先に給付をするのでも同様である（たとえば、A が B に、C に怪我をさせよと金銭を渡す）。

さらに「給付」の概念については、判例は、この「給付」がなされているかどうかで、この規定の適用の有無を限定する手法をとっている（後掲④の判例参照）。学説はそれを「終極的（終局的）給付があったかどうか」という基準で評価している。たとえば、賭博に負けて賭け金を払う約束をしたがまだ払っていない場合は、この給付がなされていないと考えるのである。なぜなら、あまり簡単にこの 708 条の適用を認めると、結局不法に利得した者の利得がそのまま維持されてしまうという不都合が生じるからである。

③**不法性の比較と 708 条ただし書**　不法の要件に関しては、密輸や賭博など、不法な行為を実際に行うためではなく、そのための資金提供をするようなケースは、**動機の不法**と呼ばれ、直ちに金銭消費貸借が無効であって金銭交付が不法原因給付、となるわけでなく、当事者の具体的な不法性の吟味が必要になる。判例は、密輸資金の貸付について、貸付者 A が

約束の解消を申し出たが説き伏せられてBに資金を貸与し、返還を求めたところBから不法原因給付だとして返還を拒絶されたというケースで、貸付者Aの「不法的分子ははなはだ微弱なもので、ほとんど不法はBの一方にあるといってもよいほどのもの」だとして、このような場合は「交付された物の返還請求に関する限り民法第90条も第708条もその適用なきものと解するを相当とする」と判示している（最判昭29・8・31民集8巻8号1557頁）。この判決は、両当事者の不法性の比較をして結論を導いており、条文への当てはめとしては、Aについて708条本文の不法の要件を満たさないとも、708条ただし書の適用（拡大適用）とも考えられるということになろう。

④終極的給付の完了の意味　給付の要件については、何が終極的な給付の完了と評価できるかが問題になる。金銭の場合はその交付がされることであり、動産の場合は引渡しがされることで異論がない。問題は、不動産の場合の終極的給付の完了の意味である。判例は、未登記の建物の給付については、引渡しによって債務の履行が完了するのでこれによって給付あり（終極的給付の完了）と見るが、既登記の建物の給付の場合には、引渡しのみでは足りず登記まで移転することが必要としている（未登記建物について最大判昭45・10・21民集24巻11号1560頁、既登記建物について最判昭46・10・28民集25巻7号1069頁）★。

―★Plus One　**不法原因給付と所有権の反射的帰属**―
　そうすると、不法な原因で不動産を引き渡したが登記までは移転していない場合の法律関係とその解決はどうなるか。具体例として、「Xは、Y女と妾契約を結び、家屋1軒を新築して未登記のままYに贈与して引き渡し、居住させていた。しかし、数年後に不和となり、Xはこの家屋を自己名義で保存登記したうえで、Yに対してその明渡しを請求してきた。Yは逆にXに対し、本家屋の自己への移転登記を請求する。これらの請求は認められるか」という事案で考えよう。
　これが、上記最大判昭45・10・21民集24巻11号1560頁が論じた問題である。結論をまず書いておくと、45年判決では、Yの請求が全面的に認められた。ただ、これに対して、Xの請求もYの請求も認められない、とい

う有力学説の見解がある。それぞれどういう論理構成でそうなるのかというと、判例は、①Xの明渡請求は、不法原因給付で認められない、②その結果、Yは反射的に所有権を取得する、③さらにYは、所有権の所在と登記で公示される権利の外観とを一致させるために、Xに移転登記を請求できる、と構成するのである。これに対して学説の有力説は、①Xの明渡請求は、不法原因給付で認められない、②しかしYの請求も、公序良俗違反（妾契約の対価として贈与をさせる契約）なので認められない、③したがって、所有権はX、占有はY、という両すくみの形で終わり（Xは返還請求できず、Yも登記請求できない）、その結果の不都合は、それを招いたXYがともに甘受するべきである、というのである。本来の規定の機能範囲から考えると、有力説が適切である。しかし、具体的事案の解決からいうと、この判例の（いささかおせっかいすぎる）処理が妥当ということになろうか。なお判例は、類似の事案で、未登記ではなく登記のある建物の贈与で、いまだ登記は移転していないという場合には、本文に述べたように、まだ終極的な給付になっていない（登記のある建物の給付なら、引渡と移転登記が完了して終極的な給付になる）として返還請求を認めている。詳しくは、前掲・山田他『分析と展開・民法Ⅱ債権〔第5版〕』283頁以下〔池田真朗執筆〕を参照されたい。

Ⅵ 特殊不当利得

Tea Time
図書館の前に沈丁咲く頃は恋も試験も苦しかりにき　（吉野秀雄）

　これは、慶應義塾が生んだ歌人吉野秀雄が、学生時代を回想して作った名歌である。当時は大正末期、まだ学年末試験を3月になって行っていたころの話である。
　直前の追い込みで図書館にこもってはみたものの、恋する人の顔が浮かんで教科書の文字はいっこうに目に入らない。思いあまって外に出たところを、あの沈丁花の匂いが彼をとらえる──その一瞬の記憶が、この青春を凝縮したような一首の誕生に結びついたのだろう。
　こんな「一瞬」を繰り返して、無数の学生たちが、年々、キャンパスを通り過ぎて行った。
　さて、吉野が見たその三田山上の図書館も、昭和の末期に同キャンパスの中

の新館にとって代わられた。しかし沈丁花は、(途中植え変えられてきたようだが)近年までその赤レンガの旧図書館の入口右横、この歌の石碑の前に健在だった。ただし、今は学年末試験の時期が早くなったので、沈丁花は、入学試験も終った頃の、人気のないキャンパスでひっそりと咲き匂っていたのである。

　その旧図書館の建物が、平成最後の冬は耐震工事の囲いの中にある。工事の終わった後、沈丁花はまた植えられるのだろうか。

　余計なおせっかいと言われそうだが、私は、やはり自分の教える学生諸君には、いつの時代にも、楽しく、また切なく、「季節感のある勉強」をしてほしいと願うのである。

第6章　不法行為

　本章で説明する不法行為は、第4の、つまり債権各論で学ぶ最後の債権発生原因であるが、これは契約以外の債権発生原因として最も重要なものである。不法行為は、条文の数はそれほど多くないが、出現する裁判例の数では、契約関係のものよりも多い。そして、現代社会の発展とともに、どんどん新しい事例が増えてきている。公害（環境破壊）、医療過誤、プライバシー侵害、等々である。この分野の重要性は、これからもさらに増していくであろう。

　学習を始めるにあたっては、この不法行為による損害賠償の意味をまず正確に把握してほしい。これは、悪いことをした人に罰として賠償をさせるのではない。不法行為の被害者に対して、その減少した財産状態（あるいは悪化した精神状態や社会的評判）を元のあるべきだった状態に戻させるために、損害の穴埋めをさせる制度なのである。そして、契約の両当事者とは違って、あらかじめ交渉に入っていたわけではない、出会い頭の予期せぬ損害、予期せぬ加害の問題であることがほとんどである（契約当事者同士で不法行為の問題を生ずることもあるが、それは契約で約束された内容から外に出た損害の処理の問題である）。したがって、この分野では、規定の解釈といっても、歴史的な沿革などよりも、判例の積み重ねの理解が重要になることも最初に述べておこう。

I　不法行為の意義

(1)　不法行為の損害賠償の意味

　たとえばAは車を運転していて自分のミスで歩行者Bに接触し、怪我をさせた。Bは、入院して10万円の治療費がかかり、また1カ月間仕事を休んだ間に、働ければ得られたはずの20万円の収入が失われた。このような場合に、治療費と失われた収入（逸失利益という）は、加害者たるAによって穴埋めされなければならないだろう。これが不法行為の問題である。不法行為は、故意または過失によって他人に損害を与えた場合、その損害を賠償させる制度である。最初に理解していただきたいのは、不法行為は、刑罰としてお金を払わせるものではなく、民事上の紛争処理方法として、損害の塡補（穴埋めのこと）、あるいは損害の公平な分担の実現を目的とする制度であるということである[1]。

(2)　過失責任主義

　ただ、不法行為があった場合に、最低限どういう基準で損害賠償をさせるかというと、他人に損害を与えても、行為者に故意か過失という主観的な帰責事由がないかぎり責任を負わせられないとされる。これが、自由な経済活動を保障する近代私法の大原則の1つである、過失責任の原則である[2]。

　ただこれは、あくまでも一般の対等な私人間での紛争について妥当する考え方である。たとえば、莫大な利益を得る大企業が、その活動の中で、

---

[1]　民事上の処理は、当事者間での紛争の解決である。刑事上の処理は、国家による制裁である。ある事故を起こしたとき、民事の損害賠償と刑事の刑罰とが両方課される場合もあるし、民事の賠償だけで済む場合もある。なぜかと言えば、民法と刑法は目的も違うし、判断基準としての、不法行為の成立要件と、刑法上の罪の構成要件が違うのである。だから、刑法上では無罪になっても、民法上では不法行為の損害賠償を課されるという場合もある。
[2]　近代私法の3大原則というと、この過失責任の原則と、私的所有権絶対の原則、契約自由の原則が挙げられる。

担当者が注意してもしきれないような危険性のある行為をしていて、ある個人に損害を与えたとする。こういうときには、過失責任の原則を、無過失でも責任を負うという方向に多少修正してもよいのではないか。これが無過失責任主義の部分的な採り入れである。その根拠としては、危険な行為をする者に責任を負わせるという「**危険責任**」の考え方や、利益の帰属するところに責任も帰属させるという「**報償責任**」の考え方がある。さらに、平成7年7月から施行された**製造物責任法**（いわゆる**PL法**）には、現代社会における消費者保護の観点から、製品を流通に置いた以上、製造した企業等に必ずしも過失が認められなくても、製造物の**欠陥**が証明されれば責任を負わせるという基本的な発想がある[3]。

不法行為に関する事件は現在では大変多く、出される判決数も、民法関係で最も多いのが不法行為関連である。

II　不法行為の成立要件

不法行為が成立するためには、故意または過失によって、違法な行為を行い[1]、それによって、相手に損害を発生させたということが必要である。ただし、条文の表現では、「故意又は過失によって他人の権利又は法律上保護される利益を侵害した者は、これによって生じた損害を賠償する責任を負う」（民法709条）ということになる。ここから、いわゆる成立要件を

---

[3] 平成7（1995）年7月施行の製造物責任法3条は、つぎに述べる不法行為の成立要件のうちの故意・過失を、「製造物の欠陥」の概念で置き換え、製造物の欠陥（通常有すべき安全性を欠いていること）とそれによって他人の生命・身体または財産に損害が生じたことが証明されれば製造者は賠償責任を負うと規定している。ただし、その立証責任は被害者にある。なお同法をPL法と呼ぶことがあるが、それは、英語のProduct Liability（製造物責任）から来ている。

[1] しかし、中には、行為をしないこと（不作為）が不法行為となることもある。これを不作為不法行為と呼ぶ。判例では、友人が線路に置石をしたのを見ていて除去しなかったなどといったケースがある（この場合には、友人が線路に置石をしたのを見た時点で、それを除去するという行為〔先行行為という〕をすべき結果回避義務が発生し、それに違反したのが過失であるという構成になる）。

抽出して順次検討してみよう。

(1) **故意または過失**

　故意というのは、結果の発生を知っていてわざとすることである。過失というのは、昔の学説は、個々人の主観的な不注意と考えていたが、近年は、これをより客観的に、通常なら他人に損害を与える結果が発生することがあらかじめわかって、それを回避できたはずなのに（回避する義務があったはずなのに）、不注意にもそれをしなかった、ということで、**結果回避義務**の違反ととらえている。

　ただ、不法行為においては、この故意・過失の立証責任は、一般に、損害賠償を請求する被害者にある[2]。そうすると、たとえば公害や医療過誤などのケースでは、被害者となる一般市民や患者には、それを証明することは大変難しいことが多い。そこで、裁判では、過失を推断させるところまで証明すれば、逆に加害者のほうで、私には過失がなかった、と反対の証明をできなければ過失があったと推定するという、立証責任の緩和ないし転換がされることもある[3]。なお、特殊なケースで、誤って火事を出してしまったという失火の場合は、通常の過失よりも過失の程度が大きい、**重過失**（一般の人ならちょっと注意すれば回避できたことを回避できなかった）があったときにだけ、賠償責任を負うという特別法（**失火責任法**）がある[4]。

---

[2] これは、債務不履行の場合と逆である。債務不履行の場合は、契約によって信義に従い誠実に履行する義務を負った者が不履行をするのだから、損害賠償を請求する債権者のほうは、不履行の事実だけを述べればよく、債務者に帰責事由のあったことを証明する必要はない（加えて、そもそも平成29年改正で、債務者の帰責事由は債務不履行の成立要件ではなくなった）。逆に債務者のほうが、不履行をしたことについて自分には帰責事由がなかった（たとえば不可抗力だった）と証明しなければ、損害賠償を免れない。なお、このように訴訟等にあたってどちらの当事者が何を立証しなければならないかという問題は、法科大学院などで学ぶ「要件事実」の問題である（本書第**2**章29頁 Plus One 参照）。

[3] 過失の一応の推定に関する判決として、最判昭51・9・30民集30巻8号816頁（インフルエンザ予防接種事件）がある。

(2) **違法性**

　平成 16（2004）年改正以前の条文には、「他人ノ権利ヲ侵害シタル」とだけ書かれていたので、それでは権利と名の付かないものは侵害されても不法行為にならないのかという問題がかつては議論された。もちろん、これは規定の表現が悪かっただけで、侵害される利益は、「何々権」というものに限られない[5]。そこで、20世紀後半の通説的見解は、これを「違法な侵害行為があったこと」という形で、違法性の要件に転化していたのである。平成 16 年の改正は、このような解釈論上の解決を法文上に明記したものといえる。もっとも、下級審裁判例では現在でも、(「故意・過失」の要件とは別に)「権利または法的保護に値する利益の侵害行為の存在」とその「違法性」を要件として検討しているといってよいが、最近の学説では、この「違法性」の要件について、さまざまな議論がなされている[6]。

　法律の規定に反したり、公序良俗に反する行為をすることが違法であるのは当然である。所有権などの物権を侵害することも（物権は本来、世間の誰にでも主張・対抗できる支配権なのだから）違法である。しかし債権に

---

[4] 故意による放火で不法行為になるのはもちろんだが、過失による失火の場合は、この「失火の責任に関する法律」（失火責任法）によって、重過失があった場合にしか不法行為の賠償責任を問われない。これは明治時代にできた特別法で、当時の消防能力の限界や木造家屋がほとんどという時代背景を反映した法律と言われる。

[5] 昔、有名な浪曲師のレコードの無断複製販売の事件で、浪花節は音楽ではなく、音楽著作権の対象にならないので、権利侵害がないとして不法行為の成立を否定した判決が出て（桃中軒雲右衛門事件、大判大 3・7・4 刑録 20 輯 1360 頁）、学説から総攻撃され、権利侵害を違法性に転化するきっかけになった。こうして、老舗（暖簾）の利益の侵害を不法行為とした大学湯事件判決（大判大 14・11・28 民集 4 巻 670 頁）につながる。

[6] 学説は現在多様に分かれているが、一つの代表的な傾向は、これまでの通説が「違法性」要件に担わせてきたものは、「故意・過失」と「権利または法律上保護される利益の侵害」の 2 要件で十分に捕捉されるので、条文上にない「違法性」という要件を立てることは不要である、というものであり、他には、加害者側の主たる事情である「故意・過失」と、被害者側の主たる事情である「権利または法律上保護される利益の侵害」の 2 つを総合的に衡量するための統一的な要件が「違法性」だとするものなどがある。

ついては、最初に説明したように、物権のような絶対性・不可侵性を持っていないので、たとえばAがBに何かを売る契約をし、その後にAが同じものをCから買いたいと言われてCのほうに売り渡してしまったというときは、AがBから債務不履行を問われることは当然でも、Cの行為は当然には違法になるわけではない。CがBという買主のいることを知って、Bに害を与えようと思っていたときだけ違法になる（こういう場合は、債権侵害として、取引的不法行為の一態様になる）。

スポーツの最中にルール通りの運動行為をして相手に怪我をさせた（たとえば柔道の試合で技をかけたら相手が怪我をした）という場合も、違法性がないとされる（ただ、学校で生徒に力量以上のスポーツをさせて怪我が発生したというような場合には、技をかけた本人ではなく指導の先生や学校が不法行為責任を問われることはある）。

また、相手から攻撃されるのを避けるために相手に怪我をさせたという、いわゆる**正当防衛**（後述V(3)参照）の場合も、違法性が阻却される（720条①項）。なお、他人からではなく他人の物から生じた急迫の危難を避けるためにその物を損傷した場合も同様である（これを**緊急避難**という。720条②項。他人の飼っている犬に襲われてその犬を殺傷したとか、急に動き出した他人の自動車にぶつかりそうになってその自動車を壊した等の場合が該当する）。

(3) 損害の発生

不法行為でいう損害（侵害された利益）としては、財産的な損害ばかりでなく、精神的な損害も含まれる。財産的損害の中には、怪我をしてかかった治療費のような積極的損害（実際に数字がマイナスになった分）と、入院中得られなかった収入のような消極的損害（数字がプラスになるはずが増えなかった分。**逸失利益**という）とがある。精神的損害というのは、いわゆる精神的なショックであり、これを償うのが**慰謝料**である（710条）。民法711条は、生命侵害があった場合、被害者の父母、配偶者、および子は精神的損害の慰謝料を請求できると定めているが、これは、それらの人だけに限られるものではなく、（それらの人はいわば当然に精神的損害を被ったと

考えられるのであって）他の人々も、それらの人と同様な精神的損害を受けたと証明しうる場合には請求できると考えるのが現在の判例・通説である[7]。

侵害される利益の種類としては、物権、著作権や特許権のような知的財産権（無体財産権）、債権（ただし前述(2)のように限定的）などに加えて、営業上の利益（不正に屋号を使ってお客を奪う等）、名誉、プライバシー、生活上の利益（日照や環境に関するもの）などが考えられる。

(4) **因果関係**

①**総説**　加害者の行為によって損害が発生したという原因・結果の関係のあることが必要である（後述Ⅲ(2)の損害賠償の範囲のところで問題となる「相当因果関係」と区別するために「事実的因果関係」とも表現される）。ただ、これも、公害などの場合は、どういう廃液がどう体内に入ったためにどういう病気が発生した、などということを被害者が証明することは、かなり困難である。そこで判例では、厳密な科学的証明までは要求せず、通常人が疑いを差し挟まない程度の、**高度の蓋然性**の証明があれば足りるとしている（ルンバールと後遺症に関する、最判昭50・10・24民集29巻9号1417頁）。

②**因果関係の立証を緩和する理論**　ただ、単に被害者救済の見地から蓋然性を立証できれば良いと証明度を下げるということには批判も強い。そこで、その理論化としては、（故意・過失の証明の場合と同様に）**一応の推定（事実上の推定）** というものが論じられている。事実的因果関係の立証について責任を負う原告が、その存在を推定させるような事実を立証すれば、経験則に従って事実的因果関係の存在が推認され、被告の側でその不存在を推定させる別の事実を立証しない限り、因果関係が認められるとする理論であり、前掲の最判昭50・10・24はこれによっていると評価されている。さらに、大気汚染や水質汚染に基づく疾病の発生等の公害事件

---

[7] 従来からの論点として、死者の損害賠償請求権（財産的損害と精神的損害）が相続されるかどうかという問題がある。これについては、後のⅤ(2)で述べる。

においては、患者を集団的に把握して、居住地域や年齢・性別などのデータから疾病の発生を分析する疫学の手法を用いた、**疫学的因果関係**があればよいとされる（四日市公害事件における喘息の発生に関する津地四日市支判昭 47・7・24 判時 672 号 30 頁など）。さらに、統計的データで、因果関係を立証する**統計的因果関係**も、経験則を補充する方法と評価される（レントゲン照射と皮膚がんの発生に関する最判昭 44・2・6 民集 23 巻 2 号 195 頁）。

(5) **責任能力**

以上挙げた要件が全部そろえば、不法行為の損害賠償責任が発生するのであるが、ただ、その場合、不法行為の損害賠償責任を負わせるためには、その人（加害行為をした人）が不法行為責任を負う能力（資格）を持っている人でなければならない。そういう能力を責任能力という。つまり自分の行為がどんな結果をもたらすかを見きわめる能力である（行為の違法性を認識する能力という説明のしかたもある[8]）。これがない人は、2 通り想定されている。一つは、**未成年者のうち責任弁識能力を持たない者**であり（民法 712 条）、他の一つは、**精神上の障害により責任弁識能力に欠ける状態の者**である（民法 713 条）。責任を弁識する知能を持たない未成年者（未成年者全部ではないことに注意）は、民法では何歳と決めてあるわけではなく、個別に判断することになるが、大体小学校卒業前後が基準となっている。後者の責任を弁識し判断する能力を失っている者については、わざと度を過ごした飲酒をして一時的に弁識能力を欠く心神喪失の状態を作ったなどの場合には、この限りではないとされている（同条ただし書）。

さて、それではこういう場合は誰が責任を負うのか。これは、それら責

---

[8] かつて過失を精神の緊張を欠いたという主観的な不注意ととらえていた時代には、この責任能力は、過失を問う当然の前提であった（責任能力のない者には精神を緊張させて注意せよとはいえない）。しかし、過失を客観的な結果回避義務違反とすると、責任能力のない者についても、客観的に結果回避義務に違反したと見える状況は発生しうる。そこで今日では、責任能力という要件は、それがない者には不法行為責任を負わせられないという政策的な保護手段と位置づけられるようになってきた。

任無能力者の監督義務者が責任を負うことになる。法定の監督義務者（未成年者なら、親権者たる親）とかその代理監督者（子供の場合は保母や教員、精神障害による責任弁識能力喪失状態の者の場合は精神病院の医師など）ということになる（714条）。ただしこれも、監督義務者や代理監督者が義務を怠っていなければ免責されるが（同条①項②項）、実際にはなんらかの義務懈怠があったとされるケースが多いようである[9]。

III 不法行為の効果

(1) 損害賠償の方法

賠償の方法は、債務不履行の場合と同様に、金銭賠償が原則である（民法722条①項）。金銭賠償の原則の例外として、名誉毀損の場合には、裁判所が、損害賠償に代えてまたは損害賠償とともに、「名誉を回復するのに適当な処分」を命じることができる（723条）。具体的には、新聞紙上の取消広告、謝罪広告等が用いられる。

さて、過去に発生した損害が賠償の対象となるのはもちろんであるが、では、これから発生する損害を発生しないように差し止めるということは、この不法行為の損害賠償請求権の内容となりうるか。プライバシーの侵害や、平穏な生活利益（環境権と呼ぶこともある）の侵害などの場合にこのような問題が出てくる。明文の規定がなく、難しいところで、継続する不法行為の差し止めまでを認めたものはまだ少ない[1]。

---

[9] ちなみに、たとえば中学生くらいの未成年者が責任能力ありとされた場合には、714条の反対解釈をすれば、親には責任がないことになるが、中学生に賠償する経済力はないのが普通である。そこで判例は、こういう場合、親に損害発生につき監督義務違反の過失がありそれと損害発生との間に因果関係があれば、親に709条の不法行為責任を負わせている（最判昭49・3・22民集28巻2号347頁）。

[1] 名誉毀損の記事が掲載されている雑誌の販売に対し事前の差し止め（販売中止）を認めた判決がある（最大判昭61・6・11民集40巻4号872頁〔北方ジャーナル事件〕）。

(2) 損害賠償の範囲

不法行為の損害賠償については、規定上は、その不法行為によって生じた全損害が賠償の対象となる。これは、被害者の救済という意味では当然のことではある。しかし、それは、不合理な範囲まで常に賠償義務があることを意味するわけではない。判例・通説は、**相当因果関係**というドイツから輸入した概念を使って、賠償範囲を相当な範囲に限定している。これは、第一次大戦直前の海難事故で、沈没した船の持ち主が、事故後に急騰した船の価格をもとに賠償請求した事件で出された判決（富喜丸事件と呼ばれる大連判大 15・5・22 民集 5 巻 386 頁）が先例になっている[2]。

(3) 過失相殺(そうさい)

①総説　これは、お互いの貸金を対当額でなしにするような、いわゆる相殺[3]とは異なる。たとえば、車の運転者の前方不注意による交通事故だが、怪我をした歩行者にも、突然道路に飛び出したという落ち度があったとする。この場合、損害の発生または拡大について被害者にも過失があったときは、裁判所は公平の見地からそれを考慮して賠償額を軽減できる（722条②項）。つまり、損害額が 100 万円で、それだけの損害の発生したことについては加害者側に 8 割、被害者側にも 2 割の過失があったと考えられるなら、賠償額を 80 万円に軽減する。これが過失相殺である（裁判官は、職権で、つまり加害者側の主張なしに、過失相殺をすることができる）。

---

[2] この判決は、（不法行為には賠償範囲を制限する条文がないので）債務不履行の損害賠償について制限賠償主義を採っている民法 416 条が不法行為にも準用され、賠償は相当因果関係の範囲内に制限されると述べた。これが判例のリーディングケースになったわけだが、理論的には問題も多い（つまり、損害賠償の範囲については、わざわざドイツ法のいう「相当因果関係の範囲内」という表現を用いずに、民法 416 条の規定そのままに、通常生ずべき損害（通常損害）については当然賠償の範囲となるが、特別事情で生じた損害（特別損害）については加害者の予見可能性があった範囲で賠償の対象にすると言えばよかった）。なおこの点は、債権総論のテキストで、債務不履行の損害賠償の範囲のところを復習しておいていただきたい。池田『新標準・総論』第 3 章 Ⅳ(3)参照。

[3] 相殺については池田『新標準・総論』第 7 章 Ⅴ参照。

ここでの過失というのは、最初に述べた不法行為の成立要件としての過失のような厳密なものでなく、被害者側の落ち度と考えればよい。要するにこの過失相殺は、まさに不法行為が「損害の公平な塡補」のための制度であることから、その損害額の発生に見合った責任を負担させるというものである。

②被害者側の過失（過失相殺の対象の人的範囲） 判例は、722条②項の「過失」には、被害者本人の過失だけでなく、広く「被害者側の過失」が含まれると解している。具体的には、「被害者と身分上ないし生活関係上一体をなすとみられるような関係にある者の過失」という基準が立てられている（最判昭42・6・27民集21巻6号1507頁）。たとえば、幼児が道路に飛び出して交通事故にあったという場合は、その幼児を連れていた父母の過失は過失相殺の対象になるが、保育園の保母が引率していた場合の保母の過失は対象にならない。同様に夫の運転していた車で事故にあって怪我をした妻から相手方への賠償請求に関しても、夫の過失が斟酌されることになる（最判昭51・3・25民集30巻2号160頁）。

③過失相殺の類推適用 最近の判例は、裁判所は損害賠償の額を定めるにあたり、被害者側の心因的要因（特別の性格とか性向）または身体的素因（特異体質や疾患）をも722条②項の類推適用として斟酌できるという立場をとっている（素因斟酌肯定説）（心因的要因について最判昭63・4・21民集42巻4号243頁、身体的素因について最判平4・6・25民集46巻4号400頁。ただし、疾患でない身体的特徴は考慮されない。最判平8・10・29民集50巻9号2474頁）。

(4) 損益相殺

不法行為の被害者が損害を被ったと同時にその不法行為によって利益を受けた場合は、損害の額から利益の額を控除した残額を加害者が賠償すべき損害額と認定する。これが損益相殺である。民法典には規定がないが、これが認められることについて判例・学説ともに異論がない。たとえば、使用者の行為による労働災害について、被害者に労災保険給付がなされたときは、使用者の損害賠償額から労災保険給付の額が控除される（最判昭

52・10・25民集31巻6号836頁)。しかし、生命保険契約の被保険者が死亡した場合に、相続人に給付された生命保険金は、賠償額から控除されない。生命保険金は保険料の対価であって不法行為とは関係がないという理由である（最判昭39・9・25民集18巻7号1528頁）。

Ⅳ 特殊な不法行為

(1) 序説

以下には、709条の一般不法行為とはちょっと異なる不法行為を説明する。何が異なるのかといえば、成立要件が多少違い、部分的に無過失責任の要素が入っていたりして、責任が重くなっているのである。ただ、ほとんどは完全な無過失責任ではなく、一定のことをしていれば責任を免れる、という免責事由が付いている（言葉を変えて言えば、故意過失の立証責任が転換されていて、行為者側で落ち度のなかったことを立証すれば免責される）。こういうものを「**中間的責任**」と呼ぶこともある。先に挙げた、責任無能力者の監督者の責任もこの一例である。

(2) 使用者責任

①**総説** ある事業をするために人を使う者（使用者）は、その自分が使っている者（被用者）がその事業の執行について他人に損害を与えた場合にそれを賠償する責任を負わされる（民法715条）。これを使用者責任という。つまりこれは、自分自身が不法行為をしたのではなくても、被用者のした不法行為について、代わって責任を負うという制度である。会社の運転手が交通事故で他人に怪我をさせたら、会社が代わって損害賠償をするというのである。この場合も、使用者は、被用者の選任と監督について相当の注意をした場合、また相当の注意をしても損害が生じたであろう場合は、免責される（同条①項ただし書）。使用者に代わって監督をする者も同じである（同条②項）。けれども実際にはこの選任監督に十分注意して落ち度がなかったという証明はなかなか認められず、使用者の無過失責任に近いものが認められているようである。ただし、民法は、損害賠償に応

じた使用者または代理監督者が、不法行為をした被用者に求償できることを認めている（同条③項）。

②**被用者の不法行為責任と使用者の責任**　したがってこの使用者責任が成立するのは、まず、被用者自身の不法行為が成立する場合である。そうすると、被害者は、被用者に本人の709条に基づく不法行為の損害賠償を求めても、使用者に、715条に基づく使用者責任による賠償を求めてもいいことになる。この場合の被用者と使用者の責任の関係は、どちらも請求されたら全額の支払義務があって、しかもどちらかが全額支払えばそこで債務が消える、という関係になる（後述(6)の共同不法行為のところの説明を参照）。

③**「事業の執行につき」の要件**　また、被用者自身の不法行為は、使用者の事業の執行についてなされたことが必要だが、今日の判例・通説は、外形理論（外形標準説）といって、事業の執行と不可分一体でなくとも、外形的に事業の執行とみられるものならばよいとしている（大連判大15・10・13民集5巻785頁等）。使用・被用の関係も、ゆるやかに解されていて、厳密に正式な雇用契約が結ばれていなくてもよいとされる。たとえば、雇用契約が終わった直後に会社の車を運転して事故を起こしたような場合でもよい。

④**求償関係**　さらに、715条③項による被用者への求償については、たとえば、会社が運転手に過酷な労働をさせていたために事故を起こしたというようなケースでは、会社が賠償金をそのまま全額運転手に求償できるとするのは問題だろう。そこで、この使用者から被用者への求償は、信義則上制限されることがあるとするのが最近の判例・通説である（最判昭51・7・8民集30巻7号689頁等参照）。

(3) 注文者の責任

民法716条は、請負契約の注文者は請負人がその仕事について第三者に加えた損害の賠償責任を負わないと規定する（同条本文）。請負人は自己の裁量で仕事をするので、注文者と請負人は715条の使用者と被用者のような関係には立たないことを示した規定であるが、そのただし書で、注文

または指図について注文者に過失があったときはこの限りでないとしている。つまり、不適切な注文や指図をして仕事をさせた場合は注文者が責任を負うのである。実質的に意味があるのは、このただし書のほうである。

(4) 土地工作物責任

① 総説　たとえば、Aの家をBが借りて住んでいたら、壁のタイルが剝がれ落ちて、通行人Cに当たり怪我をさせた。なお、この壁の剝がれは、建築を請け負ったDの手抜き工事によるものだった。こういう、家屋や塀のような土地上の工作物の設置や保存に瑕疵があった場合には、誰が賠償の責任を負うか。これは、民法717条によって、三段がまえで処理されることが規定されている。①まず第1に責任を負うのは、その工作物の占有者、つまり実際にその工作物を持ったり使ったりしている人が責任を負う。上の例の場合は借家人Bである。②ただし、この占有者が損害の発生を防止する注意をしていたときは、占有者は責任を免れ、この場合は所有者が責任を負う。上の例ではAである。この所有者の責任は占有者と異なり、免責の証明が認められていないので、いわば（瑕疵の存在を前提とした）無過失責任である（以上717条①項）。③さらに、この損害の原因を引き起こした責任が他の者にある場合（上の例ならDの手抜き工事）には、賠償をしたBまたはAが、その者（D）に求償権を行使できる（つまり、自分がCに払った賠償金の分を請求できる。同条③項）。

②土地工作物責任の要件　「土地の工作物」とは、土地に接着して人工的作業を加えることによって成立するものをいう（大判昭3・6・7民集7巻443頁）。典型的には、建物、塀、石垣、道路、橋などである。判例はかつては土地に直接接着するものであることを要求していたが、現在ではこの接着性は緩和されている（工場内の旋盤などでも認められている）。土地自体でも、自然の地形に造成等の加工を加えたものは土地工作物となる（ゴルフコース、スキーゲレンデ等）。なお、竹木は、土地の工作物とはいえないが、木が折れたり、倒れたりする危険をはらんでいる。したがって、竹木の栽植または支持に瑕疵があって他人に損害を与えた場合も、土地工作物責任の規定が準用される（717条②項）。

「設置」の瑕疵とは当初から瑕疵があることをいい、「保存」に瑕疵があるとは、維持・管理されている間に瑕疵が生じたことをいう。なお、遮断機のない踏切での事故について、踏切道の軌道施設を土地工作物として、かつその保安設備が安全性を欠く場合は、工作物たる軌道施設の設置に瑕疵があるとした判例もある（最判昭 46・4・23 民集 25 巻 3 号 351 頁）。

(5) 動物占有者の責任

動物の占有者（所有者でも借りて飼っている人でもいい）や、占有者に代わって管理している者（運送人や預かった人）は、その動物が他人に加えた損害を賠償する責任を負う（民法 718 条）。これにも、動物の種類および性質に従って相当の注意をもって管理した場合はこの限りでないという免責事由がついているが、その免責の立証は簡単には認められないようである。この規定も、最近のペットブームでまた重要性を持つようになってきた。

(6) 共同不法行為

①**総説**　たとえば A・B・C の 3 人で D を殴って怪我をさせたとか、甲乙 2 台の車が衝突してそのはずみで歩行者丙に怪我をさせたという場合には、それらの加害者が連帯して賠償責任を負う。A・B・C の 3 人のうちの 1 人のパンチで D が昏倒して大怪我をしたのだが誰のパンチだかわからない、という場合も同様である（719 条①項）。これを共同不法行為という。教唆した者（そそのかした者）や幇助した者（手伝った者）も共同行為者とみなされる（同条②項）。ここでは、行為者各自に連帯して賠償する責任を認めることによって、責任を重くしている。

②**連帯の意味**　その、「連帯して」という言葉の意味が問題になるが、今日の判例・通説は、各加害者とも被害者から請求されたら賠償額全額まで支払う義務があり（被害者は満額に満ちるまで誰から払わせてもよい）、加えて、加害者のうちの 1 人に債務免除などがされても他の加害者には影響しないという関係と考えてきた（これを**不真正連帯債務**と呼ぶ）。つまり、平成 29 年改正までの連帯債務の場合は、免除に絶対効が認められていた

ため（改正前437条）、うっかり共同行為者のうちの1人を免除すると、被免除者の負担部分について残りの不法行為者に賠償請求が認められなくなってしまう。そこで、被害者保護を十全にするため、ここでは、共同不法行為者は通常、示し合わせて不法行為をするわけではないので、連帯債務の場合に主観的な共同関係を基礎に広く認められていた絶対的効力事由が（弁済などを除いては）否定される、「不真正」連帯債務という構成を案出したのである[1]。しかし、平成29年改正法は、免除について相対効しか持たない事由に改めたため、あえてこの不真正連帯債務という構成を用いる必要はなくなっている。

③共同不法行為の要件　719条は、共同不法行為自体を定義しているわけではないので、その要件についてはさまざまな議論がある。その中で共通の理解と呼べるものを探せば、719条①項前段の共同不法行為が成立するための要件は、数人がそれぞれ独立の行為を行ったことと、それらの行為は因果関係の部分を除けばそれぞれ不法行為の成立要件を満たすものであって、結果的にそれらの行為が共同して行われたことと損害の間に因果関係があれば、それを共同不法行為と評価する、ということであろう。

さらに同条①項後段の場合は、数人の行為のうちだれの行為が損害に結びついたのかは不明でもよいということである。判例および学説の多数の見解は、それら複数の行為者の間には、意思的な関与は必要なく、客観的に関連共同性が認められればよい（客観的に1個の不法行為と認められればよい）とする。したがって、別々の会社の工場が同じ川に廃液を流してそれらの複合汚染の結果、流域の住民に健康被害が出たようなケースも共同不法行為となる（たとえば最判昭43・4・23民集22巻4号964頁（山王川事件）の判決理由参照）。

もっとも、最近の判例はこの関連共同性をさらに広く認める傾向があり、交通事故で負傷した被害者が運び込まれた病院の医療過誤でさらにその被害を大きくして死亡したケースでも共同不法行為の成立が認められている（つまり不法行為は異なる時点で2つ行われているのだが、それらを死亡とい

---

[1]　連帯債務および不真正連帯債務（真正を真性と書き間違えないように）については、債権総論で学ぶ。池田『新標準・総論』第5章Ⅳ(4)参照。

う損害に結びつく1つの共同不法行為と評価している。最判平13・3・13民集55巻2号328頁)。しかし学説ではこれは2つの不法行為の競合とみるべきという意見も強い(共同不法行為であれば、交通事故の加害者と医療ミスをした医師の双方がそれぞれ全額の賠償責任を負う。したがって、被害者の賠償請求には有利になる。これに対して、不法行為の競合ということであれば、死亡という結果に対する両者の寄与度によって責任が減ぜられる可能性があると論じられている)。さらに、判例のこのような共同不法行為概念の拡張は、当事者の過失相殺の方法についても新たな議論を呼んでいる★。

> ★Plus One 共同不法行為における過失相殺
> 　共同不法行為における過失相殺には、相対的過失相殺と絶対的過失相殺という2つの方法があるとされる。相対的過失相殺は、被害者Xと共同不法行為者Y_1・Y_2とのそれぞれの関係ごとに過失相殺をするもので、Xの損害額全額についてまずX対Y_1で過失相殺してY_1への賠償請求額を算定し、次にX対Y_2で過失相殺をしてY_2への賠償請求額を算定する。これに対して、絶対的過失相殺は、ひとつの共同不法行為の中で、たとえばY_1が違法な路上駐車をしていたので、後から来たY_2がセンターラインを越えて走行し、対向してきたX車と衝突し100万円の損害を与えたという事例でいえば、Xにも2割方の前方不注意という落ち度があったとして、事故(損害惹起)に対する過失割合がY_1が30%・Y_2が50%、Xが20%と認定できるとすれば、Xは共同不法行為者(不真正連帯債務者)Y_1・Y_2に対して80万円の請求ができるということになる。前者は本文に掲げた最判平13・3・13民集55巻2号328頁で採られており、後者は最判平15・7・11民集57巻7号815頁で採用された。ただここで、学習者が「2つの判例のやり方が矛盾する」とか、「前の判例は変更されたのか」などという勉強の仕方をしたら、それは間違いであるから注意してほしい。前者の事例は、本文にも書いたとおり、Y_1が交通事故の加害者で、Y_2はその被害者Xの治療にあたってさらに医療過誤を犯した加害者である。そもそもこれは、被害者の死亡という一つの結果に結びついてはいるが、異時的な、競合的不法行為(2つの不法行為の競合)と見るべきものであったのであって、2つの不法行為は性質が異なり、運転者と医師の斟酌すべき過失(落ち度)の内容も異なる。こういう

ものが絶対的過失相殺の対象にできるはずがないのである。だから、本来の同時1回的共同不法行為であれば、被害者および全加害者の過失割合が算定できるかぎり、絶対的過失相殺で行くべきであろう。判例は、異なった種類の紛争解決のためにそれぞれ適切と考えた過失相殺方法を採用したものであって、15年判決で13年判決を変更するなどという筋合いのものではそもそもない（専門家は「射程が及ばない」という言い方をする）。後から出た15年判決のほうがむしろ本筋で、13年判決は無理に共同不法行為にしたので、過失相殺は相対的にせざるを得なかった、と読むべきではなかろうか。いずれにしても、各判決は個別の紛争解決のために出されるものであること、したがって、判例を読む場合は何よりも事実把握が大切であることを、忘れないでいただきたい。

V その他の問題

(1) 胎児の地位

　我々が、法律上の権利を享受する主体になりうる（これを法律用語で「権利能力を持つ」という）のは、生まれた時からである。民法3条①項（平成16年改正までは1条ノ3）は、「私権の享有は、出生に始まる」と規定している。そうすると、出生するまでは権利能力がないので損害賠償請求権もないことになるが、民法は、「胎児は、損害賠償の請求権については、既に生まれたものとみなす」と例外を定めた（民法721条）。たとえば夫が妊娠中の妻を残して交通事故で亡くなった場合、妻はお腹の子供と2人分の損害賠償が請求できるわけである。

(2) 死者の損害賠償請求権の相続性

　死者の損害賠償請求権（財産的損害と精神的損害）が相続されるかどうかという問題が、古くから判例・学説上議論されてきた。まず財産的損害（逸失利益）については、重傷の場合には本人に損害賠償請求権が発生して死亡時には金銭債権として当然相続されるのに、即死の場合に相続され

ないのはおかしいという考え方から、判例は即死の場合にも障害と死亡との間に観念上時間的な間隔があるとして逸失利益の損害賠償請求権の相続性を認め（大判大 15・2・16 民集 5 巻 150 頁）、この相続肯定説が今日まで判例の立場となっている。これに対して学説では、相続を否定して遺族固有の扶養請求権などで処理する見解も強いが、それだと計算される金額が少なくなるという実質的な問題が指摘されており、判例に賛成するものも多い。これに対して精神的損害（慰謝料）のほうは、古い判例は、慰謝料はその人本人の一身専属的な権利であるから、死亡前に慰謝料請求のなんらかの意思表示がなければ相続できないという立場を採っていたが、批判を受けて、大法廷判決で、死者本人は意思表明なしに損害の発生と同時に慰謝料請求権を取得し、それが当然に相続されるとした（最大判昭 42・11・1 民集 21 巻 9 号 2249 頁）。しかし学説は、遺族固有の慰謝料を考えればよいとして相続否定説が強い。

(3) 正当防衛と緊急避難

①**正当防衛**　他人の不法行為に対して自己または第三者の権利を防衛するためやむを得ずに加害行為をした者は不法行為責任を免れる。これが正当防衛である（民法 720 条①項本文）。ただし、正当防衛と認められるためには、防衛のための加害行為が、当該他人の不法行為と比較してそれほど過大でないことが必要とされる。たとえば、（実際に類似のケースが裁判例にあるものだが）酔っ払いが自分と一緒にいた女性にしつこくからんできたため、柔道の技で投げたところ、酔っ払いが打ちどころが悪く全身麻痺の重傷を負ってしまった、というケースでは、過剰防衛と判断され、損害賠償責任を免れるわけにはいかない（もちろん先述Ⅲ(3)の過失相殺はありうるが）。なお、正当防衛が認められる場合で、たとえば、A は、B が殴りかかってきたのでそれを避けるために C の家の庭に逃げ込んで垣根を壊した、というように、被害者として第三者 C が現れている場合には、その被害者は、不法行為をした B に損害賠償を請求することができる（同条①項ただし書）。

②**緊急避難**　720 条②項は、前項の規定は他人の物から生じた急迫の

危難を避けるためにその物を損傷した場合に準用されるとしている。これが緊急避難である。注意してほしいのは、緊急避難は他人の物から生じた急迫の危難が問題になっていて、さらにその物を損傷したケースが対象なのである。したがって、たとえば、誰かの飼い犬が鎖を切って暴走し、自分に噛み付いてきたのでその犬を殺傷してしまった場合とか、誰かの車がサイドブレーキを引いていなかったために動き出し、轢かれそうになったのでとっさにその車を横から押してボディをへこませた場合、などがその例になるが、他人が殴りかかってきたのでそれを避けるために別の家の庭に逃げ込んで垣根を壊した、というのは、正当防衛の例にはなるが緊急避難ではない[1]。

(4) 不法行為の損害賠償請求権の消滅時効

債権は、長期間行使しないで放っておくと、時効にかかって消滅する（一般の債権の時効は行使することを知った時から5年、または行使できる時から10年である。平成29年改正後の民法166条①項）。では、不法行為の損害賠償は、いつまで請求できるのか。債務不履行の損害賠償なら、不履行をした契約の相手がわかっているのは当然である。しかし、不法行為は、轢き逃げのように、加害者が誰だかわからないことや、工場廃液汚染のように、いつ被害を受けていたのかさえはっきり認識できないときもある。だから、民法724条は、時効を不法行為の時から20年とし、また一方で、損害および加害者を知った時からは3年とするという二重の期間制限の規定を置いた（正確にいうと、724条は1号で3年の短期時効を規定し、2号で「不法行為の時から20年間行使しないとき」の長期時効を規定している。3年の短期時効を置いた理由は、時間が経った場合の立証の困難等がいわれている）。

なお、20年の期間については、平成29年改正前は、判例（最判平元・12・21民集43巻12号2209頁）や学説の多数説は、時効ではなくて除斥期間であるとしていた。中断や停止で20年がさらに延びてしまうことが不

---

[1] またここでいう緊急避難は、刑法で用いる緊急避難の概念とも異なることに注意を要する。

適切であるという理由からであるが、本書では立法沿革からはこの 20 年も時効と見るべきであると主張してきた[2][3]。最近の学説では、この時効説が支持をふやしていたが、平成 29 年改正で時効と明示された。

さらに、平成 29 年改正法は、人の生命・身体を害する不法行為については、上記 724 条の「損害及び加害者を知った時から」の短期時効を、3 年ではなく 5 年に伸長する規定を新設した (724 条の 2)。

VI 現代型不法行為

現代の不法行為は、さまざまな形態のものに広がっている。とりわけ特徴的なのは、いわゆる取引的不法行為の増大、すなわち契約と不法行為の接近である。たとえば、企業がコンピューターシステムを新しいものに作り変えることをシステム会社に発注する**システム開発契約**というものがあるが、システム会社が準備を始めたが結局うまくいかなかったというケースで、正式契約の前の段階での説明義務違反として、不法行為の損害賠償を認めた事案がある。また、名誉毀損のケースでも、たとえば大学教員が授業で示したパワーポイントの一画面を学生が写真に撮り、誤解を招くコ

---

[2] 除斥期間としてきた最高裁も、近年では、幼時の予防接種の副作用で寝たきりの状態になった原告が、接種後 22 年経って国に対して損害賠償を請求した事案 (時効ならば改正前の停止規定を使って保護できた) で、20 年をなお除斥期間としながらも、正義・公平の理念から、改正前 724 条後段の (20 年という期間制限の) 効果を制限することが条理にかなうとして訴えを認めていた (最判平 10・6・12 民集 52 巻 4 号 1087 頁)。硬直した除斥期間説ではうまくいかないことを如実に示した判決といえるが、この時点で端的に 20 年も時効であるというべきであった。

[3] この点、立法沿革を見ると、日本民法 (明治民法) は制定過程において、20 年を消滅時効の基本期間としており、それを最終段階の第 9 回帝国議会における審議で通常の債権については 10 年という期間 (改正前 167 条①項) に改めている。内池慶四郎『不法行為責任の消滅時効』(成文堂・1993 年) は、そのことを詳細に考証し、当時の判例・通説が 724 条の 20 年を除斥期間だとしていた点を、これも時効であると反論した。法律学における学説というもののあり方を示す好例である。

メントをつけてSNSで拡散したケースで、教員に対する学生の不法行為を認めて損害賠償を命じた事案もある。

Ⅶ 不法行為の特別法

(1) 国家賠償法

①総説　国または公共団体の活動や管理物等によって私人が損害を被った場合には、民法の特別法として位置づけられている「国家賠償法」（以下国賠法と略す）による損害賠償が問題となる。同法は、民法に対応する2種類の責任を規定している。第1は、公務員（公権力の行使にあたる者）がその職務を行うについて与えた損害に対する国等の賠償責任であり（国賠法1条①項）、第2は、公（おおやけ）の営造物の瑕疵によって生じた損害に対する国等の賠償責任である（国賠法2条、営造物責任と呼ばれる）。

②国賠法1条の責任　国賠法1条の責任は、民法の使用者責任（715条）に対応するものであるが、715条ただし書に相当する免責事由はなく、国等が負うのは無過失責任である。そこでいう「公権力の行使」の意義が問題になるが、判例（東京高判昭56・11・13判時1028号45頁）・通説は、私経済作用と営造物の設置管理作用を除く一切の行政作用をいうとしている。国公立学校での教育も「公権力の行使」にあたるが（最判昭62・2・6判時1232号100頁）、国公立病院での医療については、強制・勧奨による予防接種を除いては公権力行使にあたらないとする（民法を適用する）のが一般的な見解である。

なお、1条①項責任が成立する場合も、加害公務員個人が直接被害者に対して賠償責任を負うか否かについては、国賠法には規定はないが、判例は一貫して個人責任を否定している（最判昭30・4・19民集9巻5号534頁等）。

1条②項は、加害公務員に故意または重大な過失があった場合には、国または公共団体は、その公務員に対して求償権を有することを規定する（715条の求償権よりも明文で限定がされている）。

③国賠法2条の責任（営造物責任）　国賠法2条の責任は、民法の工作

物責任（717条）に対応するが、公の営造物は、いわゆる人工的な工作物には限定されず、条文で明示された道路・河川のほか、ダム、堤防、官公庁舎、公立学校校舎、公園遊具、さらには、自然の海岸や湖沼も含まれる（自然公物と呼ばれる）。「設置又は管理の瑕疵」とは、判例では「営造物が通常有すべき安全性を欠いていること」をいうとされる（国道上への落石に関する最判昭45・8・20民集24巻9号1268頁）。河川などの自然公物について特有の考慮がなされた例としては、改修中の河川の溢水型水害の事案で、「改修・整備の過程に対応するいわば過渡的な安全性」で足り、「同種・同規模の河川の管理の一般水準及び社会通念に照らして是認しうる安全性」が基準になるとしたものがある（大東水害訴訟とよばれる最判昭59・1・26民集38巻2号53頁。比較として改修済み河川の破堤型水害に関する最判平2・12・13民集44巻9号1186頁〔多摩川水害訴訟〕）。

(2) 自動車損害賠償保障法

ここで、読者諸君にも身近な交通事故の問題についての特別法にふれておこう。自動車による交通事故の場合は、自動車損害賠償保障法（自賠法と略す）という民法の特別法が関係してくる。この法律では、①「運行供用者」という概念で、自動車の保有者など、実際の運転者以外の一定の範囲の人にも賠償責任を負わせる（実際の運転者は当然民法709条の不法行為の責任を負う。したがって、自動車の保有者たる運転者は、両方の責任を負う）、②強制的な損害賠償責任保険（自賠責保険などと略される）の制度を作って、自動車の保有者に必ず加入させ、そこから賠償金が払われるようにする（轢き逃げの場合も被害者は政府の損害賠償保障事業により賠償を受けられる）、などという被害者保護のための方策を図っている。

この法律は3条で、運行供用者すなわち「自己のために自動車を運行の用に供する者」は、自己および運転者に過失がなかったこと、被害者または運転者以外の第三者の故意・過失があったこと、自動車の構造上の欠陥や機能上の障害がなかったことをすべて証明しなければ責任を免れないという、実質的に無過失責任に近い厳しい責任を課している。これは、自動車という危険なものを使って利益や利便を得ている者に責任を負わせる、

という、危険責任の考え方の現れと説明される。そこで、自動車事故の被害者は、通常の場合、まず、この自賠責保険から損害額の回収を図り、もし不足があればその分を民法上の不法行為によって損害賠償請求していくことになる。

　この自賠法3条にいう運行供用者になるかどうかは、自動車の運行に支配を及ぼし、その運行から利益を上げているという基準で判断される。したがって自動車の保有者は一般に運行供用者であるといえるが、自動車が盗まれて運転された場合には、泥棒運転者が運行供用者になる。また判例は、この運行供用者概念を広げる傾向になり、レンタカー会社を運行供用者にしたものや、同居する未成年の子供に自動車を買い与え、保険料その他の経費も払っていた父親を運行供用者としたものがある[1][2]。

---

[1] またこの自賠法3条では、運行供用者および運転者を除く「他人」の人身損害について賠償責任が生じることになっているので、事故車の同乗者がこの「他人」にあたるかどうかが大きな問題になる。判例は、被害者保護の観点からこの「他人性」も拡張する傾向になる。たとえば、夫の運転する自動車に同乗中の事故で負傷した妻も「他人」であるとした判例がある（最判昭47・5・30民集26巻4号898頁）。なお、自賠法3条では物的損害は対象にしていないので、被害者の衣服・持ち物などの損害は、（加害者が任意保険に入っている場合はそこから給付される場合があるが、そうでなければ）民法709条の不法行為で賠償請求することになる。

[2] 法律論からは外れるが、実際の事故にあった場合は、現場を保存して警察に来てもらい、「事故証明」を発行してもらうことが肝要である。事故証明がないと、相手方の自動車損害賠償責任保険からの給付をもらえないことがある。もし大きな怪我や後遺症が出て、保険金では足りないとなって不法行為の損害賠償を請求する場合も、事故証明なしでは事実関係の立証が難しくなろう。

第7章　学習ガイダンス

　本章の内容は、姉妹編である池田真朗『新標準講義民法債権総論』（慶應義塾大学出版会）第**8**章の「学習ガイダンス」の続編である。以下の記述を読む際には、是非この債権総論のほうの「学習ガイダンス」をもう一度読み直していただきたい（まだ読んでいない人には、この機会に是非読んでいただきたい）。両者が合わさってはじめて完全なガイダンスになるように構成しているからである。

　以下には、試験の答案の書き方という、学習あるいは単位取得のための実際的なアドバイスから、将来の進路についてのアドバイスまでを行っておきたい。

I　民法債権各論の学習のポイント

　姉妹編『新標準講義民法債権総論』（以下『新標準・総論』と引用）の第**8**章Ⅱ学習上の留意点に書いた中から、とくに一点だけ、債権各論の学習において最も留意してほしいことを再説する。それは、「類推」ということである（さらに、「想像」「予測」といってもよい）。ことに「民法は条文が多い、中でも債権各論は範囲が広い」ということでうんざりしている人に伝えておきたい。頭から全部の条文を覚えにかかってはいけない。それは、効率が悪いだけでなく、正しい学習方法ではない。

　私は姉妹編に書いた。「民法はそれぞれの条文が、想定される状況での当事者の利益の対立を調整しているわけだから、似たような状況では、似たような規定が置かれることになる。勉強しているうちに、『あそこでこういう規定があったからここでも同じような規定があるはずだ』という類推がきくようになれば、だいぶ勉強が能率的になるし、それはまた、民法の体系的な理解が進んできたということになる」と。このアドバイスは、債権各論の学習に、もっとも良くあてはまる。

　たとえば、贈与を学習したら、使用貸借に書いてあることはかなり予測がつく。いわゆる担保責任のレベルも、有償契約か無償契約かを前提に想定してみればよい。こうなると、民法の学習は飛躍的に進むようになる。本書を読み進む際にも、次の頁にはどんなことが書いてあるのか、先にある程度想像してから頁をめくることができるようになってくる。ここまでくればしめたものである。

　そうなる必然性は、民法典の中にある。そもそも民法というものは、ことに債権法の分野は、我々が自分たちで作ったルールを、法が吸い上げて法典化しているものと思ってよい（第**1**章Ⅱの記述も参照）。だから、誰も考えつかないような突飛な規定はそもそも存在しないはずなのである。一つひとつの条文を単純に覚えなければいけないのだったら、私だって嫌気がさし、たぶん民法学者にはなっていない。民法学習は、イメージを膨らませ、類推をきかせながら、楽しくやっていただきたい。

Ⅱ　試験の答案の書き方

つぎに、試験の答案の書き方についてアドバイスをしよう。ちなみに、「試験の受け方」については、『新標準・総論』（同書第**8**章Ⅶ）のほうに書いた通り、①まず十分な準備をすること、②問題を読み違えないようにすること、③条文だけ書き連ねても点数はもらえないこと、等をよく頭に入れておいてほしい。ここでは、そのような「試験の受け方」からさらに進んで、「答案の書き方」を解説しようというわけである。

(1)　問題の種類

最初に、問題の種類ないしは分類をしておこう。

①単純1行問題　法律の試験の世界で「1行問題」というのは、「事例問題」と対比されるものである。つまり、「事例問題」が、「Xは何年何月何日にYの所有する建物を……」などといわゆるケースを素材に出題されるのに対し、「1行問題」と呼ばれるのは、「……について述べよ」という形式で出される問題である。もちろん、この形式の出題で、学説・判例上議論の多い大きなテーマを聞いて、大論文を書かせる試験も可能である（たとえば、「瑕疵担保責任（改正後の契約不適合責任）の法的性質を論ぜよ」などというように）。ただ、昔はこのような出題もわりと多かったが、最近は少なくなっている。とくに民法の世界では、具体的な事案での紛争処理が大切なので、単に概念の定義や説明をさせるような問題はあまり有用ではなくなってきているのである。

②例示要求型1行問題　けれども、基本的な事項について、正しく理解をしているかを見るのには、このような1行問題の形式も必要である。そこで、たとえば、具体的な例を示してその概念を説明させる問題が出されることがある。これが「例示要求型1行問題」である。たとえば、「不法原因給付について、具体的な例を示しながら説明せよ」というようなものである。この場合、不法原因給付にあたる具体例が挙げられるかどうか、というところでまず採点がなされる。手元に条文があるのだから、条文上

の定義が書けるのは当たり前なので、このような出題をすることによって、本当に中身がわかっているのかどうかを試すのである。中には、手元に条文があるのに、それをきちんと読み取れないで設例を間違える、などというケースもある。たとえば「緊急避難」などはそういう答案が多い。

　③**用語解説問題**　同様に、用語を解説させて基本的知識を確認する問題もある。この場合は、出題としては、条文上にない用語をこの方式で聞くのが適切であろう。つまり、条文の中に出てくる概念を聞いたのでは、その条文から見当がついてしまうからである。その意味で、たとえば、「中間的責任」などというのはいい出題である。これがどこで出てくる用語かがわからないというのは、学習が進んでいない証拠である。

　④**正誤（択一式）問題**　これは、ある法律的な文章の正誤を判定させる問題である。単純にひとつの文章を○×で答えさせる場合もあれば、複数の文章から正しいもの（あるいは、誤っているもの）を選び出させる形式もある。後者が、いわゆる択一式の問題ということになる。このバリエーションとして、たとえば5つの文章の中の正しいもの2つを選べというような、組み合わせの解答形式もある。これは、従来から司法試験において（旧試験でも新試験でも）いわゆる「短答式」試験として実施されているものである。期末試験でこのような形態の試験をするケースもある。

　⑤**正誤（簡易記述式）問題**　これは、ある法律的な文章の正誤を判定させ、かつ（正誤の判定だけではだめで）その理由を書かせるものである。私も、期末試験では、事例問題とともに、このような出題形式を採用している（池田『新標準・総論』第8章Ⅶ(2)参照）。この場合は、正誤の判断について決定的となる理由を（どこがどういう理由で正しくない等）、必要十分に書けばよいのであって、それ以外のことを長々と書いても点にならないことに注意したい。④と同様に、問題の文章を正確に読む必要がある。

　⑥**事例問題**　これが現在の民法の出題の主流である。先にも述べたように、具体的な紛争を解決するために、事実関係を法的に評価し、それに条文をあてはめ、さらに場合によっては判例の評価を加えて、結論を導く、という能力を問うには、これが最も適切なのである。以下に事例問題の対処のしかた、答案構成のしかたを述べておこう。なお、たとえば新司法試

験などでは、問題が事例でしかもかなりの長文で聞かれる例が多くなっている。したがって、私は学部の期末試験などでも、その傾向に合わせて、問題の長文化を図っている。したがって、以下の記述は、すべての学習者に精読していただきたいし、さらに、司法試験等、法律関係の国家試験を受ける諸君にはなおさらしっかりマスターしていただきたいのである。

(2) 事例問題の対処のしかた

①法律問題の発見　　かつて、旧司法試験の時代には、事例問題について、「問題文には無駄な記述はないので、しっかり読んで、論点を確認せよ」というところから指導をしたものである。しかしながら、実際の紛争では、依頼者が正確に法律的論点を示して相談に来るだろうか。もちろん、企業法務の担当者が依頼者であるというような場合なら、依頼者自身が相当の法律知識を持っているので、法的論点を外さずに的確な相談をしてくるかもしれない。しかし、一般の市民からの相談であれば、そういうことはかえってまれであろう。法的に評価できないような不満や恨み言をたくさんぶつけてくるかもしれない。そうすると、現実の紛争解決に近づけた事例問題を出すのであれば、以前とは逆に、問題文に無駄な記述、つまり法的評価にあたらない、当該紛争解決のための法律論点に関係のない記述を入れておいたほうが、現実に近いということになりそうである。そのような発想から、最近の新司法試験でも、Xの言い分、Yの言い分、というような形で、長文の問題文の中から法的な争点を選び出させる出題がされている。そこで、私自身の学部期末試験の問題も、そういう趣旨から一般市民の相談事例のような形式を問題文に採用しているのである（池田『新標準・総論』第8章Ⅶ(2)参照）。そうすると、こういう問題では、まず事実の法的評価が必要になる。そして、論じるべき法律問題を発見するところから解答作業が始まるのである。

②事案の条文へのあてはめ　　さて、上の①のように事実評価をすませたとき、あるいは従来型のいわゆる事例問題（たとえば、「AがBと甲土地を売る契約をし……」というような設例があって、「AはBに対して法的にどのような請求をなしうるか」とか、「AB間の法律関係を述べよ」などという問わ

れ方がされるもの）が出たときに、まず第1に考えなければならないのは、それぞれの事実が、民法上どう評価されるのかということ、つまり、事案の条文へのあてはめである。このときには、各制度の「成立要件」の勉強が整理されているかが問題になる。この制度（条文）は、どれとどれとどれがそろっていれば、適用になるのか、ということである。たとえば、「契約通りの履行ができなくなった」のなら一応債務不履行（履行不能）になるが、「債務者の責めに帰すべき事由」が全くなければ債務不履行にならない（債務者は免責される）。近似の諸制度の中のどの制度の問題になるのか、も成立要件でしっかり区別する。たとえば、債務が履行できなくなった状況の中で、どういう場合なら危険負担の問題になるのか（債権者が履行を拒めるのか）等である。人間関係が複雑な事案では、A、B、C等の人物を相互に法律関係の線で結んだ関係図を書きながら整理してみよう。

　③**論点の整理**　　事案の条文へのあてはめを一通りしてみた後で、この問題はいくつの論点を論じるべきものか、を整理してみよう。たとえば、債務不履行があって、契約の解除がされて、しかしそこに権利を害されないはずの第三者が存在して、という事例であれば、1債務不履行の存否、2解除の有効性、3解除と第三者、という具合に論述していくのである。

　④**法的評価の複数性**　　その際に、1つの事実が複数の法的評価を得ることがある、ということも考えてほしい。たとえば、「貸家の賃借人が、火事を出して家屋を焼失させてしまった」という事実は、借主と大家さんの賃貸借契約からすれば、借主の債務不履行（契約終了時にもとの状態で返すべき家屋の返還義務が不能になった）になるし、故意または過失によって火事を出して大家さんに損害を被らせる不法行為であるということもできる。そうすれば、一方で債務不履行として解除や損害賠償の問題が起こるし、一方で不法行為として損害賠償の問題となることもある[1]。

---

[1]　なお、このように法的評価を与えた事実には、主要な特別法による規制があるかどうかも確認しておきたい。たとえば先のような火事の責任の場合には、故意による放火で不法行為になるのはもちろんだが、過失による失火の場合は、特別法（失火責任法）によって重過失があった場合にしか不法行為の賠償責任を問われない、という特殊な問題もある。

⑤**場合分け**　ちょっと高度な話になるが、事案の詳細が不明で、どの成立要件が整うのかわからないというケースでは、「場合分け」をする必要がある。たとえば、「住人が旅行中の隣家の垣根を直した」とあっても、それが旅行中の隣人から家の管理を委託されていたのであれば委任の問題であるし、委託を受けていなかったのなら事務管理になる。このような問題では、念のため、場合を分けて双方のケースに言及しておいたほうがよい。

⑥**判例や学説の言及**　判例や学説に言及するのは、その後の段階である。とくに出題者が判例法理の存在する（条文だけでは決めかねる点について判例の準則が確立している）ところで、その判例法理を聞いている問題であれば（たとえば賃借権の無断譲渡・転貸に関する信頼関係破壊の法理）、判例に言及できなければ失点になるが、逆に学生諸君がいくつか有名判例の勉強などをしている場合に、条文のあてはめを間違え、「あの問題だ」と早とちりして、別のケースに対応する判例を説明したりするのは最悪であるから注意したい[2]（♫**学習の Know How**）。

> **学習の Know How**
>
> 　こうしてみると、試験準備で初学者が一番気をつけなければならないことは、各制度・各条文についての、うろおぼえや中途半端な理解である。丸暗記するのではなく、各制度の趣旨から考察し、なぜこういう規定が置かれるのかを理解する、というところからじっくりと準備してほしい。

---

[2]　ときどき、「当事者の利益較量によって」結論を導いたという答案があるが、利益較量を持ち出すのは、まず条文をあてはめてその条文の解釈をし、さらに判例・学説を参照して、それでも答えが決まらないときの最後の手段と思ってほしい。そういうプロセスを経ずにただ利益較量によるという答案には、点を与えられない。「こうしないと X に酷であるから」というのもまったく同じことである。どちらかがかわいそうだ、と書いただけでは、法律の答案にならない。民法の場合、一方当事者に非常な不利益になるとしたら、それはどこか法律のあてはめが間違っているか、判例による補正を知らないか、等々の原因があるのである。

⑦**答案構成**　答案は、以上のことをまとめてから初めて書き出すべきものである。したがって、記述すべき論点の順序なども考えてから書き出すのである（これも得点に大いに影響する。なぜなら、書くべき論点にすべてふれてあったとしても、論点の中には、これが判断できなければ、あれは決まらない、というように、論理的に判断の順序が確定するはずのものがあり、それが順番が逆になっていたりすればかなりの減点は免れないものだからである）。なお、論述の中では根拠条文の条文番号を付記しておくのがよいが、その条文自体を書き写す必要はない（中には、一見立派な答案に仕立てるために、あたかも自分の文章のように条文を長々引用しているものがあるが、こういうごまかしは通用しない。かえってマイナスになる）。

⑧**心構え**　いずれにしても、事例問題が出た場合には、まず慌てないことが一番大事である。落ち着いて、問題文をよく読み、糸を1本ずつ解きほぐすことを考えよう。

Ⅲ　法律科目というものの基本的把握

　ここまで学習を進めてきた諸君には、ほとんど言う必要のないことであろうが、中には債権各論まで学習してきながらなお、法律科目の何たるかがわかっていないと思われる答案がある。また、おそらくそういう答案を書いている諸君は、何度やっても試験が通らない、と思っているのではないかと推測される。ここで、そういう人たちのためにアドバイスをしておく。

　それらの諸君は、おそらく、こう言うのであろう。「私はとにかく教科書は何回も読みました、そして、どういうことが書いてあるのかは頭に入れて試験を受けたのです」と。しかしそれでは、法律の学習をしたことにはまったくなっていないのである。世の中には、たとえば、文学作品を読んで、著者はこの本でどういうことを言おうとしているのかを問うたり、ある政治的な内容の論文を読んで、この筆者はどういう立場でどういう主張をしているのかを問うという場合（あるいは、そういう試験）もあるだろう。けれども、法律の場合、また少なくともこの民法という科目の場合、

そういう問い方は絶対にない。なぜなら、ことは我々が生活していく上での紛争を解決するルールの問題なのである。「だいたいこんな感じ」で処理するわけにはいかないし、甲というケースでこういう解決をしておいて乙というケースでは全然違う解決がされるというわけにもいかないのである。そして、民法は我々が生まれてから死ぬまでの一生のすべての場面にかかわる法律なのだから、そこでの紛争を整理し解決するためのルールが多いのは当たり前なのである。そのルールを学ぶのが法律の（民法の）学習である（しかも民法の場合には、法律の規定が万能なのではなく、それ以上に当事者の意思による自治が優先する場面が多いことはすでに述べた）。したがって、大づかみに何が書いてあるかを理解しても、法律の（民法の）学習にはなっていない。だから、試験の前にそういう一夜漬けの勉強を何回繰り返しても、合格するはずはないのである。万一それで合格してしまったとしたら、それは採点の間違いか、問題の出し方（そういう理解でもなんとか一部は書けてしまうような出題をしたこと）がいけないのである。

　心して、法律学徒として恥ずかしくない学習をしてほしい。

Ⅳ　法科大学院（および大学院法学研究科）進学希望者へ

　今度は逆に、法律の学習が大いに進み、また法律を学ぶ面白さも知り、法律を将来の自分の仕事としてやっていきたい、と思うようになった諸君へのアドバイスである。

　志を持つのは大いに結構である。ただ、これまでは、たとえば、裁判官、検事、弁護士の法曹三者になる道は、難関ではあっても、諸君に大きく開かれていた。つまり、大学の教養科目を一定以上履修すれば、かつての旧司法試験は、誰でも（どの学部の学生でも）受けられたのである（さらに大学に行っていなくても、大学教養科目履修段階相当と認められるための司法1次試験というのを突破すれば受けられた）。平成16（2004）年4月からは、法科大学院の制度ができ、基本的にはこれを修了した人に新司法試験の受験資格が与えられるということになった（また、法科大学院に行かなくても例外的に法律実務に通暁した人たちに法科大学院修了と同等の学力を認定する趣

旨で「予備試験」というものも置かれたが、これについては受験資格が限定されなかったため、学部生でも法科大学院生でも受けられる試験になっている）。したがって、これから法曹を目指す諸君は、この法科大学院（ないしは、予備試験）を受験することになる。法科大学院は、法律既修者は2年、未修者は3年で卒業できるものである。ただその後に、新司法試験が控えていて、その合格率は当初の制度設計で語られていたよりもかなり低い。このような状況を十分考えた上で、進路決定をする必要がある（なお、既に本書55頁に触れたように、文部科学省は、法学部を3年で卒業し、法科大学院の既修者コース2年に接続させる「法曹コース」を検討し、平成31年度中に立法する予定という）。

　なお、法律学の研究者になるためには、旧来の大学院法学研究科前期博士課程（修士課程）2年か上記の法科大学院に進学して、さらにその後、後期博士課程3年の計5年の勉強をしなければならない（大学によっては、前期博士課程を廃止して法科大学院に統合した大学もあるが、法科大学院とは別に法学研究科前期博士課程を残しているところもある）。この法学研究科前期博士課程（修士課程）に進学したいという学生からの相談を受けることがあるが、単に「もう少し勉強を続けたい」という理由では、絶対に受験していただきたくない。従来の博士課程までの法学研究科は、もう少し勉強を続けたい人が来るところではなく、将来の職業として研究者あるいは企業法務などの専門的な法律知識を必要とする職業人になることを目指す人が来るところであると私は考えている。したがって、研究論文の執筆能力はもちろんのこと、外国語も通常は最終的に2科目が必要になる（前期博士課程には1科目で入れるが、後期博士課程に入るにはもう1科目合格しなければならない）。結局、この法学研究科進学は、卒業論文の指導教授にしっかり進路相談をし、また能力を見きわめてもらって、「受験してよい、指導します」と言われた場合のみ考えてよいものである。

　その他、最近は、ビジネス法務などの専攻で、修士課程だけの大学院法学研究科も誕生している。社会人の学び直しや、企業に勤務しながらキャリアアップを図る目的に対応するもので、1年間で修士号が取れるコースも設置されている。また、それらは、法学部生が学部の4年間だけでは合

格が難しい難関国家資格試験（司法書士、不動産鑑定士など）を受験するために活用することも可能である。

V 本書の読者のための補助教材案内

　私は、民法学習にはいわゆる教科書だけでは足りないと考えている。それはもっと詳しい体系書を読むことを勧めるという話ではない。標準的な民法の知識を与え、標準的な民法の理解を身につけさせる、「現代の標準講義」のためには、より多角的・実際的な学習を可能にする補助教材が必要であると以前から考えてきたのである。

　本書およびその姉妹編の『新標準講義民法債権総論』の完成に合わせて、私は自分の編集意図の及んだ、それら補助教材の整備を企図し、ひととおりの完成をみることができた。

　①六法について　もちろん、六法は市販のものどれを使ってもよい（ただし判例つきのものは、学習には意義があるが、期末試験には持込を許されないのが通常である）。現在は、『ポケット六法』（有斐閣）、『デイリー六法』（三省堂）あたりが良く使われている。ただ、市販のものがどれも厚くなって、結果的に学部の講義で六法を持参しない学生諸君が出てきていることが気がかりであった。その意味で、最も薄い六法としては、法学部1年生向けの導入六法である池田真朗ほか編**法学六法**（信山社）も2008年度から刊行されている。これは収録法令数が少なく、3、4年生が試験に持ち込むには足りないと思うが、基本六法だけならこれでも携帯用には最適とお勧めできる。

　②判例教材について　主要判例についての教材としては、昔から『判例百選』シリーズ（有斐閣）が著名であるが、このシリーズは各執筆者が1、2項目ずつ力を入れて書いているので、本文が判例の解説というより学説の解説になっているところも多い。それに、何より判例の学習は、事実関係を把握して、それに対して裁判所がどのような判例法理を打ち出して解決を図っているのかを学習するところにある。1、2審での判断も、紛争解決のプロセスを知る上で重要である。そのような観点からまとめら

れたのが、奥田昌道＝安永正昭＝池田真朗編『判例講義民法Ⅰ・総則物権』『判例講義民法Ⅱ・債権』（悠々社、補訂版 2005 年、追補判例集つき補訂版 2010 年、現在絶版）である。このシリーズでは、私が力説している、当事者の関係図も極力入れて、まずは事実を理解し、1、2 審の判断も理解した上で、最高裁の判断を学習し、そしてそれが判例法理としてその分野にどういう位置を占めるのかを理解してもらおうとしている（民法改正に伴い、改訂して別の出版社から出版予定）。

③判例学習書について　　上記の判例教材は、個々の判例の解説書である。しかしそれ以外に実際は、そもそも判例というものを学ぶための判例学習書（判決文はどういう構成でどこに何が書いてあるのか、判例はどう調べるのか、憲法、民法、刑法という主要 3 法で判例の役割や学び方がどう異なるのか、などを学ぶ参考書）が必要であろう。その観点からまとめたのが、池田真朗編著『判例学習の AtoZ』（有斐閣、2010 年）である。2 年生のプレゼミのうちに学ぶのが効果的だが、書名にあるように、応用編の Z レベルでは、1 つの判例を素材にどういう発展的学習ができるかなど、かなりハイレベルな記述まで含まれている。いわゆる法学リテラシー（法学情報処理）のテキストも兼ねているものである。

④登記簿や契約書式などの教材について　　さらに、紛争解決のためのリアリティのある学習をするには、法律関係の公的な書類や、実際の契約書の雛形などを学習する必要がある。本書で示したように、当事者の契約での約束事を重視する傾向からすれば、一般に用いられる特約条項などを実際の契約書の中で位置づけて理解する必要がある。賃借権の登記などということを学んでも、それが登記簿のどういうところに付記登記としてなされるのかを知らなければ、現実的な理解にはならないのである。そういう学習をするための教材として、池田真朗編著『民法 Visual Materials』（有斐閣、2008 年）を作成した。これは、かつてのベストセラー『目で見る民法教材』（有斐閣、初版は 1988 年）の装いを新たにした出版でもある。

⑤特定分野用（特定資格試験受験用）六法について　　六法には、教育六法、税務六法など、特定分野の法律を集めた六法もある。それらの業務に携わる人の利用のために編まれることが多いが、法学部生でも一般人で

も、宅地建物取引士を受験する人々の便宜のために 2018 年から出版したのが、池田真朗編『宅建六法』（信山社）である。民法、宅地建物取引業法、不動産登記法、建築基準法等、この宅建士試験のほぼ 9 割以上の出題範囲に対応する法令を収録している。なお、宅地建物取引士試験は、法学部生の場合、不動産業に限らず民間企業への就職において、合格していると民事法を十分に学んだ証明として有利に活用できるものとして推奨できる。

　以上、もちろん他の編著者による類書のあるものはそれを利用していただいて結構だが、私が「現代の標準講義」に必要と考える補助教材は一応以上で一通りそろったことになる。

VI　終わりに――民法学習についてのアドバイスのまとめ

　最後に、諸君の中に、民法を、ことにこの債権各論を履修したことを後悔している人がいたら、その人たちのためにアドバイスをしておこう。

　君たちは、民法の、とくにこの債権各論の範囲の広さと要求される知識の量に辟易としているのかもしれない。けれども、考えてみてほしい。君は、契約も不法行為も知らずにこの先の人生を生きるのか。実はそれは、人生のいろいろな局面においてさまざまな不利益を被る恐れのある、かなり怖いことなのではないだろうか。趣味で民法を勉強する人がいてもいっこうにかまわないが、民法、ことにこの債権各論というのは、本書の中にも書いたように、いわば人生の必修科目なのである。学んでおいて損はないというより、学んでおかないと損をする、のである。こういう、ひたすら実利的な理由でまずは民法を学習するメリットを理解していただいて結構である。

　その上で、もう一歩思索を深めてみよう。人がこの社会の中で生きていくというのはどういうことか。やはり、人は皆幸せになりたいはずである。不幸になることを目標に生きる人はいないはずである。そのためには、つまり、世の中のなるべく多くの人が幸せになれるためには、どうしたらいいのか。いろいろな考え方はあるだろうが、結局、一人ひとりが自由に生

きること、そしてそうは言っても皆がこの世の中に一緒に生きているのだから、他人が幸せになることを邪魔せずに自分が幸せになれること、これが最も肝心なことではないだろうか。

　日本に近代民法を導入した司法省法律顧問ギュスターヴ＝エミール＝ボワソナードという人は、民法のルールをたった１つにまとめていうなら、それは「人を害することなかれ」という格率で表現されるとした。もちろんこれは、他人を害しないように何もするな、ということではなく、他人を害しないようにしながら最大限自由に生きることを希求するものと理解される。

　契約も不法行為も、そして契約法の根底にある意思自治の原則も契約自由の原則も、このような格率から理解されるべきものであり、そしてそのことは、この債権各論の学習が、我々が生きる上での、表面的な利害得失を超えた、基本的な哲学を学ぶことに他ならないことを意味しているのである。どうか諸君には、この点を理解していただきたい。このメッセージをもって、本書の結びとする。

事項索引

あ行

IC チップ …………………………… 154
悪意 ………………………………… 171
遺言 ………………………………… 68
　　──の撤回 ……………………… 69
意思自治の原則 …………………… 4
意思実現 …………………………… 23
意思の合致 ………………………… 21
意思表示 …………………………… 21
　　──の到達主義 ………………… 26
医師法 ……………………………… 135
慰謝料 ……………………………… 197
遺贈 ………………………………… 69
一応の推定 ………………………… 198
1 行問題 …………………………… 220
一物一権主義 ……………………… 7
逸失利益 ………………………… 193, 197
イニシャル・フランチャイズ・フィー
　　……………………………………… 156
委任 ………………………………… 133
違法性 …………………………… 170, 196
違約手付 …………………………… 75
違約罰 ……………………………… 75
医療契約 …………………………… 134
因果関係 ………………………… 180, 198
インターネットショッピング …… 154
ウィーン売買条約 ………………… 162
請負 ………………………………… 127
請負人の担保責任 ………………… 131
　　──と危険負担
請負人原始帰属説 ………………… 130
内金 ………………………………… 73
運行供用者 ………………………… 214
営業専念義務 ……………………… 156

営造物責任 ………………………… 213
疫学的因果関係 …………………… 199

か行

害意 ………………………………… 171
会員権契約 ………………………… 156
解除 ………………………………… 42
　　──後の第三者 ……………… 51
　　──前の第三者 …………… 50, 51
　　──と帰責事由 ……………… 46
　　──と第三者 ………………… 50
改正民法整備法 …………………… 85
解除権 ……………………………… 44
　　──の行使 …………………… 81
　　──の不可分性 ……………… 52
買戻し ……………………………… 87
解約 ………………………………… 42
解約手付 …………………………… 73
隔地者
隠れた瑕疵 …………………… 79, 82
瑕疵 ……………………………… 28, 77, 85
貸金業法 …………………………… 95
瑕疵修補 …………………………… 132
家事使用人 ………………………… 126
瑕疵担保責任 …………………… 28, 79
過失 ………………………………… 195
過失責任主義 …………………… 46, 193
過失責任の原則 …………………… 193
過失相殺 …………………………… 201
価値のレイ・ヴィンディカチオ … 185
割賦販売 …………………………… 153
割賦販売法 ………………………… 54
環境権 ……………………………… 200
完成物引渡義務 …………………… 130

事項索引

間接効果説	50
完全履行請求権	
監督義務者	200
管理継続義務	170
管理行為	104
管理者	168
――の義務	170
危険責任	194
期限付借家	105
期限の利益	160
期限の利益喪失条項	160
期限の利益喪失約款	94
危険負担	32
期限前弁済	186
帰責事由	46
寄託	138
寄託者	138
義務違反	38
客観的他人の事務	169
QRコード決済	154
キャッシュレス取引	154
旧借地法	102, 104
旧借家法	102, 104
求償	204
求人広告	22, 27
旧建物保護法	102
給付	187
給付不当利得	178
給付利得	177
強行規定	4
教唆した者	206
強制競売	
強制執行	
共同不法行為	206
――における過失相殺	208
共有	142
緊急事務管理	171
緊急避難	197, 210
金銭賠償の原則	200
禁反言	185
クーリング・オフ	53
組合	141
――の解散	144
組合員の加入	143
組合員の除名	144
組合員の脱退	144
組合契約の解除	144
組合代理	143
Clean Hands の原則	186
グレーゾーン金利	95
クレジットカード契約	153
クレジット契約	152
形成権	44, 121
継続的契約	94
継続的契約関係	101, 156
継続的債権関係	101
競売	85
契約自由の原則	6, 15
契約準備段階における信義則上の注意	38
契約条項	160
契約譲渡	41, 109, 157
契約上の地位の移転	40
契約責任説	78
契約締結上の過失	37
契約の拘束力	19
契約の成立時期	26
契約の優遇	163
契約不適合責任	78, 82, 132
結果回避義務	195
原因	187
欠缺	77
現実売買	71
原始的不能	34, 37
原状回復義務	44, 52, 119
懸賞広告	26
建設業法	128
現存利益	181

権利金	103
権利保護資格要件	51
牽連性	28
故意	195
更改	
交換	89
後見人	137
公権力の行使	213
交叉申込	22, 26
公証人法	135
公序良俗違反	4, 18, 186
更新料	103
高度の蓋然性	198
後発的不能	34
抗弁権	29
合有	142
国家賠償法	213
コベナンツ条項	161
雇用	125
混合契約	19, 128, 147
混合寄託	140
困惑	54

さ行

在学契約	156
債権	5
——の自由創設性	6
——の相対性	6
債権各論	8
債権者主義	35
債権侵害	197
債権総論	9
債権法	7
催告	47
催告による解除	47
催告によらない解除	48
財産権移転義務	76
再売買一方の予約	87

債権者	5
債務	5
債務者	5
債務者主義	35
債務不履行	7, 45
詐害行為取消権	185
詐害的短期賃貸借	104
作為	5
錯誤	22
差し止め	200
サプライヤー	149
サブリース	112, 149
サブリース契約	112, 148
敷金	103
敷金返還請求権	31, 120
事業の執行	204
自己執行義務	135
自己借地権	111
事故証明	214
自己の財産に対するのと同一の注意	139
事実上の推定	198
事実的因果関係	198
死者の損害賠償請求権	209
支出不当利得	179
支出利得	178
事情変更の原則	19, 111
地震売買	106
自身服務の原則	135
システム開発契約	212
自然公物	214
下請負	128
示談	146
質権	
失火責任法	195
私的所有権絶対の原則	193
自動車損害賠償保障法	214
自賠責保険	215
事務管理	167

事項索引

事項索引

事務管理意思 …………………169
主観的他人の事務 ……………169
借地権 …………………………104
借地借家法 ……………………102
借賃増減請求権 ………………111
謝罪広告 ………………………200
重過失 …………………………195
終極的給付 ……………………188
終身定期金 ……………………145
修繕義務 ………………………151
住宅の品質確保の促進等に関する法律
　………………………………85
修補請求 …………………80, 85, 133
受益者 …………………………39
受益の意思表示 ………………39
受寄者 …………………………138
授業料等に関する不返還特約 …159
出資禁止義務 …………………156
出資取締法 ……………………95
受領物引渡義務 ………………136
種類 ……………………………84
種類または品質 ………………83
準委任 …………………………134
準事務管理 ……………………173
遵守条項 ………………………161
準消費貸借 ……………………93
消極的損害 ……………………197
使用者責任 ……………………203
使用貸借 ………………………96
承諾 ……………………………23
　――の延着
承諾者の延着通知
消費寄託 ………………………140
消費者契約法 ……………16, 54, 87
消費貸借 ………………………90
　――の予約
証約手付 ………………………75
除斥期間 …………………83, 211
処分行為 ………………………104

書面によらない贈与 …………64
所有者主義
事例問題 ………………………221
侵害不当利得 …………………179
侵害利得 ………………………178
新司法試験 …………………54, 226
新種契約 ………………………147
死因贈与 ………………………68
信託 ……………………………145
人的特定性 ……………………98
信用購入あっせん ……………153
信頼関係破壊の法理 …………114
信頼利益 ………………………67
推定する ………………………25
スキミング ……………………153
数量指示売買 …………………82
制限行為能力者制度 ……104, 137
製作物供給契約 ………………128
精神的損害 ……………………197
製造物責任法 …………………194
製造物の欠陥 …………………194
正当事由 …………………103, 105
正当防衛 …………………197, 210
成年被後見人 …………………137
誓約条項 ………………………161
成約手付 ………………………75
責任能力 ………………………199
責任弁識能力 …………………199
責任無能力者 …………………199
積極的損害 ……………………197
設置又は管理の瑕疵 …………214
善意
善管注意義務 ……………135, 171
造作 ……………………………121
造作買取請求権 ………………121
相当因果関係 ……………198, 201
双務契約 ………………………17
贈与 ……………………………62
遡及効 …………………………43

損益相殺	202
損害	197
損害賠償	46
——の範囲	201
損害賠償請求	80
損害賠償請求権の消滅時効	211
損害賠償請求権の相続性	209
損害賠償額の予定	75

た行

代弁済請求権	171
対外的業務執行	143
代金減額	86
代金減額請求権	80
対抗問題	51
対抗要件具備義務	76
第三者のためにする契約	38
第三者弁済	186
胎児	209
代物請求	80
代理	172
代理監督者	200, 204
他業従事禁止義務	156
諾成契約	17, 64
宅地建物取引業法	72
諾約者	39
立退料	103, 105
建物買取請求権	120
他人性	214
他人の権利の売買	77
他人の債務の弁済	186
他人の事務	169
他人物売買	76
短期賃貸借	104
——の保護	104
担保責任	77, 80
——の期間の制限	83
担保責任免除特約	86

地代・借賃増減請求権	110
地代・借賃の先取特権	111
地代等自動改定特約	111
知的財産権	198
中間的責任	203
中性の事務	169
中途解約の原則禁止	150
注文者原始帰属説	130
注文者の責任	204
直接効果説	51
賃借権の物権化	107
賃貸借	100
——の無断譲渡	113
賃料自動増額条項	112
追完請求権	80
通常損害	201
通知義務	170
定期行為	49
定期借地権	105
定期贈与	68
定型約款	55
定型取引	55
停止条件	69
抵当権	83
撤回	23
手付	73
手付流し	74
手付倍返し	74
デビット・カード	154
典型契約	18
電子承諾通知	
電子消費者契約法	
電子マネー	154
転貸	113, 117
転用物訴権	183
動機の不法	187
統計的因果関係	199
同時履行の抗弁（権）	28
動物占有者の責任	206

特定住宅瑕疵担保責任の履行の確保等
　　に関する法律 ………………… 85
特定商取引法 ………………… 54, 72
特定物 ……………………………… 79
特定物ドグマ …………………… 80
特別損害 ………………………… 201
土地工作物責任 ………………… 205
土地の工作物 …………………… 205
取消（取消し） ………………… 23

な行

内部的業務執行 ………………… 143
任意規定 …………………………… 4
農業協同組合法 ………………… 141

は行

配偶者居住権 …………………… 123
背信性理論 ……………………… 114
売買 ……………………………… 70
売買の一方の予約 ……………… 73
ハイブリッド契約 ……………… 149
PL法 ……………………………… 194
被害者側の過失 ………………… 202
引換給付判決 …………………… 30
非債弁済 ………………………… 185
ビジネス・フォーマット・フランチャ
　イズ …………………………… 155
非接触ICカード ………………… 154
必要費 …………………………… 98, 111
非典型契約 …………………… 18, 147
被保佐人 ………………………… 104
費用償還義務 …………………… 136
費用償還請求権 ………………… 171
費用前払義務 …………………… 136
表明保証条項 …………………… 161
品確法 …………………………… 85
ファヴォール・コントラクトゥス … 163

不安の抗弁（権） ……………… 31
不解除特約 ……………………… 137
不完全双務契約 ………………… 135
不完全履行 ……………………… 45
複合契約 ………………………… 148
附合契約 ………………………… 15
不作為 ……………………………… 5
不作為不法行為 ………………… 194
不実告知 ………………………… 54
不真正連帯債務 ………………… 206
付随的債務 ……………………… 48
負担付死因贈与 ………………… 70
負担付贈与 ……………………… 68
物権 ………………………………… 6
　――の絶対性 …………………… 7
　――の排他性 …………………… 7
物権的価値返還請求権 ………… 185
物権的返還請求権 ……………… 179
物権法定主義 ……………………… 7
不動産賃貸人の地位の移転 …… 107
不当条項 ………………………… 16
不当利得 ………………………… 177
不特定物 ………………………… 79
不表見的不合致 ………………… 22
不法 ……………………………… 187
不法原因給付 …………………… 186
扶養請求権 ……………………… 210
フランチャイザー ……………… 155
フランチャイジー ……………… 155
フランチャイズ契約 …………… 155
Product Liability ……………… 194
騙取金銭による弁済 …………… 184
片務契約 ………………………… 17
忘恩行為 ………………………… 67
妨害排除請求権 ………………… 107
法学研究科 ……………………… 227
法科大学院 …………………… 54, 226
報告義務 ………………………… 136
報酬 ……………………………… 129

──の請求 ………………………128
報酬支払義務 ……………………136
報償責任 …………………………194
幇助した者 ………………………206
法性決定 …………………………147
法曹コース …………………55, 227
法定解除 …………………………43
法定解除権 ………………………44
法定債権 ……………………8, 165
法定責任説 ………………………78
法律上の原因 ……………………178
法律行為 …………………………21
保佐人 ……………………………104
ボワソナード ……………………231
本契約 ……………………………19
本人 ………………………………168

ま行

未完成建物 ………………………131
みなし合意 ………………………56
みなし弁済 ………………………95
みなす ……………………………25
無過失責任 ……………78, 136, 205, 213
無過失責任主義 …………………194
無権代理 …………………………172
無償契約 ……………………17, 63
無償の原則 ………………………134
無体財産権 ………………………198
無名契約 …………………………18
無利息消費貸借 …………………90
名誉毀損 …………………………200
申込（申込み） …………………22
──の撤回 …………………23
──の誘引 …………………22
申込者の延着通知
申込証拠金 ………………………73
申込撤回通知の遅延
黙示の更新 ………………………104

や行

約定解除 …………………………43
約定解除権 ………………………73
約款 …………………………15, 16
有益費 ………………………110, 170
有償契約 …………………………17
有償性 ……………………………90
有名契約 …………………………18
用益権
要件事実 ……………………29, 195
要式契約 …………………………17
要素たる債務
要物契約 …………………………17
要物性 ……………………………90
──の緩和 …………………92
用法遵守義務 ……………………110
要約者 ……………………………39
預金契約 …………………………140
与信 …………………………150, 152
預託金返還請求権 ………………157
予備試験 ……………………24, 227
予約 …………………………19, 72
予約完結権者 ……………………73

ら行

リース契約 ………………………149
利益較量 …………………………224
履行拒絶権構成 …………………36
履行遅滞 …………………………45
履行の着手 ………………………75
履行不能 …………………………45
履行利益 …………………………67
利息制限法 ………………………91
利息付消費貸借 …………………90
立証責任 …………………………195
類推適用
礼金 ………………………………103

連帯債務 …………………………206
ロイヤルティ ……………………156
労働基準法 ………………………126
労働契約法 ………………………126
労働法 ……………………………126

ローン提携販売 …………………153

わ行

和解 ………………………………145

判例索引

明治・大正

大判明 41・5・4 民録 14 輯 519 頁 ………93
大判明 42・5・14 民録 15 輯 490 頁 ………50
大判明 44・11・9 民録 17 輯 698 頁 ………93
大判大 2・1・24 民録 19 輯 11 頁 …………93
大判大 3・7・4 刑録 20 輯 1360 頁
 （桃中軒雲右衛門事件）……………196
大判大 4・5・12 民録 21 輯 687 頁 ……137
大判大 4・7・13 民録 21 輯 1384 頁 ……73
大判大 4・10・22 民録 21 輯 1746 頁 …131
大判大 7・12・19 民録 24 輯 2367 頁 …173
大判大 7・12・23 民録 24 輯 2396 頁 …50
大判大 7・8・14 民録 24 輯 1650 頁 …31
大判大 8・4・7 民録 25 輯 528 頁 ………44
大判大 8・9・1 民録 25 輯 1633 頁 ……50
大判大 9・4・24 民録 26 輯 562 頁 ……137
大判大 10・5・30 民録 27 輯 1013 頁 …108
大判大 11・10・25 民集 1 巻 621 頁 ……93
大判大 14・1・20 民集 4 巻 1 頁 ………182
大判大 14・11・28 民集 4 巻 670 頁
 （大学湯事件判決）…………………196
大判大 15・2・16 民集 5 巻 150 頁 ……210
大判大 15・3・3 新聞 2598 号 14 頁 ……101
大判大 15・4・7 民集 5 巻 251 頁 ………65
大連判大 15・5・22 民集 5 巻 386 頁
 （富喜丸事件）…………………………201
大連判大 15・10・13 民集 5 巻 785 頁 …204

昭和元年～10 年

大判昭 3・6・7 民集 7 巻 443 頁 …………205
大判昭 8・11・21 民集 12 巻 23 号 2666 頁
 ……………………………………………181
大判昭 9・3・7 民集 13 巻 278 頁 …118, 122

大判昭 10・11・18 民集 14 巻 1845 頁 …118
大判昭 10・12・20 民集 14 巻 2064 頁 …101

昭和 11 年～20 年

大判昭 13・4・22 民集 17 巻 770 頁 ………88
大判昭 14・7・7 民集 18 巻 748 頁 ………51
大判昭 16・3・1 民集 20 号 163 頁 ………31
大判昭 18・7・20 民集 22 巻 660 頁 ……130
大判昭 19・12・6 民集 23 巻 613 頁 ………20

昭和 21 年～30 年

最判昭 24・10・4 民集 3 巻 10 号 437 頁 …76
最判昭 26・3・29 民集 5 巻 5 号 177 頁 …97
最判昭 27・4・25 民集 6 巻 4 号 451 頁 …47
最判昭 28・9・25 民集 7 巻 9 号 979 頁 …115
最判昭 29・1・14 民集 8 巻 1 号 16 頁 …121
最判昭 29・1・21 民集 8 巻 1 号 64 頁 …74
最判昭 29・8・31 民集 8 巻 8 号 1557 頁
 ……………………………………………188
最判昭 29・11・5 刑集 8 巻 11 号 1675 頁
 ……………………………………………184
最判昭 30・4・19 民集 9 巻 5 号 534 頁 …213

昭和 31 年～40 年

最判昭 31・1・27 民集 10 巻 1 号 1 頁 ……65
最判昭 32・5・21 民集 11 巻 5 号 732 頁 …69
最判昭 33・6・14 民集 12 巻 9 号 1449 頁
 ……………………………………………51
最判昭 33・6・14 民集 12 巻 9 号 1492 頁
 ……………………………………………146
最判昭 35・9・20 民集 14 巻 11 号 2227 頁
 ……………………………………………121

最判昭 35・11・29 民集 14 巻 13 号 2869 頁
　……………………………………………51
最判昭 36・11・30 民集 15 巻 10 号 2629 頁
　………………………………………… 172
最判昭 37・3・8 民集 16 巻 3 号 500 頁　…187
最判昭 38・2・21 民集 17 巻 1 号 219 頁
　………………………………………… 123
最判昭 39・1・24 判時 365 号 26 頁　……184
最判昭 39・5・26 民集 18 巻 4 号 667 頁　…65
最判昭 39・7・28 民集 18 巻 6 号 1220 頁
　………………………………………… 116
最判昭 39・9・25 民集 18 巻 7 号 1528 頁
　………………………………………… 203
最大判昭 39・11・18 民集 18 巻 9 号 1868 頁
　……………………………………………91
最大判昭 40・11・24 民集 19 巻 8 号 2019 頁
　……………………………………………76

昭和 41 年～50 年

最判昭 42・2・21 民集 21 巻 1 号 155 頁
　………………………………………… 123
最判昭 42・6・27 民集 21 巻 6 号 1507 頁
　………………………………………… 202
最大判昭 42・11・1 民集 21 巻 9 号 2249 頁
　………………………………………… 210
最判昭 43・3・15 民集 22 巻 3 号 587 頁
　………………………………………… 146
最判昭 43・4・23 民集 22 巻 4 号 964 頁
　（山王川事件）………………………… 207
最大判昭 43・11・13 民集 22 巻 12 号 2526 頁
　……………………………………………91
最判昭 44・2・6 民集 23 巻 2 号 195 頁　…199
最判昭 45・7・16 民集 24 巻 7 号 909 頁
　………………………………………… 183
最大判昭 45・10・21 民集 24 巻 11 号 1560 頁
　………………………………………… 188
最判昭 46・3・5 判時 628 号 48 頁　……… 130
最判昭 46・4・23 民集 25 巻 3 号 351 頁

　………………………………………… 206
最判昭 46・4・23 民集 25 巻 3 号 388 頁
　………………………………………… 109
最判昭 46・10・28 民集 25 巻 7 号 1069 頁
　………………………………………… 188
最判昭 47・5・25 民集 26 巻 4 号 805 頁　…69
最判昭 47・5・30 民集 26 巻 4 号 898 頁
　………………………………………… 215
津地四日市支判昭 47・7・24 判時 672 号 30 頁
　………………………………………… 199
最判昭 48・2・2 民集 27 巻 1 号 80 頁　… 120
最判昭 49・3・22 民集 28 巻 2 号 347 頁
　………………………………………… 200
最判昭 49・9・2 民集 28 巻 6 号 1152 頁　…31
最判昭 49・9・26 民集 28 巻 6 号 1243 頁
　………………………………… 177, 180, 185
最判昭 50・10・24 民集 29 巻 9 号 1417 頁
　………………………………………… 198

昭和 51 年～63 年

最判昭 51・3・25 民集 30 巻 2 号 160 頁
　………………………………………… 202
最判昭 51・7・8 民集 30 巻 7 号 689 頁　… 204
最判昭 51・9・30 民集 30 巻 8 号 816 頁
　（インフルエンザ予防接種事件）……… 195
最判昭 52・2・22 民集 31 巻 1 号 79 頁　… 129
最判昭 52・10・25 民集 31 巻 6 号 836 頁
　………………………………………… 202
最判昭 53・2・17 判タ 360 号 143 頁　……67
最判昭 53・9・21 判時 907 号 54 頁　…… 133
最判昭 53・12・22 民集 32 巻 9 号 1768 頁
　………………………………………… 120
最判昭 56・1・19 民集 35 巻 1 号 1 頁　… 137
東京高判昭 56・11・13 判時 1028 号 45 頁
　………………………………………… 213
最判昭 57・4・30 民集 36 巻 4 号 763 頁　…70
最判昭 57・10・19 民集 36 巻 10 号 2130 頁
　……………………………………… 150, 151

最判昭 59・1・26 民集 38 巻 2 号 53 頁
（大東水害訴訟）……………………214
最判昭 59・9・18 判時 1137 号 51 頁 ……38
最大判昭 61・6・11 民集 40 巻 4 号 872 頁
（北方ジャーナル事件）……………200
東京高判昭 61・10・30 金判 768 号 26 頁
………………………………………151
最判昭 62・2・6 判時 1232 号 100 頁 ……213
最判昭 62・3・24 金法 1177 号 47 頁 ……118
最判昭 62・3・24 判時 1258 号 61 頁 ……122
最判昭 63・4・21 民集 42 巻 4 号 243 頁
………………………………………202

平成元年〜10 年

最判平元・12・21 民集 43 巻 12 号 2209 頁
………………………………………211
最判平 2・12・13 民集 44 巻 9 号 1186 頁
（多摩川水害訴訟）…………………214
東京地判平 2・12・20 判タ 757 号 202 頁
…………………………………………32
最判平 3・11・19 民集 45 巻 8 号 1209 頁
………………………………………181
最判平 4・6・25 民集 46 巻 4 号 400 頁 …202
最判平 5・10・19 民集 47 巻 8 号 5061 頁
………………………………………131
最判平 5・11・25 金法 1395 号 49 頁 ……150
最判平 6・3・22 民集 48 巻 3 号 859 頁 …74
最判平 6・10・25 民集 48 巻 7 号 1303 頁
………………………………………105
最判平 7・9・19 民集 49 巻 8 号 2805 頁
………………………………………184
最判平 8・10・29 民集 50 巻 9 号 2474 頁
………………………………………202
最判平 8・12・17 民集 50 巻 10 号 2778 頁
………………………………………124
最判平 9・2・14 民集 51 巻 2 号 337 頁 …133
最判平 9・7・1 民集 51 巻 6 号 2452 頁 …20
最判平 10・5・26 民集 52 巻 4 号 985 頁

………………………………………182
最判平 10・6・12 民集 52 巻 4 号 1087 頁
………………………………………212

平成 11 年〜20 年

最判平 13・11・22 判時 1772 号 49 頁 ……82
最判平 13・11・27 民集 55 巻 6 号 1311 頁
…………………………………………84
最判平 13・11・27 民集 55 巻 6 号 1380 頁
…………………………………………82
最判平 13・3・13 民集 55 巻 2 号 328 頁
………………………………………208
最判平 15・10・21 判時 1844 号 50 頁 …113
最判平 15・10・21 民集 57 巻 9 号 1213 頁
………………………………112, 113, 148
最判平 15・10・23 判時 1844 号 54 頁 …113
最判平 15・6・12 民集 57 巻 6 号 595 頁
………………………………………111
最判平 15・7・11 民集 57 巻 7 号 815 頁
………………………………………208
福岡高判平 18・1・31 判タ 1235 号 217 頁
………………………………………156
東京地判平 18・10・23 金法 1808 号 58 頁
………………………………………162
最判平 18・11・27 民集 60 巻 9 号 3437 頁
………………………………………158
最判平 18・11・27 民集 60 巻 9 号 3597 頁
………………………………………158
最判平 18・11・27 民集 60 巻 9 号 3732 頁
………………………………………158
最判平 18・11・27 判時 1958 号 61 頁 …158
最判平 18・11・27 判時 1958 号 62 頁 …158
最判平 19・3・8 民集 61 巻 2 号 499 頁 …181

平成 21 年〜

最判平 23・4・22 民集 65 巻 3 号 1405 頁
…………………………………………38

池田　真朗（いけだ　まさお）

武蔵野大学副学長、同法学部長・教授、慶應義塾大学名誉教授。
1949年東京生まれ。
1978年慶應義塾大学大学院法学研究科民事法学専攻博士課程修了、博士（法学）。
1996年から2004年まで司法試験第二次試験考査委員、2004年から2006年まで新司法試験考査委員（民法主査）。フランス国立東洋言語文明研究所招聘教授、国連国際商取引法委員会作業部会日本代表、日本学術会議法学委員長等を歴任。2012年紫綬褒章を受章。

主要著書
『債権譲渡の研究』（弘文堂、1993年〔増補2版2004年〕）、『債権譲渡法理の展開』（弘文堂、2001年）、『債権譲渡の発展と特例法』（弘文堂、2010年）、『債権譲渡と電子化・国際化』（弘文堂、2010年）、『ボワソナードとその民法』（慶應義塾大学出版会、2011年）、『新標準講義民法債権総論』（慶應義塾大学出版会、2010年〔第2版2013年〕）、『スタートライン債権法』（日本評論社、1995年〔第6版2017年〕）、『スタートライン民法総論』（日本評論社、2006年〔第3版2018年〕）、『民法への招待』（税務経理協会、1997年〔第5版2018年〕）、『民法III―債権総論』（共著、有斐閣、1988年〔第4版2018年〕）、『分析と展開・民法II債権』（共著、弘文堂、1986年〔第5版2005年〕）、『基礎演習民法（財産法）』（共著、有斐閣、1993年）、『新しい民法―現代語化の経緯と解説』（編著、有斐閣、2005年）、『民法Visual Materials』（編著、有斐閣、2008年〔第2版2017年〕）、『現代民法用語辞典』（編著、税務経理協会、2008年）、『法学講義民法4債権総論』（共編著、悠々社、2007年）、『法学講義民法5契約』（共編著、悠々社、2008年）、『判例講義民法I総則・物権』（共編著、悠々社、2002年〔第2版2014年〕）、『判例講義民法II債権』（共編著、悠々社、2002年〔第2版2014年〕）、『法の世界へ』（共著、有斐閣、1996年〔第7版2017年〕）、『プレステップ法学』（編著、弘文堂、2009年〔第3版2016年〕）、『解説電子記録債権法』（編著、弘文堂、2010年）、『判例学習のAtoZ』（編著、有斐閣、2010年）、『民法（債権法）改正の論理』（共編著、新青出版、2011年）、『民法はおもしろい』（講談社現代新書、2012年）、『新世紀民法学の構築』（慶應義塾大学出版会、2015年）ほか。

新標準講義民法債権各論［第2版］

2010年3月31日　初版第1刷発行
2019年4月25日　第2版第1刷発行

著　者―――池田真朗
発行者―――依田俊之
発行所―――慶應義塾大学出版会株式会社
　　　　　〒108-8346　東京都港区三田2-19-30
　　　　　ＴＥＬ〔編集部〕03-3451-0931
　　　　　　　　〔営業部〕03-3451-3584〈ご注文〉
　　　　　　　　〔　〃　〕03-3451-6926
　　　　　ＦＡＸ〔営業部〕03-3451-3122
　　　　　振替 00190-8-155497
　　　　　http://www.keio-up.co.jp/

装　丁―――土屋　光
印刷・製本――株式会社加藤文明社
カバー印刷――株式会社太平印刷社

©2019 Masao Ikeda
Printed in Japan　ISBN978-4-7664-2578-9

慶應義塾大学出版会

近刊！

新標準講義 民法債権総論 第3版

池田真朗 著

2020年施行の民法大改正がよくわかる！
「ルール創り」の発想から説く
好評の「新標準」債権総論、待望の第3版！
変わりゆく民法典の「今」を学び、法学部学生、ロースクール生はもちろん、一般の方の独習にも適した、汎用性の高い多様なニーズに応える、新時代の民法スタンダード・テキスト。

◆目次◆

第1章 債権総論序説

第2章 債権の内容と種類

第3章 債権の効力

第4章 債権者の権能（責任財産の保全）

第5章 多数当事者の債権関係

第6章 債権関係の移転

第7章 債権の消滅

第8章 学習ガイダンス